류호진
정율 사회보험법

1차 | 기본서

류호진 편저

박문각 공인노무사

박문각 서울법학원에서 공인노무사 1차 **사회보험법** 강의를 시작하고 수험생들에게 필요한 강의와 교재에 대한 고민이 많았습니다. 사회보험법은 단기간에 단순 암기를 통해 과락을 면제하는 과목으로 생각하는 수험생들이 많아지면서 사회보험법은 시험을 보기 직전 1개월 정도에 공부를 시작하는 것이 수험의 정석처럼 굳어졌습니다. 하지만 2024년 시험에서 그러한 수험의 정석이 잘못된 부분이라는 점을 증명이라도 하듯 20% 초반 합격률로 수험생들의 마음을 아프게 하였습니다. **정율 사회보험법**이 공인노무사 1차 시험을 준비하는 수험생들에게 이러한 아픔에서 벗어나고 기쁨의 합격으로 갈 수 있는 지름길이 될 수 있으면 좋겠습니다.

제가 제일 싫어하는 말이 '즐기면서 하라, 즐기는 자를 이길 수 없다.'라는 말입니다. 공부는 즐길 수 없습니다. 끊임없이 고통 속에서 반복적으로 이해하고 암기하고 문제풀이하는 작업이 필수적입니다. 저는 항상 수업시간에도 말씀드립니다. '쉬면 안 된다.' '아파서도 안 된다.' '공부만 하면 된다.' 공부를 즐기는 사람은 없습니다. 힘든 과정을 버티는 것이며 누가 마지막까지 버티느냐의 싸움입니다. 공인노무사 시험도 이제 버티는 사람이 최종적으로 합격을 하는 시험이 되고 있습니다.

이번 교재에는 40문제로 변경되고 나서 문제의 난이도 상승으로 최소한 1번 이상 출제된 부분을 전부 수록하였습니다. 30문제 정도는 확실하게 정답으로 풀이할 수 있게 수업을 진행하고 마무리하는 것이 목표이며 실제로 수험생들이 70점 이상 점수를 확보할 수 있게 선택과 집중을 기준으로 수업을 할 수 있도록 교재를 구성하였습니다. 꼭 맞춰야 하는 문제는 꼭 맞춘다는 원칙으로 이 교재를 활용하였으면 좋겠습니다.

출판에 힘을 써주신 박문각 학원 및 출판 관계자님들에게 감사를 드리며 교재를 만들 수 있도록 도와준 노무법인 정율 노무사님들과 직원분들에게 감사 인사를 전합니다. 항상 강의와 교재에 대한 피드백을 주시는 노무법인 정율 용희정 이사님과 새벽 산책 메이트와 항상 저를 반겨주는 류나리양 및 이번 교재의 검수 및 검토를 도와주셨던 모든 분들께 깊은 감사를 표합니다.

편저자 류호진 올림

시험과목 및 시험시간

가. 시험과목(공인노무사법 시행령 제6조)

구분	시험과목[배점]		출제범위
제1차 시험 (6과목)	필수 과목 (5)	❶ 노동법(1) [100점]	「근로기준법」, 「파견근로자보호 등에 관한 법률」, 「기간제 및 단시간근로자 보호 등에 관한 법률」, 「산업안전보건법」, 「직업안정법」, 「남녀고용평등과 일·가정양립지원에 관한 법률」, 「최저임금법」, 「근로자퇴직급여 보장법」, 「임금채권보장법」, 「근로복지기본법」, 「외국인근로자의 고용 등에 관한 법률」
		❷ 노동법(2) [100점]	「노동조합 및 노동관계조정법」, 「근로자참여 및 협력 증진에 관한 법률」, 「노동위원회법」, 「공무원의 노동조합 설립 및 운영 등에 관한 법률」, 「교원의 노동조합 설립 및 운영 등에 관한 법률」
		❸ 민법[100점]	총칙편, 채권편
		❹ 사회보험법 [100점]	「사회보장기본법」, 「고용보험법」, 「산업재해보상보험법」, 「국민연금법」, 「국민건강보험법」, 「고용보험 및 산업재해보상보험의 보험료징수 등에 관한 법률」
		❺ 영어	※ 영어 과목은 영어능력검정시험 성적으로 대체
	선택 과목 (1)	❻ 경제학원론, 경영학개론 중 1과목[100점]	

※ 노동법(1) 또는 노동법(2)는 노동법의 기본이념 등 총론 부분을 포함한다.

구분	시험과목[배점]		출제범위
제2차 시험 (4과목)	필수 과목 (3)	❶ 노동법 [150점]	「근로기준법」, 「파견근로자보호 등에 관한 법률」, 「기간제 및 단시간근로자 보호 등에 관한 법률」, 「산업안전보건법」, 「산업재해보상보험법」, 「고용보험법」, 「노동조합 및 노동관계조정법」, 「근로자참여 및 협력증진에 관한 법률」, 「노동위원회법」, 「공무원의 노동조합 설립 및 운영 등에 관한 법률」, 「교원의 노동조합 설립 및 운영 등에 관한 법률」
		❷ 인사노무관리론 [100점]	
		❸ 행정쟁송법 [100점]	「행정심판법」 및 「행정소송법」과 「민사소송법」 중 행정쟁송 관련 부분
	선택 과목 (1)	❹ 경영조직론, 노동경제학, 민사소송법 중 1과목[100점]	
제3차 시험	면접시험		공인노무사법 시행령 제4조 제3항의 평정사항

※ 노동법은 노동법의 기본이념 등 총론 부분을 포함한다.

> ※ 시험관련 법률 등을 적용하여 정답을 구하여야 하는 문제는 "시험시행일" 현재 시행 중인 법률 등을 적용하여야 함.
>
> ※ 기활용된 문제, 기출문제 등도 변형·활용되어 출제될 수 있음.

나. 과목별 시험시간

구분	교시	과목구분	시험과목	입실시간	시험시간	문항수
제1차 시험	1	필수	❶ 노동법(1) ❷ 노동법(2)	09:00	09:30~10:50 (80분)	과목별 40문항
	2	필수	❸ 민법 ❹ 사회보험법	11:10	11:20~13:20 (120분)	
		선택	❺ 경제학원론, 경영학개론 중 1과목			
제2차 시험	1		❶ 노동법	09:00	09:30~10:45(75분)	4문항
	2			11:05	11:15~12:30(75분)	
	3		❷ 인사노무관리론	13:30	13:50~15:30(100분)	과목별 3문항
	1		❸ 행정쟁송법	09:00	09:30~11:10(100분)	
	2		❹ 경영조직론, 노동경제학, 민사소송법 중 1과목	11:30	11:40~13:20(100분)	
제3차 시험	–		공인노무사법 시행령 제4조 제3항의 평정사항	–	1인당 10분 내외	–

※ 제3차 시험장소 등은 Q-Net 공인노무사 홈페이지 공고

응시자격 및 결격사유

가. 응시자격(공인노무사법 제3조의5)
- 공인노무사법 제4조 각 호의 결격사유에 해당되지 아니한 자
- 부정한 행위를 한 응시자에 대하여는 그 시험을 정지 또는 무효로 하거나 합격결정을 취소하고, 그 시험을 정지하거나 무효로 한 날 또는 합격결정을 취소한 날부터 5년간 시험 응시자격을 정지함

나. 결격사유(공인노무사법 제4조)
- 다음 각 호의 어느 하나에 해당하는 사람은 공인노무사가 될 수 없다.
1. 미성년자
2. 피성년후견인 또는 피한정후견인
3. 파산선고를 받은 사람으로서 복권(復權)되지 아니한 사람
4. 공무원으로서 징계처분에 따라 파면된 사람으로서 3년이 지나지 아니한 사람
5. 금고(禁錮) 이상의 실형을 선고받고 그 집행이 끝나거나(집행이 끝난 것으로 보는 경우를 포함한다) 집행이 면제된 날부터 3년이 지나지 아니한 사람
6. 금고 이상의 형의 집행유예를 선고받고 그 유예기간이 끝난 날부터 1년이 지나지 아니한 사람
7. 금고 이상의 형의 선고유예기간 중에 있는 사람
8. 제20조에 따라 영구등록취소된 사람
※ 결격사유 심사기준일은 제3차 시험 합격자 발표일 기준임

합격기준

구분	합격결정기준
제1차 시험	• 영어과목을 제외한 나머지 과목에 대하여 각 과목 100점을 만점으로 하여 각 과목 40점 이상, 전 과목 평균 60점 이상을 득점한 자 • 제1차 시험 과목 중 일부를 면제받는 자는 영어과목을 제외한 나머지 응시한 각 과목 40점 이상, 응시한 전 과목 평균 60점 이상을 득점한 자
제2차 시험	• 각 과목 만점의 40% 이상, 전 과목 총점의 60% 이상을 득점한 자 • 제2차 시험 과목 중 일부를 면제받는 자는 응시한 각 과목 만점의 40% 이상, 응시한 전 과목 총점의 60% 이상을 득점한 자 • 최소합격인원 미달일 경우 각 과목 배점의 40% 이상을 득점한 자 중 전 과목 총득점이 높은 자부터 차례로 추가하여 합격자 결정 ※ 위의 단서에 따라 합격자를 결정하는 경우에는 제2차 시험과목 중 일부를 면제받는 자에 대하여 각 과목 배점 40% 이상 득점한 자의 과목별 득점 합계에 1.5를 곱하여 산출한 점수를 전 과목 총득점으로 봄 ※ 제2차 시험의 합격자 수가 동점자로 인하여 최소합격인원을 초과하는 경우에는 해당 동점자 모두를 합격자로 결정. 이 경우 동점자의 점수는 소수점 이하 셋째자리에서 반올림하여 둘째자리까지 계산
제3차 시험	• 제3차 시험은 평정요소마다 각각 "상"(3점), "중"(2점), "하"(1점)로 구분하고, 총 12점 만점으로 채점하여 각 시험위원이 채점한 평점의 평균이 "중"(8점) 이상 득점한 자 • 위원의 과반수가 어느 하나의 같은 평정요소에 대하여 "하"로 평정한 때에는 불합격

공인어학성적

제1차 시험 영어과목은 공인어학시험 성적으로 대체

• 기준점수

시험명	TOEIC	TOEFL		TEPS	G-TELP	FLEX (영어)	IELTS
		PBT	IBT	18.5.12 이후			
일반응시자	700	530	71	340	65(Level 2)	625	4.5
청각장애인	350	352	–	204	43(Level 2)	375	–

시험의 일부면제

• 제1차 시험 면제 : 2023년 제32회 제1차 시험 합격자
• 제1차 및 제2차 시험 면제 : 2023년 제32회 제2차 시험 합격자
※ 이하 자세한 내용은 공고문 참조

CONTENTS
이 책의 차례

CONTENTS
이 책의 차례

PART 06   국민건강보험법

사회보장기본법

01 | 총칙

1. 목적

사회보장은 모든 국민이 다양한 사회적 위험으로부터 벗어나 행복하고 인간다운 생활을 향유할 수 있도록 자립을 지원하며, 사회참여·자아실현에 필요한 제도와 여건을 조성하여 사회통합과 행복한 복지사회를 실현하는 것을 기본 이념으로 한다.

2. 개념

(1) 사회보장

출산, 양육, 실업, 노령, 장애, 질병, 빈곤 및 사망 등의 사회적 위험으로부터 모든 국민을 보호하고 국민 삶의 질을 향상시키는 데 필요한 소득·서비스를 보장하는 사회보험, 공공부조, 사회서비스를 말한다.

(2) 사회보험

국민에게 발생하는 사회적 위험을 보험의 방식으로 대처함으로써 국민의 건강과 소득을 보장하는 제도를 말한다.

(3) 공공부조(公共扶助)

국가와 지방자치단체의 책임하에 생활 유지 능력이 없거나 생활이 어려운 국민의 최저생활을 보장하고 자립을 지원하는 제도를 말한다.

(4) 사회서비스

국가·지방자치단체 및 민간부문의 도움이 필요한 모든 국민에게 복지, 보건의료, 교육, 고용, 주거, 문화, 환경 등의 분야에서 인간다운 생활을 보장하고 상담, 재활, 돌봄, 정보의 제공, 관련 시설의 이용, 역량 개발, 사회참여 지원 등을 통하여 국민의 삶의 질이 향상되도록 지원하는 제도를 말한다.

(5) 평생사회안전망

생애주기에 걸쳐 보편적으로 충족되어야 하는 기본욕구와 특정한 사회위험에 의하여 발생하는 특수욕구를 동시에 고려하여 소득·서비스를 보장하는 맞춤형 사회보장제도를 말한다.

(6) 사회보장 행정데이터

국가, 지방자치단체, 공공기관 및 법인이 법령에 따라 생성 또는 취득하여 관리하고 있는 자료 또는 정보로서 사회보장 정책 수행에 필요한 자료 또는 정보를 말한다.

3. 다른 법률과의 관계

사회보장에 관한 다른 법률을 제정하거나 개정하는 경우에는 이 법에 부합되도록 하여야 한다.

4. 국가와 지방자치단체의 책임

(1) 국가와 지방자치단체는 모든 국민의 인간다운 생활을 유지·증진하는 책임을 가진다.

(2) 국가와 지방자치단체는 사회보장에 관한 책임과 역할을 합리적으로 분담하여야 한다.

(3) 국가와 지방자치단체는 국가 발전수준에 부응하고 사회환경의 변화에 선제적으로 대응하며 지속가능한 사회보장제도를 확립하고 매년 이에 필요한 재원을 조달하여야 한다.

(4) 국가는 사회보장제도의 안정적인 운영을 위하여 중장기 사회보장 재정추계를 격년으로 실시하고 이를 공표하여야 한다.

> **시행령 제2조(사회보장 재정추계 등)**
> ① 보건복지부장관은 「사회보장기본법」(이하 "법"이라 한다) 제5조 제4항에 따른 사회보장 재정추계(財政推計)를 위하여 재정추계를 실시하는 해의 3월 31일까지 재정추계 세부지침을 마련하여야 한다. 이 경우 재정추계 세부지침에는 재정의 세부범위, 추계방법, 추진체계, 공표방법·절차 등이 포함되어야 한다. <개정 2023.7.11.>
> ② 보건복지부장관은 제1항의 재정추계 세부지침에 따라 추계를 실시하는 해의 9월 30일까지 재정추계를 하고, 그 결과를 법 제20조에 따른 사회보장위원회(이하 "위원회"라 한다)의 심의를 거쳐 같은 해 10월 31일까지 관계 중앙행정기관의 장에게 통보하여야 한다. <개정 2023.7.11.>
> ③ 관계 중앙행정기관의 장은 제2항에 따른 재정추계 결과를 바탕으로 정책개선안을 마련하여 같은 해 12월 31일까지 보건복지부장관에게 제출하여야 한다.
> ④ 보건복지부장관은 제3항에 따라 제출받은 정책개선안을 종합하여 이를 추계 실시 해의 다음 해 3월 31일까지 위원회에 보고하여야 한다.

5. 국가 등과 가정

(1) 국가와 지방자치단체는 가정이 건전하게 유지되고 그 기능이 향상되도록 노력하여야 한다.

(2) 국가와 지방자치단체는 사회보장제도를 시행할 때에 가정과 지역공동체의 자발적인 복지활동을 촉진하여야 한다.

6. 국민의 책임

(1) 모든 국민은 자신의 능력을 최대한 발휘하여 자립·자활(自活)할 수 있도록 노력하여야 한다.

(2) 모든 국민은 경제적·사회적·문화적·정신적·신체적으로 보호가 필요하다고 인정되는 사람에게 지속적인 관심을 가지고 이들이 보다 나은 삶을 누릴 수 있는 사회환경 조성에 서로 협력하고 노력하여야 한다.

(3) 모든 국민은 관계 법령에서 정하는 바에 따라 사회보장급여에 필요한 비용의 부담, 정보의 제공 등 국가의 사회보장정책에 협력하여야 한다.

7. 외국인에 대한 적용

국내에 거주하는 외국인에게 사회보장제도를 적용할 때에는 상호주의의 원칙에 따르되, 관계 법령에서 정하는 바에 따른다.

02 | 사회보장에 관한 국민의 권리

1. 사회보장을 받을 권리

모든 국민은 사회보장 관계 법령에서 정하는 바에 따라 사회보장급여를 받을 권리(이하 "사회보장수급권"이라 한다)를 가진다.

2. 사회보장급여의 수준

(1) 국가와 지방자치단체는 모든 국민이 건강하고 문화적인 생활을 유지할 수 있도록 사회보장급여의 수준 향상을 위하여 노력하여야 한다.
(2) 국가는 관계 법령에서 정하는 바에 따라 최저보장수준과 최저임금을 매년 공표하여야 한다.
(3) 국가와 지방자치단체는 제2항에 따른 최저보장수준과 최저임금 등을 고려하여 사회보장급여의 수준을 결정하여야 한다.

3. 사회보장급여의 신청

(1) 사회보장급여를 받으려는 사람은 관계 법령에서 정하는 바에 따라 국가나 지방자치단체에 신청하여야 한다. 다만, 관계 법령에서 따로 정하는 경우에는 국가나 지방자치단체가 신청을 대신할 수 있다.
(2) 사회보장급여를 신청하는 사람이 다른 기관에 신청한 경우에는 그 기관은 지체 없이 이를 정당한 권한이 있는 기관에 이송하여야 한다. 이 경우 정당한 권한이 있는 기관에 이송된 날을 사회보장급여의 신청일로 본다.

4. 사회보장수급권의 보호

사회보장수급권은 관계 법령에서 정하는 바에 따라 다른 사람에게 양도하거나 담보로 제공할 수 없으며, 이를 압류할 수 없다.

5. 사회보장수급권의 제한 등

(1) 사회보장수급권은 제한되거나 정지될 수 없다. 다만, 관계 법령에서 따로 정하고 있는 경우에는 그러하지 아니하다.
(2) (1)의 단서에 따라 사회보장수급권이 제한되거나 정지되는 경우에는 제한 또는 정지하는 목적에 필요한 최소한의 범위에 그쳐야 한다.

6. 사회보장수급권의 포기

(1) 사회보장수급권은 정당한 권한이 있는 기관에 서면으로 통지하여 포기할 수 있다.

(2) 사회보장수급권의 포기는 취소할 수 있다.

(3) (1)에도 불구하고 사회보장수급권을 포기하는 것이 다른 사람에게 피해를 주거나 사회보장에 관한 관계 법령에 위반되는 경우에는 사회보장수급권을 포기할 수 없다.

7. 불법행위에 대한 구상

제3자의 불법행위로 피해를 입은 국민이 그로 인하여 사회보장수급권을 가지게 된 경우 사회보장 제도를 운영하는 자는 그 불법행위의 책임이 있는 자에 대하여 관계 법령에서 정하는 바에 따라 구상권(求償權)을 행사할 수 있다.

03 | 사회보장 기본계획과 사회보장위원회

1. 사회보장 기본계획의 수립

(1) 보건복지부장관은 관계 중앙행정기관의 장과 협의하여 사회보장 증진을 위하여 사회보장에 관한 기본계획(이하 "기본계획"이라 한다)을 5년마다 수립하여야 한다.

(2) 기본계획에는 다음 각 호의 사항이 포함되어야 한다.

① 국내외 사회보장환경의 변화와 전망
② 사회보장의 기본목표 및 중장기 추진방향
③ 주요 추진과제 및 추진방법
④ 필요한 재원의 규모와 조달방안
⑤ 사회보장 관련 기금 운용방안
⑥ 사회보장 전달체계
⑦ 그 밖에 사회보장정책의 추진에 필요한 사항

(3) 기본계획은 사회보장위원회와 국무회의의 심의를 거쳐 확정한다. 기본계획 중 대통령령으로 정하는 중요한 사항을 변경하려는 경우에도 같다.

> **시행령 제3조(사회보장 기본계획의 수립)**
> ① 보건복지부장관은 법 제16조 제1항에 따른 사회보장에 관한 기본계획(이하 "기본계획"이라 한다)의 효율적 수립을 위하여 기본계획 작성지침을 작성하여 이를 관계 중앙행정기관의 장에게 통보하여야 한다.
> ② 관계 중앙행정기관의 장은 제1항에 따라 통보받은 기본계획 작성지침에 따라 소관별 기본계획안을 작성하여 보건복지부장관에게 제출하여야 하고, 보건복지부장관은 이를 종합한 기본계획안을 작성하여 법 제16조 제3항에 따른 절차에 따라 기본계획을 확정하여야 한다.
> ③ 법 제16조 제3항에서 "대통령령으로 정하는 중요사항"이란 다음 각 호의 사항을 말한다.
> 1. 사회보장의 기본목표 및 중장기 추진방향
> 2. 주요 추진과제 및 추진방법
> 3. 필요한 재원의 규모와 조달방안
> 4. 그 밖에 사회보장 전달체계 관련 사항 등 위원회에서 심의가 필요하다고 인정하는 사항

2. 다른 계획과의 관계

기본계획은 다른 법령에 따라 수립되는 사회보장에 관한 계획에 우선하며 그 계획의 기본이 된다.

> **시행령 제4조(다른 계획과의 관계)**
> ① 다른 법령에 따라 수립되는 사회보장에 관한 계획은 기본계획의 주요 내용을 반영하여야 한다.
> ② 관계 중앙행정기관의 장은 소관 사회보장에 관한 계획을 수립·변경하는 경우 그 내용을 보건복지부장관에게 통보하여야 한다.

③ 보건복지부장관은 제2항에 따라 관계 중앙행정기관의 장이 통보한 내용을 종합하여 위원회에 보고하여야 한다.

3. 연도별 시행계획의 수립·시행 등

(1) 보건복지부장관 및 관계 중앙행정기관의 장은 기본계획에 따라 사회보장과 관련된 소관 주요 시책의 시행계획(이하 "시행계획"이라 한다)을 매년 수립·시행하여야 한다.

(2) 관계 중앙행정기관의 장은 (1)에 따라 수립한 소관 시행계획 및 전년도의 시행계획에 따른 추진실적을 대통령령으로 정하는 바에 따라 매년 보건복지부장관에게 제출하여야 한다.

(3) 보건복지부장관은 (2)에 따라 받은 관계 중앙행정기관 및 보건복지부 소관의 추진실적을 종합하여 성과를 평가하고, 그 결과를 법 제20조에 따른 사회보장위원회에 보고하여야 한다.

(4) 보건복지부장관은 (3)에 따른 평가를 효율적으로 하기 위하여 이에 필요한 조사·분석 등을 전문기관에 의뢰할 수 있다.

(5) 시행계획의 수립·시행 및 추진실적의 평가 등에 필요한 사항은 대통령령으로 정한다.

시행령 제5조(연도별 시행계획의 수립·제출)

① 보건복지부장관은 법 제18조 제1항에 따른 사회보장과 관련된 소관 주요 시책의 시행계획(이하 "시행계획"이라 한다)의 효율적 수립·시행을 위하여 다음 해의 시행계획 수립을 위한 지침을 작성하여 이를 매년 12월 31일까지 관계 중앙행정기관의 장에게 통보하여야 한다.

② 법 제18조 제2항에 따라 관계 중앙행정기관의 장은 제1항에 따른 지침에 따라 소관별 시행계획을 작성하여 매년 1월 31일까지 보건복지부장관에게 제출하여야 하고, 보건복지부장관은 이를 종합·검토하여 위원회에서 심의할 수 있도록 하여야 한다.

③ 보건복지부장관은 시행계획이 위원회 심의를 거쳐 확정된 경우에는 이를 지체 없이 관계 중앙행정기관의 장에게 통보하여야 한다.

시행령 제6조(시행계획의 평가)

① 법 제18조 제5항에 따라 보건복지부장관은 시행계획에 따른 추진실적의 평가를 위한 지침을 작성하여 매년 1월 31일까지 관계 중앙행정기관의 장에게 통보하고, 관계 중앙행정기관의 장은 통보받은 평가지침에 따라 전년도 시행계획의 추진실적을 평가한 후 그 결과를 매년 3월 31일까지 보건복지부장관에게 제출하여야 한다.

② 보건복지부장관은 제1항에 따라 관계 중앙행정기관의 장이 제출한 평가결과를 종합·검토하여 위원회의 심의를 거친 후 그 결과를 매년 9월 30일까지 관계 중앙행정기관의 장에게 통보하여야 한다.

③ 관계 중앙행정기관의 장은 제2항에 따라 통보받은 평가결과를 다음 연도 시행계획에 반영하여야 한다.

4. 사회보장에 관한 지역계획의 수립·시행 등

(1) 특별시장·광역시장·특별자치시장·도지사 또는 특별자치도지사·시장(「제주특별자치도 설치 및 국제자유도시 조성을 위한 특별법」 제11조 제1항에 따른 행정시장을 포함한다)·군수·구청장(자치구의 구청장을 말한다. 이하 같다)은 관계 법령으로 정하는 바에 따라 사회보장에 관한 지역계획(이하 "지역계획"이라 한다)을 수립·시행하여야 한다.

(2) 지역계획은 기본계획과 연계되어야 한다.

(3) 지역계획의 수립·시행 및 추진실적의 평가 등에 필요한 사항은 대통령령으로 정한다.

> **시행령 제7조(사회보장에 관한 지역계획의 수립·시행 등)**
> ① 법 제19조 제1항에 따라 특별시장·광역시장·특별자치시장·도지사·특별자치도지사(이하 "시·도지사"라 한다) 및 시장(「제주특별자치도 설치 및 국제자유도시 조성을 위한 특별법」 제11조 제1항에 따른 행정시장을 포함한다)·군수·구청장(자치구의 구청장을 말한다. 이하 같다)은 사회보장에 관한 지역계획(이하 "지역계획"이라 한다)을 수립한 경우 그 계획을 소관 중앙행정기관의 장에게 제출하여야 한다.
> ② 소관 중앙행정기관의 장은 제1항에 따라 제출받은 지역계획을 보건복지부장관에게 제출하여야 한다.
> ③ 시·도지사 또는 시장·군수·구청장은 법 제19조 제2항에 따라 지역계획과 기본계획이 연계되도록 하기 위하여 기본계획의 수립 또는 변경이 있는 경우 소관 지역계획에 관련 내용을 반영하여야 한다.
> ④ 관계 중앙행정기관의 장은 소관 지역계획의 내용이 기본계획과 부합하지 않는 등 필요한 경우 해당 시·도지사 또는 시장·군수·구청장에게 그 조정을 권고할 수 있다.
> ⑤ 관계 중앙행정기관의 장은 필요시 관계 법령에서 정하는 바에 따라 소관 지역계획의 추진실적을 평가할 수 있고, 평가한 경우 그 결과를 보건복지부장관에게 제출하여야 한다.
> ⑥ 보건복지부장관은 제5항에 따라 관계 중앙행정기관의 장이 제출한 평가결과를 종합·검토하여 위원회에 보고하여야 한다.

5. 사회보장위원회

(1) 사회보장에 관한 주요 시책을 심의·조정하기 위하여 국무총리 소속으로 사회보장위원회(이하 "위원회"라 한다)를 둔다.

(2) 위원회는 다음 각 호의 사항을 심의·조정한다.

① 사회보장 증진을 위한 기본계획

② 사회보장 관련 주요 계획

③ 사회보장제도의 평가 및 개선

④ 사회보장제도의 신설 또는 변경에 따른 우선순위

⑤ 둘 이상의 중앙행정기관이 관련된 주요 사회보장정책

⑥ 사회보장급여 및 비용 부담

⑦ 국가와 지방자치단체의 역할 및 비용 분담

⑧ 사회보장의 재정추계 및 재원조달 방안

⑨ 사회보장 전달체계 운영 및 개선

⑩ 법 제32조 제1항에 따른 사회보장통계

⑪ 사회보장정보의 보호 및 관리

⑫ 법 제26조 제4항에 따른 조정

⑬ 그 밖에 위원장이 심의에 부치는 사항

(3) 위원장은 다음 각 호의 사항을 관계 중앙행정기관의 장과 지방자치단체의 장에게 통지하여야 한다.

① 법 제16조 제3항에 따라 확정된 기본계획

② 제2항의 사항에 관하여 심의·조정한 결과

(4) 관계 중앙행정기관의 장과 지방자치단체의 장은 위원회의 심의·조정 사항을 반영하여 사회보장제도를 운영 또는 개선하여야 한다.

6. 위원회의 구성 등

(1) 위원회는 위원장 1명, 부위원장 3명과 행정안전부장관, 고용노동부장관, 여성가족부장관, 국토교통부장관을 포함한 30명 이내의 위원으로 구성한다.

(2) 위원장은 국무총리가 되고 부위원장은 기획재정부장관, 교육부장관 및 보건복지부장관이 된다.

(3) 위원회의 위원은 다음 각 호의 어느 하나에 해당하는 사람으로 한다.

　① 대통령령으로 정하는 관계 중앙행정기관의 장

　② 다음 각 목의 사람 중에서 대통령이 위촉하는 사람

　　㉠ 근로자를 대표하는 사람

　　㉡ 사용자를 대표하는 사람

　　㉢ 사회보장에 관한 학식과 경험이 풍부한 사람

　　㉣ 변호사 자격이 있는 사람

(4) 위원의 임기는 2년으로 한다. 다만, 공무원인 위원의 임기는 그 재임 기간으로 하고, (3)의 ② 각 목의 위원이 기관·단체의 대표자 자격으로 위촉된 경우에는 그 임기는 대표의 지위를 유지하는 기간으로 한다.

(5) 보궐위원의 임기는 전임자 임기의 남은 기간으로 한다.

(6) 위원회를 효율적으로 운영하고 위원회의 심의·조정 사항을 전문적으로 검토하기 위하여 위원회에 실무위원회를 두며, 실무위원회에 분야별 전문위원회를 둘 수 있다.

(7) 실무위원회에서 의결한 사항은 위원장에게 보고하고 위원회의 심의를 거쳐야 한다. 다만, 대통령령으로 정하는 경미한 사항에 대하여는 실무위원회의 의결로써 위원회의 의결을 갈음할 수 있다.

(8) 위원회의 사무를 효율적으로 처리하기 위하여 보건복지부에 사무국을 둔다.

(9) 이 법에서 규정한 사항 외에 위원회, 실무위원회, 분야별 전문위원회, 사무국의 구성·조직 및 운영 등에 필요한 사항은 대통령령으로 정한다.

> **시행령 제9조(위원회의 위원 등)**
> ② 위원회에 간사 2명을 두고, 간사는 국무조정실 사회조정실장과 보건복지부 사회복지정책실장으로 한다.

04 | 사회보장정책의 기본방향

1. 평생사회안전망의 구축 · 운영

(1) 국가와 지방자치단체는 모든 국민이 생애 동안 삶의 질을 유지 · 증진할 수 있도록 평생사회안전망을 구축하여야 한다.

(2) 국가와 지방자치단체는 평생사회안전망을 구축 · 운영함에 있어 사회적 취약계층을 위한 공공부조를 마련하여 최저생활을 보장하여야 한다.

2. 사회서비스 보장

(1) 국가와 지방자치단체는 모든 국민의 인간다운 생활과 자립, 사회참여, 자아실현 등을 지원하여 삶의 질이 향상될 수 있도록 사회서비스에 관한 시책을 마련하여야 한다.

(2) 국가와 지방자치단체는 사회서비스 보장과 제24조에 따른 소득보장이 효과적이고 균형적으로 연계되도록 하여야 한다.

3. 소득 보장

(1) 국가와 지방자치단체는 다양한 사회적 위험하에서도 모든 국민들이 인간다운 생활을 할 수 있도록 소득을 보장하는 제도를 마련하여야 한다.

(2) 국가와 지방자치단체는 공공부문과 민간부문의 소득보장제도가 효과적으로 연계되도록 하여야 한다.

1. 운영원칙

(1) 국가와 지방자치단체가 사회보장제도를 운영할 때에는 이 제도를 필요로 하는 모든 국민에게 적용하여야 한다.

(2) 국가와 지방자치단체는 사회보장제도의 급여 수준과 비용 부담 등에서 형평성을 유지하여야 한다.

(3) 국가와 지방자치단체는 사회보장제도의 정책 결정 및 시행 과정에 공익의 대표자 및 이해관계인 등을 참여시켜 이를 민주적으로 결정하고 시행하여야 한다.

(4) 국가와 지방자치단체가 사회보장제도를 운영할 때에는 국민의 다양한 복지 욕구를 효율적으로 충족시키기 위하여 연계성과 전문성을 높여야 한다.

(5) 사회보험은 국가의 책임으로 시행하고, 공공부조와 사회서비스는 국가와 지방자치단체의 책임으로 시행하는 것을 원칙으로 한다. 다만, 국가와 지방자치단체의 재정 형편 등을 고려하여 이를 협의·조정할 수 있다.

2. 협의 및 조정

(1) 국가와 지방자치단체는 사회보장제도를 신설하거나 변경할 경우 기존 제도와의 관계, 사회보장 전달체계에 미치는 영향, 재원의 규모·조달방안을 포함한 재정에 미치는 영향 및 지역별 특성 등을 사전에 충분히 검토하고 상호협력하여 사회보장급여가 중복 또는 누락되지 아니하도록 하여야 한다.

(2) 중앙행정기관의 장과 지방자치단체의 장은 사회보장제도를 신설하거나 변경할 경우 신설 또는 변경의 타당성, 기존 제도와의 관계, 사회보장 전달체계에 미치는 영향, 지역복지 활성화에 미치는 영향 및 운영방안 등에 대하여 대통령령으로 정하는 바에 따라 보건복지부장관과 협의하여야 한다.

(3) 중앙행정기관의 장과 지방자치단체의 장은 (2)에 따른 업무를 효율적으로 수행하기 위하여 필요하다고 인정하는 경우에는 관련 자료의 수집·조사 및 분석에 관한 업무를 다음 각 호의 기관 또는 단체에 위탁할 수 있다.

① 「정부출연연구기관 등의 설립·운영 및 육성에 관한 법률」에 따라 설립된 정부출연연구기관

② 「사회보장급여의 이용·제공 및 수급권자 발굴에 관한 법률」 제29조에 따른 한국사회보장정보원

③ 그 밖에 대통령령으로 정하는 전문기관 또는 단체

(4) 중앙행정기관의 장과 지방자치단체의 장은 (2)에 따른 협의가 이루어지지 아니할 경우 위원회에 조정을 신청할 수 있으며, 위원회는 대통령령으로 정하는 바에 따라 이를 조정한다.

(5) 보건복지부장관은 사회보장급여 관련 업무에 공통적으로 적용되는 기준을 마련할 수 있다.

> **시행령 제16조(협의결과의 처리)**
> ① 보건복지부장관은 제15조 제1항에 따라 협의요청서가 제출된 사업에 대한 협의가 완료된 경우에는 위원회에 보고하고 그 결과를 기획재정부장관과 행정안전부장관에게 통보하여야 한다.
> ② 삭제 〈2020.7.7.〉
> ③ 위원회는 법 제26조 제4항에 따른 조정 신청을 받은 날부터 60일 이내에 조정을 해야 한다. 다만, 부득이한 사유가 있는 경우에는 30일 이내의 범위에서 그 기간을 연장할 수 있다.
> ④ 위원회는 법 제26조 제4항에 따라 조정을 하는 경우 해당 중앙행정기관의 장 또는 지방자치단체의 장으로부터 의견 진술 또는 제출의 요청을 받은 때에는 의견을 진술하거나 제출하게 해야 한다.
> ⑤ 보건복지부장관은 법 제26조 제4항에 따른 위원회의 심의·조정 결과를 해당 중앙행정기관의 장, 기획재정부장관, 행정안전부장관 및 해당 지방자치단체의 장에게 통보해야 한다.

3. 민간의 참여

(1) 국가와 지방자치단체는 사회보장에 대한 민간부문의 참여를 유도할 수 있도록 정책을 개발·시행하고 그 여건을 조성하여야 한다.

(2) 국가와 지방자치단체는 사회보장에 대한 민간부문의 참여를 유도하기 위하여 다음 각 호의 사업이 포함된 시책을 수립·시행할 수 있다.
① 자원봉사, 기부 등 나눔의 활성화를 위한 각종 지원 사업
② 사회보장정책의 시행에 있어 민간 부문과의 상호협력체계 구축을 위한 지원사업
③ 그 밖에 사회보장에 관련된 민간의 참여를 유도하는 데에 필요한 사업

(3) 국가와 지방자치단체는 개인·법인 또는 단체가 사회보장에 참여하는 데에 드는 경비의 전부 또는 일부를 지원하거나 그 업무를 수행하기 위하여 필요한 지원을 할 수 있다.

4. 비용의 부담

(1) 사회보장 비용의 부담은 각각의 사회보장제도의 목적에 따라 국가, 지방자치단체 및 민간부문 간에 합리적으로 조정되어야 한다.

(2) 사회보험에 드는 비용은 사용자, 피용자(被傭者) 및 자영업자가 부담하는 것을 원칙으로 하되, 관계 법령에서 정하는 바에 따라 국가가 그 비용의 일부를 부담할 수 있다.

(3) 공공부조 및 관계 법령에서 정하는 일정 소득 수준 이하의 국민에 대한 사회서비스에 드는 비용의 전부 또는 일부는 국가와 지방자치단체가 부담한다.

(4) 부담 능력이 있는 국민에 대한 사회서비스에 드는 비용은 그 수익자가 부담함을 원칙으로 하되, 관계 법령에서 정하는 바에 따라 국가와 지방자치단체가 그 비용의 일부를 부담할 수 있다.

5. 사회보장 전달체계

(1) 국가와 지방자치단체는 모든 국민이 쉽게 이용할 수 있고 사회보장급여가 적시에 제공되도록 지역적·기능적으로 균형잡힌 사회보장 전달체계를 구축하여야 한다.

(2) 국가와 지방자치단체는 사회보장 전달체계의 효율적 운영에 필요한 조직, 인력, 예산 등을 갖추어야 한다.

(3) 국가와 지방자치단체는 공공부문과 민간부문의 사회보장 전달체계가 효율적으로 연계되도록 노력하여야 한다.

6. 사회보장급여의 관리

(1) 국가와 지방자치단체는 국민의 사회보장수급권의 보장 및 재정의 효율적 운용을 위하여 다음 각 호에 관한 사회보장급여의 관리체계를 구축·운영하여야 한다.

① 사회보장수급권자 권리구제

② 사회보장급여의 사각지대 발굴

③ 사회보장급여의 부정·오류 관리

④ 사회보장급여의 과오지급액의 환수 등 관리

(2) 보건복지부장관은 사회서비스의 품질기준 마련, 평가 및 개선 등의 업무를 수행하기 위하여 필요한 전담기구를 설치할 수 있다.

(3) (2)의 전담기구 설치·운영 등에 필요한 사항은 대통령령으로 정한다.

7. 전문인력의 양성 등

국가와 지방자치단체는 사회보장제도의 발전을 위하여 전문인력의 양성, 학술 조사 및 연구, 국제 교류의 증진 등에 노력하여야 한다.

> 시행령 제17조(사회보장에 관한 교육실시)
> ① 보건복지부장관은 법 제31조에 따라 사회보장 분야 전문 인력 양성을 위하여 관계 중앙행정기관, 지방자치단체, 공공기관 및 법인·단체 등의 직원을 대상으로 사회보장에 관한 교육을 매년 1회 이상 실시할 수 있다.
> ② 관계 중앙행정기관의 장과 지방자치단체의 장은 필요한 경우 제1항에 따른 교육을 보건복지부장관에게 요청할 수 있다.

8. 사회보장통계

(1) 국가와 지방자치단체는 효과적인 사회보장정책의 수립·시행을 위하여 사회보장에 관한 통계(이하 "사회보장통계"라 한다)를 작성·관리하여야 한다.

(2) 관계 중앙행정기관의 장과 지방자치단체의 장은 소관 사회보장통계를 대통령령으로 정하는 바에 따라 보건복지부장관에게 제출하여야 한다.

(3) 보건복지부장관은 (2)에 따라 제출된 사회보장통계를 종합하여 위원회에 제출하여야 한다.

(4) 사회보장통계의 작성·관리에 필요한 사항은 대통령령으로 정한다.

시행령 제18조(사회보장통계의 제출 등)
① 보건복지부장관은 법 제32조에 따른 사회보장통계의 작성·제출과 관련하여 작성 대상 범위, 절차 등의 내용을 포함한 사회보장통계 운용지침을 마련하여 매년 12월 31일까지 관계 중앙행정기관의 장과 지방자치단체의 장에게 통보하여야 한다.
② 관계 중앙행정기관의 장과 지방자치단체의 장은 제1항에 따른 사회보장통계 운용지침에 따라 소관 사회보장 통계목록을 작성한 후 매년 1월 31일까지 보건복지부장관에게 제출하여야 하고, 소관 사회보장통계 목록이 변경된 경우에는 변경일로부터 30일 이내에 보건복지부장관에게 통보하여야 한다.
③ 보건복지부장관은 제2항에 따라 제출받은 사회보장통계 목록에 누락된 것이 있는 경우 보완을 요청할 수 있으며, 해당 중앙행정기관의 장 또는 지방자치단체의 장은 특별한 사유가 없으면 이에 따라야 한다.
④ 관계 중앙행정기관의 장과 지방자치단체의 장은 제2항에 따른 사회보장통계 목록에 따른 소관 사회보장 통계를 매년 2월 말일까지 보건복지부장관에게 제출하여야 한다.
⑤ 보건복지부장관은 사회보장통계의 작성이 필요한 경우 관계 중앙행정기관의 장과 지방자치단체의 장에게 통계자료의 제출을 요청할 수 있다. 이 경우 요청을 받은 관련 기관의 장은 특별한 사유가 없으면 이에 따라야 한다.
⑥ 보건복지부장관은 경제·사회적 환경 변화에 따라 새로운 사회보장통계 작성이 필요한 경우 「통계법」 제3조 제5호 각 목에 따른 공공기관의 장에게 이에 필요한 통계 작성 또는 통계자료의 제출을 요청할 수 있다.

9. 정보의 공개

국가와 지방자치단체는 사회보장제도에 관하여 국민이 필요한 정보를 관계 법령에서 정하는 바에 따라 공개하고, 이를 홍보하여야 한다.

10. 사회보장에 관한 설명

국가와 지방자치단체는 사회보장 관계 법령에서 규정한 권리나 의무를 해당 국민에게 설명하도록 노력하여야 한다.

11. 사회보장에 관한 상담

국가와 지방자치단체는 사회보장 관계 법령에서 정하는 바에 따라 사회보장에 관한 상담에 응하여야 한다.

12. 사회보장에 관한 통지

국가와 지방자치단체는 사회보장 관계 법령에서 정하는 바에 따라 사회보장에 관한 사항을 해당 국민에게 알려야 한다.

13. 사회보장정보시스템의 구축·운영 등

(1) 국가와 지방자치단체는 국민편익의 증진과 사회보장업무의 효율성 향상을 위하여 사회보장업무를 전자적으로 관리하도록 노력하여야 한다.

(2) 국가는 관계 중앙행정기관과 지방자치단체에서 시행하는 사회보장수급권자 선정 및 급여 관리 등에 관한 정보를 통합·연계하여 처리·기록 및 관리하는 시스템(이하 "사회보장정보시스템"이라 한다)을 구축·운영할 수 있다.

(3) 보건복지부장관은 사회보장정보시스템의 구축·운영을 총괄한다.

(4) 보건복지부장관은 사회보장정보시스템 구축·운영의 전 과정에서 개인정보 보호를 위하여 필요한 시책을 마련하여야 한다.

(5) 보건복지부장관은 관계 중앙행정기관, 지방자치단체 및 관련 기관·단체에 사회보장정보시스템의 운영에 필요한 정보의 제공을 요청하고 제공받은 목적의 범위에서 보유·이용할 수 있다. 이 경우 자료의 제공을 요청받은 자는 정당한 사유가 없으면 이에 따라야 한다.

(6) 관계 중앙행정기관 및 지방자치단체의 장은 (2)의 사회보장정보와 관련하여 사회보장정보시스템의 활용이 필요한 경우 사전에 보건복지부장관과 협의하여야 한다. 이 경우 보건복지부장관은 관련 업무에 필요한 범위에서 정보를 제공할 수 있고 정보를 제공받은 관계 중앙행정기관 및 지방자치단체의 장은 제공받은 목적의 범위에서 보유·이용할 수 있다.

(7) 보건복지부장관은 사회보장정보시스템의 운영·지원을 위하여 전담기구를 설치할 수 있다.

14. 개인정보 등의 보호

(1) 사회보장 업무에 종사하거나 종사하였던 자는 사회보장업무 수행과 관련하여 알게 된 개인·법인 또는 단체의 정보를 관계 법령에서 정하는 바에 따라 보호하여야 한다.

(2) 국가와 지방자치단체, 공공기관, 법인·단체, 개인이 조사하거나 제공받은 개인·법인 또는 단체의 정보는 이 법과 관련 법률에 근거하지 아니하고 보유, 이용, 제공되어서는 아니 된다.

06 | 기타

1. 권리구제

위법 또는 부당한 처분을 받거나 필요한 처분을 받지 못함으로써 권리 또는 이익을 침해받은 국민은「행정심판법」에 따른 행정심판을 청구하거나「행정소송법」에 따른 행정소송을 제기하여 그 처분의 취소 또는 변경 등을 청구할 수 있다.

2. 국민 등의 의견수렴

국가와 지방자치단체는 국민생활에 중대한 영향을 미치는 사회보장 계획 및 정책을 수립하려는 경우 공청회 및 정보통신망 등을 통하여 국민과 관계 전문가의 의견을 충분히 수렴하여야 한다.

3. 관계 행정기관 등의 협조

(1) 국가와 지방자치단체는 사회보장 관련 계획 및 정책의 수립·시행, 사회보장통계의 작성 등을 위하여 관련 공공기관, 법인, 단체 및 개인에게 자료제출 등 필요한 협조를 요청할 수 있다.

(2) 위원회는 사회보장에 관한 자료 제출 등 위원회 업무에 필요한 경우 관계 행정기관의 장에게 협조를 요청할 수 있다.

(3) (1) 및 (2)에 따라 협조요청을 받은 자는 정당한 사유가 없으면 이에 따라야 한다.

4. 사회보장 행정데이터의 제공 요청

(1) 위원회는 사회보장 정책의 심의·조정 및 연구를 위하여 관계 기관의 장에게 사회보장 행정데이터가 모집단의 대표성을 확보할 수 있는 범위에서 다음 각 호에 해당하는 사회보장 행정데이터의 제공을 요청할 수 있다. 이 경우 사회보장 행정데이터의 제공을 요청받은 관계 기관의 장은 특별한 사유가 없으면 이에 따라야 한다.

① 사회보험, 공공부조 및 사회서비스에 관한 다음 각 호의 자료 또는 정보

㉠ 국민연금·건강보험·고용보험·산업재해보상보험 등 사회보험에 관한 자료 또는 정보

㉡ 국민기초생활보장·기초연금 등 공공부조에 관한 자료 또는 정보

㉢ 아이돌봄서비스·장애인활동지원서비스 등 사회서비스에 관한 자료 또는 정보

②「고용정책 기본법」제15조 제1항에 따른 고용·직업에 관한 정보

③「국세기본법」제81조의13 및「지방세기본법」제86조에 따른 과세정보로서 다음 각 목의 정보

㉠「소득세법」제4조 제1항에 따른 소득 및 같은 법 제127조에 따른 원천징수

㉡「조세특례제한법」제100조의2에 따른 근로장려금 및 같은 법 제100조의27에 따른 자녀장려금의 결정·환급 내역

㉢「지방세법」에 따른 재산세

④ 「주민등록법」 제30조 제1항에 따른 주민등록전산정보자료

⑤ 그 밖에 위원회의 업무 수행을 위하여 필요하다고 대통령령으로 정하는 자료 또는 정보

(2) (1)에 따라 요청할 수 있는 사회보장 행정데이터의 구체적인 내용 및 모집단의 대표성을 확보할 수 있는 범위 등에 관한 사항은 대통령령으로 정한다.

(3) (1)에 따라 사회보장 행정데이터를 제공하는 경우 「개인정보 보호법」 제2조 제1호 다목에 따른 가명정보로 제공하여야 한다.

(4) 위원회가 제1항에 따라 제공받은 사회보장 행정데이터의 처리 및 보호에 관하여는 이 법에서 정하는 사항을 제외하고는 「개인정보 보호법」에 따른다.

> **시행령 제21조(민감정보 및 고유식별정보의 처리)**
> ② 위원회는 법 제42조에 따른 사회보장 행정데이터의 제공 요청에 관한 사무를 수행하기 위하여 불가피한 경우 「개인정보 보호법」 제23조에 따른 건강에 관한 정보가 포함된 자료를 처리할 수 있다.

5. 사회보장 행정데이터 분석센터

(1) 보건복지부장관은 법 제42조에 따라 제공받은 사회보장 행정데이터의 원활한 분석, 활용 등을 위하여 사회보장 행정데이터 분석센터를 설치·운영할 수 있다.

(2) 사회보장 행정데이터 분석센터의 설치·운영 등에 필요한 사항은 보건복지부령으로 정한다.

> **시행규칙 제2조(사회보장 행정데이터 분석센터의 설치·운영)**
> ① 보건복지부장관은 「사회보장기본법」(이하 "법"이라 한다) 제43조 제1항에 따른 사회보장 행정데이터 분석센터(이하 이 조에서 "행정데이터분석센터"라 한다)를 법 제21조 제8항에 따른 사회보장위원회의 사무국에 설치한다.
> ② 행정데이터분석센터는 다음 각 호의 업무를 수행한다.
> 1. 사회보장 행정데이터의 보존 및 관리
> 2. 사회보장 행정데이터의 상호 연계 및 분석
> 3. 사회보장 행정데이터를 활용한 사회보장제도 연구
> 4. 그 밖에 보건복지부장관이 사회보장 행정데이터의 원활한 분석, 활용 등을 위하여 필요하다고 인정하는 사항
> ③ 행정데이터분석센터는 출입을 통제할 수 있는 보안시설과 사회보장 행정데이터의 분석을 위한 전산장비 등을 갖추어야 한다.
> ④ 제1항부터 제3항까지에서 규정한 사항 외에 행정데이터분석센터의 설치·운영에 필요한 세부 사항은 보건복지부장관이 정한다.

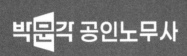
박문각 공인노무사

02

고용보험 및
산업재해보상보험의
보험료징수 등에
관한 법률

01 | 총론

Ⅰ 총칙

1. 법의 목적

보험관계의 성립·소멸, 보험료의 납부·징수 등에 필요한 사항을 규정함으로써 보험사무의 효율성을 높임

2. 용어 정의

(1) **근로자** : 「근로기준법」에 따른 근로자

(2) **보수**

① 근로소득에서 비과세 근로소득을 뺀 금액(보험료도 세금이라 공단 입장에서는 많이 징수하는 것이 이득이므로 근로기준법상 임금의 범위보다 넓게 봄)

② 고용보험료를 징수하는 경우 : 근로자가 휴직이나 그 밖에 이와 비슷한 상태에 있는 기간 중에 사업주 외의 자로부터 지급받는 금품 중 고용노동부장관이 정하여 고시하는 금품(노동조합 전임자가 <u>전임기간 동안 노동조합으로부터 급여의 명목으로 지급받은 금품</u>)은 보수로 봄

(3) **원수급인**

① 최초로 사업을 도급받아 행하는 자

② 발주자가 사업의 전부 또는 일부를 직접 하는 경우 : 발주자가 직접 하는 부분에 대하여 발주자를 원수급인으로 봄

    예 ㉠ 대기업(발주자) → 원수급인 → 하수급인

        ㉡ 대기업(발주자 & 원수급인) → 하수급인

(4) **하수급인**

① 원수급인으로부터 그 사업의 전부 또는 일부를 도급받아 하는 자

② 그 자로부터 그 사업의 전부 또는 일부를 도급받아 하는 자

    예 ㉠ 발주자 → A(원수급인) → B(하수급인)

        ㉡ 발주자 → A(원수급인) → B(직상수급인) → C(하수급인)

3. 보험사업의 관장 및 수행주체

(1) **사업의 관장** : 고용노동부장관(고용·산재보험 모두)

(2) **수행주체**

① 원칙 : 고용노동부장관의 위탁을 받아 근로복지공단이 수행

② 예외 : <u>징수업무</u> - 고용노동부장관의 위탁을 받아 국민건강보험공단이 수행

→ 보험료, 연체금, 체납처분비의 고지·수납·체납관리 – 국민건강보험공단
→ 개산보험료 및 확정보험료, 산재보험급여액에 대한 징수금의 고지·수납 – 근로복지공단

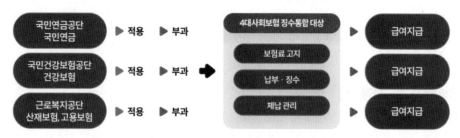

〈국민건강보험공단〉

Ⅱ 보험가입과 해지

1. 보험의 가입

(1) **적용사업장의 보험가입 : 당연가입**

① 「산업재해보상보험법」 및 「고용보험법」의 적용사업장 : 사업주의 의사와는 관계없이 자동적으로 보험관계 성립(=당연가입)

② 「고용보험법」 적용사업의 <u>사업주 & 근로자</u> : 당연히 고용보험의 보험가입자
「산업재해보상보험법」 적용사업의 사업주 : 당연히 산재보험의 보험가입자

> ✏️ **용어정리**
> (1) 보험가입자(= 보험료 부담자)
>   − 고용보험 : 사업주 & 근로자
>   − 산재보험 : 사업주
> (2) 피보험자(= 보호받는 자)
>   − 고용보험 & 산재보험 : 근로자

(2) **적용제외사업장의 보험가입 : 임의가입**

① 「산업재해보상보험법」 및 「고용보험법」의 적용제외사업의 사업주 : 근로복지공단의 승인을 받아 보험에 가입(= 임의가입)

② <u>고용보험</u> 가입 시 : 근로자 과반수 이상의 동의를 받아 공단의 승인을 받아야 함(근로자 과반수 이상의 동의를 받아야 하는 이유는 사업장을 고용보험에 가입하는 것이기 때문)

(3) **의제가입**

① <u>고용보험</u>의 당연가입이 되는 사업이 사업규모의 변동 등의 사유로 적용제외사업에 해당하게 되었을 때 : 그 사업주 및 근로자는 그 날부터 임의가입에 의하여 고용보험에 가입한 것으로 봄(그날부터 빨리 근로자를 보호해주기 위함)

② 산재보험의 당연가입이 되는 사업이 사업규모의 변동 등의 사유로 적용제외사업에 해당하게 되었을 때 : 그 사업주는 그날부터 임의가입에 의하여 산재보험에 가입한 것으로 봄

③ 고용보험이나 산재보험에 가입한 사업주가 그 사업을 운영하다가 근로자를 고용하지 아니하게 되었을 때 : 그날부터 1년의 범위에서 근로자를 사용하지 아니한 기간에도 보험에 가입한 것으로 봄(피보험자의 잦은 입퇴사로 인한 사업주의 성립·소멸신고의 불편을 제거하기 위함)

2. 보험의 해지 및 직권소멸

(1) 보험의 해지

① 임의가입이나 의제가입에 의하여 고용보험 또는 산재보험에 가입한 사업주는 공단의 승인을 받아 보험계약 해지 가능

② 고용보험계약을 해지할 때 : 근로자 과반수의 동의를 받아 공단의 승인을 받아야 함

(2) 보험해지의 제한

보험계약의 해지 : 그 보험계약이 성립한 보험연도가 끝난 후에 하여야 함
(최대한 근로자로 보호해주기 위해 기한을 연장하는 것임)

(3) 보험관계의 직권소멸

공단은 보험관계를 계속하여 유지할 수 없다고 인정하는 경우에는 그 보험관계를 소멸시킬 수 있음(**예** 사업 실체가 없는 경우)

3. 사업의 일괄적용

(1) 당연일괄적용 요건

보험의 당연가입자인 사업주가 하는 각각의 사업이 다음의 요건을 해당하는 경우에는 고용산재보험료징수법을 적용할 때 그 사업의 전부를 하나의 사업으로 본다(사업주의 업무편의를 도모하고 근로자를 적극적으로 보호하기 위함).

① 사업주가 동일인일 것

② 각각의 사업은 기간이 정하여져 있을 것

③ 사업의 종류 등이 대통령령이 정하는 요건(=건설업)에 해당할 것

(2) 임의일괄적용

① 당연일괄적용을 받는 사업주 외의 사업주가 자기가 경영하는 사업(산재보험의 경우에는 고용노동부장관이 정하는 사업종류가 동일한 경우에 한정)의 전부를 하나의 사업으로 보아 고용산재보험료징수법의 적용을 받으려는 경우에는 공단의 승인을 받아야 함

② 승인을 받은 경우 : 공단이 그 사업주로부터 일괄적용관계 승인신청서를 접수한 날의 다음 날부터 일괄적용을 받음(접수한 날에는 심사를 했다고 봄)

PART
02

(3) 임의일괄적용의 해지

일괄적용관계를 해지하려는 경우 : 공단의 승인 → 다음 보험연도의 보험관계부터 해지의 효력 발생

(4) 의제일괄적용

당연일괄적용을 받는 사업주가 당연일괄적용의 요건 ③인 '사업의 종류 등이 대통령령이 정하는 요건'에 적합하지 아니하게 된 경우에는 일괄적용승인을 받은 것으로 봄

4. 도급사업에 있어서의 사업주

(1) 원칙

건설업이 여러 차례의 도급에 의하여 시행되는 경우에는 원수급인을 사업주로 봄

(2) 예외

① 건설업이 국내에 영업소를 두지 않는 외국의 사업주로부터 하도급을 받아 시행되는 경우에는 국내에 영업소를 둔 최초 하수급인을 사업주로 봄

② 서면계약으로 하수급인에게 보험료의 납부를 인수케 하여 근로복지공단의 승인을 받은 경우에는 하수급인을 사업주로 봄(보험료 납부자는 사업주이기 때문)

Ⅲ 보험관계의 성립과 소멸

1. 의의

(1) 보험관계의 성립

① 「산업재해보상보험법」 및 「고용보험법」에 따른 권리의무관계 발생하는 것

② 당연가입사업이 시작되거나 임의가입사업이 보험에 가입하는 등의 사유로 성립

③ 사업주 : 보험관계의 신고 및 보험료 신고·납부의무 발생

　　근로자(=피보험자) : 보험급여청구권 등의 제반권리 발생

　　보험자 : 보험급여 지급의무

(2) 보험관계의 소멸

사업의 폐지·종료, 보험계약의 해지, 공단의 보험관계소멸 결정 등의 사유로 소멸

2. 보험관계 성립일

(1) 당연가입사업

① 당연가입사업의 경우 : 그 사업이 시작한 날

② 사업규모의 변동 등으로 당연가입사업에 해당하게 된 경우 : 그 해당하게 된 날

(2) 임의가입사업

공단이 그 사업의 사업주로부터 보험가입승인신청서를 접수한 날의 다음 날
(접수한 날에는 심사를 했다고 봄)

---

(3) 일괄적용사업

사업이 시작된 날

(4) 도급사업에서 하수급인이 보험료납부를 인수한 경우

그 하도급공사의 착공일(착공 → 근로시작 → 보험관계 성립)

3. 보험관계 소멸일

(1) 사업의 폐업 또는 종료

사업이 폐업되거나 끝난 날의 다음 날

(다음 날이 소멸일인 이유는 마지막 근무일까지 근로자를 보호해주기 위함)

(2) 임의가입자 또는 의제가입자의 보험계약 해지

근로복지공단의 승인을 받은 날의 다음 날

(3) 공단이 보험관계를 소멸시키는 경우

소멸을 결정·통지한 날의 다음 날

(4) 가입사업주가 그 사업의 운영 중에 근로자를 고용하지 아니하게 된 때

근로자를 사용하지 아니한 첫날부터 1년이 되는 날의 다음 날

4. 보험관계의 신고

(1) 신고대상

① 보험관계의 성립과 소멸
② 일괄적용관계의 성립과 소멸
③ 일괄적용사업에서 각각 사업의 개시와 종료

(2) 신고기한

① 보험관계가 성립·소멸한 날부터 14일 이내
② 일괄적용관계가 성립·소멸한 날부터 14일 이내
③ 일괄적용사업에서 각각 사업이 개시·종료된 날부터 14일 이내
(사업의 개시일부터 14일 이내에 끝나는 사업의 경우에는 그 끝나는 날의 전날까지 개시신고 예 사업의 개시일부터 10일 된 날에 사업이 종료되면 9일까지)

5. 보험관계의 변경신고

(1) 신고사항

① 사업주의 이름 및 주민등록번호
② 사업의 명칭 및 소재지
③ 사업의 종류
④ 사업자등록번호
⑤ 건설공사 또는 벌목업 등 기간의 정함이 있는 사업의 경우 사업의 기간

⑥ 우선지원대상기업의 해당 여부에 변경이 있는 경우 상시근로자수
(우선지원대상기업 해당 여부가 산업별 상시근로자 수에 따라 결정되기 때문)

(2) 신고기한

① 원칙 : 변경된 날부터 14일 이내에 근로복지공단에 신고

② 예외 : 「우선지원대상기업의 해당 여부에 변경이 있는 경우 상시근로자수」는 다음 보험연도 첫날부터 14일 이내

02 | 보험료

Ⅰ 보수의 산정

1. 준보수제도

(1) 기준보수의 의의

① 근로자, 예술인이나 노무제공자의 보수를 산정·확인하기 곤란한 경우에 <u>고용노동부장관이 정하여 고시하는 금액</u>을 기준으로 하여(=기준보수) 보험사무를 처리함

② 기준보수는 사업규모, 근로 형태, 보수 등을 고려하여 <u>고용보험위원회의 심의</u>를 거쳐 시간·일 또는 월 단위로 정함(사업의 종류별 또는 지역별 구분하여 정할 수도 있음)

(2) 기준보수 적용사유

① 사업의 폐업·도산 등으로 근로자 등의 보수 또는 보수액을 산정·확인하기 곤란한 경우

② 보수 관련 자료가 없거나 명확하지 않은 경우

③ 사업 또는 사업장의 이전 등으로 사업의 소재지를 파악하기 곤란한 경우

④ 예술인(소득 기준 충족 예술인·단기예술인 제외) 및 노무제공자(소득 기준 충족 노무제공자·단기노무제공자 제외)의 보수액이 기준보수보다 적은 경우

(3) 시간단위 기준보수를 적용하는 경우

<u>단시간근로자, 시간급근로자, 일급근로자</u>에게는 주당 소정근로시간을 실제 근로한 시간으로 보아 시간단위 기준보수 적용

(시간단위 기준보수액 = 월단위 기준보수액 ÷ 209시간)

(4) 월단위 기준보수를 적용하는 경우

① 통상근로자로서 월정액으로 보수를 지급받는 근로자

② 예술인 및 노무제공자

③ 시간급근로자 또는 일급근로자임이 명확하지 아니하거나 <u>주당 소정근로시간을 확정할 수 없는 경우</u>

2. 노무비율에 의한 보수의 산정

(1) 개산보험료 및 확정보험료의 신고·납부와 정산 시 보수총액 추정액 또는 보수총액을 결정하기 곤란한 경우에는 고용노동부장관이 정하여 고시하는 노무비율을 사용하여 보수총액의 추정액 또는 보수총액을 결정할 수 있음

(2) 적용대상

① 건설업 및 벌목업에서 실제로 지급한 보수액을 확인할 수 없을 때 → 적용
(보수총액 추정액 또는 보수총액을 결정하기 곤란하기 때문)

② 공사내역서상의 보수로 보험료 보수를 산정할 수 있는 경우 → 적용 ×
(공사내역서상의 보수로 보수총액 추정액 또는 보수총액을 산정할 수 있기 때문)

▮▮ 보험료의 산정

1. 보험료의 종류

(1) **고용보험료** : 고용안정·직업능력개발사업의 보험료 + 실업급여의 보험료
(2) **산재보험료**

2. 보험료의 부담

(1) 고용보험료

① 근로자 부담보험료 = 본인의 보수총액 × 실업급여 보험료율 × 1/2

② 사업주 부담보험료 = (근로자의 개인별 보수총액 × 실업급여 보험료율 × 1/2) + (근로자의 개인별 보수총액 × 고용안정·직업능력개발사업의 보험료율)
(고용안정·직업능력개발사업은 사업주가 전액부담하는 보험료이기 때문에 근로자는 부담 ×)

③ 65세 이후에 고용(65세 전부터 피보험자격을 유지하던 사람이 65세 이후에 계속하여 고용된 경우 제외)되거나 자영업을 개시한 자 : 실업급여의 보험료 징수 ×
(실업급여는 재취업을 위한 보험으로 65세 이상은 은퇴자로 보아 재취업을 촉진할 수 없기 때문에 고용보험법 제10조 제2항에 따르면 실업급여 적용 ×)

3. 고용보험료율

(1) 보험료율의 결정

① 최대 1천분의 30의 범위에서 고용안정·직업능력개발사업의 보험료율 및 실업급여의 보험료율로 구분하여 대통령령으로 정함.

② 고용보험료율의 결정·변경 : 고용보험위원회의 심의 필요

(2) 실업급여 보험료율 : 1천분의 18(= 1.8% → 근 0.9% & 사 0.9%)

① 자영업자의 실업급여 보험료율 : 1천분의 20

② 예술인 및 노무제공자의 고용보험료율 : 1천분의 16

(3) 고용안정·직업능력개발사업 보험료율

① 사업장 규모별 보험료율

사업규모		보험료율
우선지원대상기업	상시근로자수 150인 미만 사업주의 사업	1만분의 25
	상시근로자수 150인 이상 사업주의 사업	1만분의 45
우선지원대상기업 ×	상시근로자수 150인 이상 1,000인 미만 사업주의 사업	1만분의 65
	상시근로자수 1,000인 이상 사업주의 사업 및 국가·지방자치단체가 직접 행하는 사업	1만분의 85

– 자영업자의 고용안정·직업능력개발사업 보험료율 : 1만분의 25

(상시근로자수↓ → 지불능력↓ → 보험료↓)

② 상시근로자수의 산정

㉠ 상시근로자수 = 해당 사업주가 하는 국내의 모든 사업의 상시근로자수를 합산한 수

예외) 「공동주택관리법」에 따른 사업의 경우 : 각 사업별로 상시근로자수 합산

㉡ 상시근로자수↑→ 보험료율↑ : 증가 사유 발생한 보험연도의 다음 보험연도부터 3년 동안 상시근로자수 증가 전 적용된 보험료율 적용

예외) 「독점규제 및 공정거래에 관한 법률」에 따라 지정된 상호출자제한기업집단에 속하는 회사의 경우 : 그 지정된 날이 속한 보험연도의 다음 보험연도부터 증가된 보험료율 적용

(4) 보험료납부를 인수한 하수급인에 대한 보험료율

보험료납부를 인수한 하수급인에게는 원수급인에게 적용하는 고용안정·직업능력개발사업의 보험료율을 적용한다. 다만, 일괄적용을 받게 되는 사업주의 개별사업이 보험료납부 인수에 대한 승인을 받은 경우에는 그 하수급인인 사업주에게 적용하는 고용안정·직업능력개발사업의 보험료율을 적용한다.

(5) 사업양도 및 합병된 사업에 대한 보험료율

보험연도 중에 사업이 양도되거나 사업주가 합병된 경우 그 양도 또는 합병된 사업에 대해서는 해당 보험연도에 한정하여 양도 또는 합병 전에 적용된 고용안정·직업능력개발사업의 보험료율을 적용한다.

(6) 고용보험료율 결정의 특례 – 개별실적에 따른 보험료율의 적용

① 의의

지난 3년간을 기준으로 보험료에 비하여 보험급여지급 비율이 높고 낮음에 따라 개별 사업장의 보험료를 인상·인하함으로써 보험료 부담의 형평성의 도모하기 위한 제도

② 적용대상사업

매년 9월 30일 현재 고용보험의 보험관계가 성립한 후 3년이 지난 사업

③ 조정기준

그 해 9월 30일 이전 3년 동안의 그 실업급여의 보험료에 대한 실업급여의 금액의 비율이 대통령령이 정하는 비율에 해당하는 경우

④ 개별실적요율의 증감비율

그 사업에 적용되는 실업급여 보험료율의 100분의 40의 범위에서 대통령령으로 정하는 기준에 따라 인상하거나 인하한 비율을 그 사업에 대한 다음 보험연도의 실업급여 보험료율로 할 수 있다.

4. 산재보험료율

(1) 보험료율의 결정

① 사업종류별 산재보험료율

매년 6월 30일 현재를 기준으로 과거 3년 동안의 보수총액에 대한 산재보험급여총액의 비율을 기초로 하여, 사업의 종류별로 구분하여 고용노동부령으로 정함

② 학생연구자, 중소기업 사업주 및 노무제공자의 보험료율

㉠ 원칙 : 그 사업이 적용받는 산재보험료율

㉡ 예외 : 노무제공자의 산재보험료율은 재해율 등을 고려하여 산업재해보상보험 및 예방심의위원회의 심의를 거쳐 고용노동부장관이 달리 정할 수 있음

③ 산재보험의 보험관계가 성립한 후 3년이 지나지 아니한 사업에 대한 사업종류별 산재보험료율은 산업재해보상보험 및 예방심의위원회의 심의를 거쳐 고용노동부장관이 사업의 종류별로 따로 정함

④ 고용노동부장관은 산재보험료율을 정하는 경우에 특정 사업 종류의 산재보험료율이 전체 사업의 평균 산재보험료율의 20배를 초과하지 아니하도록 하여야 함

⑤ 고용노동부장관은 특정 사업 종류의 산재보험료율이 인상되거나 인하되는 경우에는 직전 보험연도 산재보험료율의 100분의 30의 범위에서 조정하여야 함

(2) 동일한 사업주가 하나의 장소에서 사업의 종류가 다른 사업을 2 이상 하는 경우

① 주된 사업에 적용되는 산재보험료율을 그 장소의 모든 사업에 적용

② 주된 사업의 결정 순서

㉠ 근로자 수가 많은 사업

㉡ 근로자 수 같거나 그 수를 파악할 수 없는 경우는 보수총액이 많은 사업

㉢ 매출액이 많은 제품을 제조하거나 서비스를 제공하는 사업

(3) 개별실적요율의 적용

① 의의

지난 3년간을 기준으로 보험료에 비하여 보험급여지급 비율이 높고 낮음에 따라 개별 사업의 보험료를 인상 또는 인하하는 제도(인하함으로써 보험료 부담의 형평성을 도모하기 위함)

② 적용대상사업

매년 6월 30일 현재 산재보험의 보험관계가 성립한 후 3년이 지난 다음의 사업

㉠ 건설업 중 일괄적용 받는 사업으로서 해당 보험연도의 2년 전 보험연도의 <u>총공사실적이 60억 이상인</u> 사업

㉡ <u>상시근로자수 30명 이상인</u> 사업(건설업·벌목업 제외)

③ 조정기준

그 해 6월 30일 이전 3년 동안의 산재보험료(통상적인 출퇴근 재해에 따른 산재보험료 제외)에 대한 산재보험급여 금액(통상적인 출퇴근 재해를 이유로 지급된 보험급여 금액 제외)의 비율이 100분의 85를 넘거나 100분의 75 이하인 경우

④ 개별실적요율의 증감비율

(사업종류별 산재보험료율의 100분의 50의 범위에서 사업의 규모를 고려하여 인상 또는 인하한 비율) + (통상적인 출퇴근 재해에 따른 산재보험료율) = 그 사업에 대한 다음 보험연도의 산재보험료율

(4) 산재예방요율의 적용

① 의의

사업주가 재해예방활동을 실시하고 이에 고용노동부장관의 인정을 받은 때에는 산재보험료율을 인하해주는 제도(사업주가 재해예방활동을 적극적으로 하도록 하기 위함)

② 적용대상사업

제조업, 임업, 위생 및 유사서비스업, 하수도업으로서 상시근로자수 50명 미만인 사업

③ 산재예방활동에 대한 고용노동부장관의 인정

(사업종류별 산재보험료율의 100분의 30의 범위에서 대통령령으로 정하는 바에 따라 인하한 비율) + (통상적인 출퇴근 재해에 따른 산재보험요율) = 그 사업에 대한 다음 보험연도의 산재보험료율(= 산재예방요율)

④ 인정의 취소 사유

㉠ 거짓이나 그 밖의 부정한 방법으로 재해예방활동의 인정을 받은 경우

㉡ 재해예방활동의 인정기간 중 중대재해가 발생한 경우

㉢ 그 밖에 재해예방활동의 목적을 달성한 것으로 인정하기 곤란한 경우 등 대통령령으로 정하는 사유에 해당하는 경우

⑤ 인정 취소의 효과

㉠ 거짓이나 그 밖의 부정한 방법으로 재해예방활동의 인정을 받은 경우에는 산재예방요율 적용을 취소하고 그 적용 기간에 대한 <u>산재보험료를 다시 산정하여 부과하여야 함</u>

㉡ 그 밖의 사유로 인정이 취소된 사업에 대하여는 <u>해당 보험연도 재해예방활동의 인정기간비율에 따라 산재예방요율을 적용</u>하여 다음 보험연도의 산재보험요율을 산정함

⑥ 개별실적요율과 산재예방요율의 중복 적용 가능 사업의 경우

그 사업에 적용되는 산재보험료율에 개별실적요율과 산재예방요율에 따라 각각 인상 또는

인하한 비율을 합하여(인상 및 인하한 비율이 동시에 발생한 경우에는 같은 값만큼 서로 상계해 계산) 얻은 값만큼을 인상하거나 인하한 비율 : 그 사업에 대한 다음 보험연도 산재 보험료율

5. 월별보험료의 산정

(1) 원칙적인 월별보험료 산정방법

(근로자·예술인의 개인별 월평균보수 × 고용보험료율) + (근로자·예술인의 개인별 월평균 보수 × 산재보험료율) = 월별보험료

(2) 월평균보수 산정하기 곤란한 자들의 산정방법

월별보험료 산정하는 월의 전월에 사업주가 지급한 보수 또는 보수액을 개인별 월평균보수로 보고 산정[예 일용근로자, 단기예술인, 소득기준(월평균소득 50만원 이상)을 충족하는 예술인]

6. 월평균보수의 산정방법 및 적용기간

(1) 근로자 또는 예술인의 개인별 월평균보수

산정방법에 따라 <u>사업주가 공단에 신고한 금액</u>

(2) 산정방법

① 적용기간보험연도의 전년도에 근로 또는 노무제공이 개시된 경우

㉠ 월평균보수 = (전년도 보수총액) ÷ (전년도에 근로 또는 노무제공을 한 개월수)

㉡ 보험연도 4월부터 다음 연도 3월까지 적용

② 해당 보험연도에 근로 또는 노무제공이 개시된 경우

㉠ 월평균보수 = (근로 또는 노무제공이 개시된 날부터 1년 동안에 지급하기로 한 보수총 액) ÷ (근로 또는 노무제공을 한 개월수로 나눈 금액)

㉡ 다음 연도 3월까지 적용

③ 일용근로자, 단기예술인 및 둘 이상의 문화예술용역 관련 계약의 월평균소득을 합산하여 야 그 합계액이 50만원 이상인 예술인의 월평균보수 = 월별보험료를 산정하는 월의 전월 에 사업주가 지급한 보수 또는 보수액

(3) 월평균보수가 산정된 후 보수 또는 보수액이 인상 또는 인하되었을 때

① 사업주는 변경된 월평균보수를 공단에 신고 가능

② 위의 경우, 공단은 월평균보수를 다시 결정하여 보수 또는 보수액이 인상 또는 인하된 날 이 속하는 달부터 적용

7. 고용관계변동에 따른 월별보험료의 산정

(1) 고용관계 변동이 있는 경우 월별보험료는 해당 월의 다음 달부터 산정함

근로자가 <u>월의 중간</u>에 ① 새로이 고용되거나, ② 동일한 사업주의 하나의 사업장에서 다른 사업장으로 전근되거나, ③ 근로자의 휴업·휴직 기간이 종료되거나, ④ 출산전후휴가 또는

유산·사산휴가 기간이 종료되거나, ⑤ 그 밖에 근로자가 근로를 제공하지 않은 상태로서 고용노동부장관이 인정하는 사유에 해당 기간이 종료된 경우

(2) 매월 1일에 고용관계가 변동하는 경우에는 그 달부터 산정함

8. 사실조사(직권조사)에 따른 월별보험료 산정

(1) 공단은 사업주가 전년도에 근로자, 예술인 또는 노무제공자에게 지급한 보수총액을 매년 3월 15일까지 공단에 신고하지 아니하거나, 신고한 내용이 사실과 다른 때에는 사업주에게 미리 알리고 그 사실을 조사하여 다음의 어느 하나에 해당하는 금액을 기준으로 월평균보수를 결정하여 월별보험료를 산정할 수 있음

① 공단이 조사하여 산정한 금액

② 사업주가 공단 또는 국세청 등 유관기관에 근로자의 보수 등을 신고한 사실이 있는 경우에는 그 금액

③ 근로자의 보수 등에 관한 자료를 확인하기 곤란한 경우에는 기준보수

(2) 공단은 보험료를 산정한 이후에 사업주가 월평균보수 등을 정정하여 신고하는 경우에는 사실 여부를 조사하여 월별보험료를 재산정할 수 있음

9. 보수총액의 신고

(1) 신고기한

① 사업주는 전년도에 근로자, 예술인, 노무제공자에게 지급한 보수총액 등을 매년 3월 15일까지 공단에 신고하여야 함

② 사업주는 사업의 폐지·종료 등으로 보험관계가 소멸한 때에는 그 보험관계가 소멸한 날부터 14일 이내에 공단에 신고하여야 함

(2) 수정신고

보수총액신고서를 그 신고기한 내에 제출한 사업주는 보수총액신고서에 적은 보수총액이 실제로 신고하여야 하는 보수총액과 다른 경우 → 공단이 사업주에 대하여 사실을 조사하겠다는 뜻을 미리 알리기 전까지 보수총액을 수정하여 신고할 수 있음

(3) 신고방법

전자적 기록매체로 제출하는 방식으로 신고하여야 함(다만, 전년도 말일 현재 근로자 수 10명 미만인 사업의 사업주는 해당 신고 문서로 가능)

10. 고용·노무 등의 개시·종료 신고

(1) 새로 고용한 경우 고용한 날 또는 노무제공 개시일이 속하는 달의 다음 달 15일까지 근로복지공단에 신고하여야 함

(2) 고용관계가 종료하거나 관련 계약을 종료한 때는 고용관계가 종료한 또는 계약이 종료한 날이 속하는 달의 다음 달 15일까지 근로복지공단에 신고하여야 함

(3) <u>휴직하거나 다른 사업장으로 전보되는 등의 사유가 발생한 때에는 그 사유 발생일부터 14일</u> 이내에 근로복지공단에 신고하여야 함

Ⅲ 보험료의 납부

1. 보험료의 납부·고지

(1) 납부기한

그 달의 월별보험료를 다음 달 10일까지 납부

(2) 고지기한

① 건강보험공단은 사업주에게 ㉠ 보험료 등의 <u>종류</u>, ㉡ 보험료 등의 <u>금액</u>, ㉢ <u>납부기한 및 장소</u>를 적은 문서로써 납부기한 10일 전까지 월별보험료의 납입을 고지하여야 함

② 건강보험공단은 <u>사업주가 신청한 때에는 전자문서로 고지할 수 있음</u>

③ 건강보험공단은 제2차 납부의무자에게 납부의무가 발생한 경우 납입의 고지를 하여야 하며, <u>원납부의무자인 법인인 사업주 및 사업양도인에게 그 사실을 통지하여야 함</u>

2. 고용보험료의 원천징수

(1) 사업주는 근로자, 예술인, 노무제공자가 부담하는 고용보험료에 상당하는 금액을 그의 보수에서 원천공제할 수 있음

(2) 위 경우, 사업주는 공제계산서를 발급해 주어야 함

(3) 근로자가 실업급여의 보험료를 부담하는 경우 : 사업주가 신고·납부하고, <u>근로자는 그 보험료 해당액을 사업주에게 지급</u>

3. 보험료율의 인상 또는 인하에 따른 보험료의 조정

(1) 근로복지공단은 보험연도 중에 보험료율이 인상 또는 인하될 때에는 <u>월별보험료 및 개산보험료를 증액 또는 감액 조정함</u>

(2) 감액조정한 경우

① 보험료율의 인하를 결정한 날부터 20일 이내에 감액 조정 사실을 <u>사업주에게 알려야 함</u>

② 사업주가 이미 납부한 금액 > 납부하여야 할 금액 → 근로복지공단은 잘못 낸 금액의 충당 및 반환을 결정하고 사업주에게 이를 알려야 함

(3) 증액조정한 경우

① 납부기한을 정하여 보험료를 추가로 낼 것을 사업주에게 알려야 함

② <u>월별보험료가 증액된 때</u> : 건강보험공단이 징수

<u>개산보험료가 증액된 때</u> : 근로복지공단이 징수

4. 보험료 등의 경감

(1) 천재지변 등에 따른 보험료 등의 경감

① 경감사유 : 천재지변, 화재, 폭발 및 전쟁 그 밖에 이에 준하는 재난이 발생할 것

② 경감비율 : 보험료와 그 밖의 징수금의 100분의 30

(2) 정보통신망을 이용한 신고시의 보험료 경감

① 경감사유 : 고용·산재정보통신망을 통하여 보수총액 또는 개산보험료를 신고하는 경우

② 경감비율 : 고용보험료 5천원 및 산재보험료 5천원

(3) 자동계좌 이체 시의 보험료 경감

① 경감사유 : 보험료를 자동계좌이체하는 경우

② 경감비율 : 고용보험 월별보험료 및 산재보험 월별보험료에서 각각 250원을 경감하거나 분기마다 고용보험 개산보험료 및 산재보험 개산보험료에서 각각 250원을 경감

5. 고용보험료의 지원

(1) 지원대상 사업장 : 〈다음의 요건을 모두 갖춘 경우〉

① 고용보험 가입근로자수가 10명 미만의 사업에 고용되어 대통령령으로 정하는 금액 미만의 보수를 받을 것

② 대통령령으로 정하는 재산이 대통령령으로 정하는 기준 미만일 것

③ 종합소득이 대통령령으로 정하는 기준 미만일 것

(2) 지원수준

사업주와 근로자·예술인·노무제공자가 부담하는 고용보험료의 범위에서 고용노동부장관이 보건복지부장관과 협의하여 고시

(3) 지원금 환수

① 거짓 또는 부정한 방법으로 지원받거나 지원대상이 아닌 자가 지원받은 경우에 그 지원금액의 전부 또는 일부를 환수할 수 있음

② 환수대상이 되는 지원금은 근로복지공단이 국세 체납처분의 예에 따라 징수함

6. 보험료과 그 밖의 징수금의 분할납부

(1) 분할납부의 신청 및 승인

① 당연가입자인 사업주가 보험관계 성립일부터 1년 이상이 지나서 보험관계 성립신고를 한 경우나 연장된 납부기한이 지나 3회 이상 체납한 경우에는 건강보험공단에 분할납부 승인 신청을 할 수 있음(사정을 봐줄 테니 분할해서라도 납부하라는 의미)

② 건강보험공단은 분할납부를 신청한 사업주의 납부능력을 확인하여 분할납부를 승인할 수 있음

③ 분할납부의 총 기간 : 분할납부의 승인을 받은 날의 다음 날부터 2년 이내

(2) 분할납부의 승인의 취소

건강보험공단은 사업주가 ① 분할납부하여야 하는 보험료와 이 법에 따른 그 밖의 징수금을 정당한 사유 없이 두 번 이상 내지 아니하거나, ② 납부기한 전 징수사유가 발생한 경우에는 분할납부의 승인을 취소하고 분할납부의 대상이 되는 보험료와 이 법에 따른 그 밖의 징수금을 한꺼번에 징수할 수 있다.

7. 제2차 납부의무(부족분에 대한 납무의무)

(1) 무한책임사원 또는 과점주주의 제2차 납무의무

(2) 양수인의 제2차 납무의무

① 사업이 양도·양수된 경우에 양도일 이전에 양도인에게 부과 결정된 보험료, 이 법에 따른 그 밖의 징수금 및 체납처분비를 양도인의 재산으로 충당하여도 부족한 경우에는 사업의 양수인이 그 부족한 금액에 대하여 양수한 재산의 가액을 한도로 제2차 납부의무를 진다.

② 제2차 납부의무를 지는 사업의 양수인은 사업별로 그 사업에 관한 모든 권리와 모든 의무를 포괄적으로 승계한 자로 본다. 다만 미수급 및 미지급금에 관한 것은 제외한다.

8. 납부의무의 승계

(1) 법인의 합병으로 인한 납부의무의 승계

법인이 합병한 경우에 합병 후 존속하는 법인 또는 합병으로 설립되는 법인은 합병으로 소멸된 법인에 부과되거나 그 법인이 내야 하는 보험료와 징수금과 체납처분비를 낼 의무를 진다.

(2) 상속으로 인한 납부의무의 승계

상속이 개시된 때에 그 상속인 또는 상속재산관리인은 피상속인에게 부과되거나 그 피상속인이 내야 하는 보험료, 그 밖의 징수금과 체납처분비를 상속받은 재산의 한도에서 낼 의무를 진다.

9. 연대납부의무

(1) 공동사업

공동사업에 관계되는 보험료, 그 밖의 징수금과 체납처분비는 공동사업자가 연대하여 낼 의무를 진다.

(2) 법인이 분할 또는 분할합병되는 경우

분할되는 법인에 대하여 분할일 또는 분할합병일 이전에 부과되거나 납부의무가 성립한 보험료, 그 밖의 징수금과 체납처분비는 「분할되는 법인」, 「분할 또는 분할합병으로 설립되는 법인」, 「분할되는 법인의 일부가 다른 법인과 합병하여 그 다른 법인이 존속하는 경우 그 다른 법인」이 연대하여 낼 책임을 진다.

(3) 법인이 분할 또는 분할합병으로 인하여 해산되는 경우

해산되는 법인에 대하여 부과되거나 그 법인이 내야 하는 보험료, 그 밖의 징수금과 체납처분비는 「분할 또는 분할합병으로 설립되는 법인」, 「분할되는 법인의 일부가 다른 법인과 합병하여 그 다른 법인이 존속하는 경우 그 다른 법인」이 연대하여 낼 책임을 진다.

Ⅳ 보험료의 징수

1. 보험료의 부과 · 징수

(1) 부과 : 근로복지공단이 매월 부과
(2) 징수 : 건강보험공단(고지 · 수납 · 체납관리)

2. 보험료 등 과납액의 충당 및 반환

(1) 납부의무자가 잘못 낸 금액을 반환하고자 하는 때에는 근로복지공단은 보험료 등과 환수금에 우선 충당하고 나머지 금액이 있으면 반환결정하고, 건강보험공단(또는 근로복지공단)이 금액을 지급

(2) 과납액의 충당순위
   ① 체납처분비
   ② 월별보험료, 개산보험료 및 확정보험료
   ③ 연체금
   ④ 가산금
   ⑤ 보험급여액의 징수금
   ⑥ 환수금

(3) 소액처리

근로복지공단 또는 건강보험공단은 이 법에 따라 징수하여야 할 금액이나 과납액의 반환금이 1건당 2천원 미만인 경우에는 징수 또는 지급하지 아니한다.

3. 연체금의 징수

(1) 징수사유

납부기한까지 보험료, 그 밖의 징수금을 내지 아니한 경우

(2) 연체금
   ① 납부 기한이 지난 날부터 매 1일이 경과할 때마다 체납된 보험료, 그 밖의 징수금의 1천500분의 1에 해당하는 금액을 가산한 연체금을 징수함. 이 경우 연체금은 체납된 보험료 등의 1천분의 20을 초과하지 못함
   ② 체납된 보험료 등을 내지 아니하면 납부 기한 후 30일이 지난 날부터 매 1일이 경과할 때마다 체납된 보험료 등의 6천분의 1에 해당하는 연체금을 추가로 가산하여 징수함. 이 경우 연체금은 체납된 보험료 등의 1천분의 50을 초과하지 못함

(3) 연체금 징수의 예외

① 연체금, 가산금, 법 제26조에 따라 징수하는 보험 급여의 금액이 체납된 경우(성립신고와 산재보험료 납부를 게을리한 기간 중에 발생한 재해에 대한 산재보험급여, 원금이라도 납부하라는 의미)

② 보험료, 그 밖의 징수금의 체납이 천재지변이나 그 밖에 고용노동부장관이 인정하는 부득이한 사유에 의한 경우

4. 산재보험가입자로부터의 보험급여액의 징수

(1) 징수사유

사업주가 ① 보험관계성립신고를 게을리한 기간 중이거나, ② 산재보험료의 납부를 게을리한 기간 중에 발생한 재해에 대하여 근로복지공단이 산재보험급여를 지급하는 경우에는 그 급여에 해당하는 금액의 전부 또는 일부를 사업주로부터 징수할 수 있음

(2) 징수금액

① 가입신고를 게을리한 기간 중에 발생한 재해인 경우(가입을 하지 않은 경우)

그 기간 중에 발생한 재해에 대한 요양·휴업·장해·간병·유족급여 및 상병보상연금에 대하여 지급결정한 <u>보험급여의 금액의 100분의 50에 해당하는</u> 금액(미납보험료의 5배를 초과할 수 없음)으로 함

② 산재보험료의 납부를 게을리한 기간 중에 발생한 재해인 경우

그 기간 중에 발생한 재해에 대한 요양·휴업·장해·간병·유족급여 및 상병보상연금에 대하여 급여청구사유가 발생한 <u>보험급여의 금액의 100분의 10에 해당하는</u> 금액(체납보험료의 5배를 초과할 수 없음)으로 함

5. 징수금의 통지 및 독촉

(1) 징수금의 통지

근로복지공단 또는 건강보험공단은 보험료 또는 그 밖의 징수금을 징수하는 경우에 납부의무자에게 그 금액과 납부기한을 문서로 알려야 함

(2) 징수금의 독촉

① 건강보험공단은 납부의무자가 보험료 등을 납부기한까지 내지 아니하면 기한을 정하여 해당 보험료 등을 낼 것을 독촉하여야 함

② 납부기한은 독촉장 발급일부터 10일 이상의 여유가 있도록 하여야 함

③ 건강보험공단은 납부의무자의 신청이 있으면 독촉을 전자문서로 할 수 있음

④ 연대납부의무자 중 1명에게 한 독촉은 다른 연대납부의무자에게도 효력이 있는 것으로 본다.

6. 납부기한 전 징수

(1) 의의(납부할 것이라고 신뢰할 수 없는 상황이기 때문에 미리 걷음)

사업주에게 납부기한 전 징수사유가 있는 경우에는 납부기한 전이라도 이미 납부의무가 확정된 보험료, 이 법에 따른 그 밖의 징수금을 징수할 수 있음(징수금의 총액이 500만원 미만인 경우 제외)

(2) 납부기한 전 징수사유

① 국세, 지방세 또는 공과금을 체납하여 체납처분을 받은 경우(국세를 체납한 경우 ×)
② 강제집행을 받은 경우
③ 어음법 및 수표법에 따른 어음교환소에서 거래정지처분을 받은 경우
④ 경매가 개시된 경우
⑤ 법인이 해산한 경우(법인이 합병한 경우 ×)

7. 징수금의 체납처분

(1) 건강보험공단은 독촉받은 자가 그 기한까지 납부하지 아니한 때에는 <u>고용노동부장관의 승인을 받아</u> 국세체납처분의 예에 따라 징수할 수 있음
(2) 건강보험공단은 압류한 재산을 공매하는 경우에 직접 공매하기에 적당하지 아니하다고 인정하면 <u>한국자산관리공사로</u> 하여금 압류한 재산의 공매를 대행케 할 수 있음
(3) 한국자산관리공사는 공매대행의 의뢰를 받은 날부터 2년 이내에 공매되지 않은 재산이 있으면 건강보험공단에 그 재산에 대한 공매대행 의뢰의 해제를 요구할 수 있음

8. 고액·상습 체납자의 인적사항 공개

(1) 인적사항 공개

① 건강보험공단은 납부기한의 다음 날부터 <u>1년이 지난 보험료와</u> 그 밖의 징수금과 체납처분비 총액이 5천만원 이상인 체납자가 납부능력이 있음에도 불구하고 체납한 경우에는 그 인적사항 및 체납액 등을 공개할 수 있음
② 납부능력을 판단하는 경우에는 <u>보험료정보공개심의위원회의 심의를</u> 거쳐야 함

(2) 인적사항 공개 제외 사유

① 체납된 보험료, 그 밖의 징수금과 체납처분비와 관련하여 <u>행정심판 또는 행정소송이 계류 중인 경우</u>
② <u>체납액의 100분의 30 이상을</u> 해당 보험연도에 납부한 경우
③ 회생계획인가의 결정에 따라 체납액의 징수를 유예받고 그 유예기간 중에 있거나 체납액을 회생계획의 납부일정에 따라 내고 있는 경우
④ 보험료정보공개심의위원회가 체납자의 인적사항 등을 <u>공개할 실익이 없다고</u> 인정하는 경우

(3) 체납자의 인적사항 등에 대한 공개 여부를 심의하기 위해 건강보험공단에 <u>보험료정보공개심의위원회를</u> 둠

(4) 건강보험공단은 인적사항 등의 공개가 결정된 자에 대하여 <u>공개대상자임을 알림으로써 소명할 기회를 주어야 하며, 통지일부터 6개월</u>이 지난 후 보험료정보공개심의위원회로 하여금 공개 여부를 재심의하게 하여 공개대상자를 선정함

9. 징수금의 결손처분(납세의무를 소멸시키는 것으로 체납한 세금을 더 이상 징수할 수 없음)

(1) 건강보험공단은 결손처분사유가 있을 때에는 <u>고용노동부장관의 승인</u>을 받아 보험료와 징수금을 결손처분할 수 있음

① 체납처분이 끝나고 체납액에 충당된 배분금액이 그 체납액보다 적은 경우

② 소멸시효가 완성된 경우(징수금을 징수할 권리는 3년의 소멸시효)

③ 체납자의 행방이 분명하지 않은 경우

④ 체납자의 재산이 없거나 체납처분의 목적물인 총재산의 견적가격이 체납처분비에 충당하고 나면 나머지가 생길 여지가 없음이 확인된 경우

⑤ 체납처분의 목적물인 총재산이 보험료, 그 밖의 징수금보다 우선하는 국세·지방세 등의 채권변제에 충당하고 나면 나머지가 생길 여지가 없음이 확인된 경우

⑥ 체납회사가 보험료 등의 납부책임을 지지 않게 된 경우

(2) 건강보험공단은 <u>결손처분을 한 후 압류할 수 있는 다른 재산을 발견한 경우</u>에는 지체 없이 그 처분을 취소하고 다시 체납처분을 하여야 함

10. 체납 또는 결손처분 자료의 제공

(1) 건강보험공단은 보험료징수 또는 공익목적을 위하여 필요한 경우에 종합신용정보집중기관이 체납자 또는 결손처분자의 인적사항·체납액 또는 결손처분액에 관한 자료를 요구할 때에는 그 자료를 제공할 수 있다.

(2) 자료 제공의 대상

① 이 법에 따른 납부기한의 다음 날부터 1년이 지난 보험료, 이 법에 따른 그 밖의 징수금과 체납처분비의 총액이 500만원 이상인 자

② 1년에 세 번 이상 체납하고 이 법에 따른 납부기한이 지난 보험료, 이 법에 따른 그 밖의 징수금과 체납처분비의 총액이 500만원 이상인 자

③ 결손처분한 금액의 총액이 500만원 이상인 자

(3) 자료 제공의 제외 사유

① 체납된 보험료, 그 밖의 징수금과 관련하여 행정심판 또는 행정소송이 계류 중인 경우

② 건강보험공단이 체납자의 체납처분을 유예한 경우

③ 체납자가 재해 또는 도난으로 재산이 심하게 손실되거나 사업이 현저하게 손실을 입거나 중대한 위기에 처한 때에 해당하는 사유로 체납액을 낼 수 없다고 건강보험공단이 인정하는 경우

PART 02

11. 금융거래의정보의 제공 요청(법 제29조의3)

(1) 건강보험공단은 다음 각 호의 어느 하나에 해당하는 체납자의 재산조회를 위하여 필요한 경우에는 「금융실명거래 및 비밀보장에 관한 법률」 제4조에도 불구하고 같은 법 제2조 제1호에 따른 금융회사 등의 특정점포에 금융거래 관련 정보 또는 자료(이하 "금융거래정보"라 한다)의 제공을 요청할 수 있으며, 해당 금융회사 등의 특정점포는 이를 제공하여야 한다.

① 이 법에 따른 납부기한의 다음 날부터 1년이 지난 보험료, 이 법에 따른 그 밖의 징수금 및 체납처분비의 총액이 500만원 이상인 자

② 1년에 세 번 이상 체납하고 이 법에 따른 납부기한이 지난 보험료, 이 법에 따른 그 밖의 징수금 및 체납처분비의 총액이 500만원 이상인 자

(2) 건강보험공단이 (1)에 따라 금융거래정보의 제공을 요청할 때에는 「금융실명거래 및 비밀보장에 관한 법률」 제4조 제2항에 따른 금융위원회가 정하는 표준양식으로 하여야 한다.

(3) (1)에 따른 금융거래정보의 제공 요청은 체납자의 재산조회를 위하여 필요한 최소한도에 그쳐야 한다.

(4) (1)에 따라 금융회사 등이 건강보험공단에 금융거래정보를 제공하는 경우에는 그 금융회사 등은 금융거래정보를 제공한 날부터 10일 이내에 제공한 금융거래정보의 주요내용·사용목적·제공받은 자 및 제공일자 등을 거래자에게 서면으로 알려야 한다.

(5) 건강보험공단은 (1)에 따라 금융회사 등에 대하여 금융거래정보를 요청하는 경우에는 그 사실을 기록하여야 하며, 금융거래정보를 요청한 날부터 5년간 그 기록을 보관하여야 한다.

(6) (1)에 따라 금융거래정보를 알게 된 자는 그 알게 된 금융거래정보를 타인에게 제공 또는 누설하거나 그 목적 외의 용도로 이용하여서는 아니 된다.

12. 보험료 등의 완납증명(법 제29조의4)

(1) 보험료 등의 납부의무자가 국가, 지방자치단체 또는 「공공기관의 운영에 관한 법률」 제4조에 따른 공공기관 등 대통령령으로 정하는 기관으로부터 공사·제조·구매·용역 등 대통령령으로 정하는 계약의 대가를 지급받으려면 보험료 등의 완납(完納) 사실을 증명하여야 한다. 다만, 납부의무자가 계약대금의 전부 또는 일부로 보험료 등을 납부하려는 경우 등 대통령령으로 정하는 경우에는 그러하지 아니하다.

(2) 납부의무자가 (1)에 따라 보험료 등의 완납 사실을 증명하여야 하는 경우 같은 항의 계약을 담당하는 주무관서 또는 공공기관 등은 납부의무자의 동의를 받아 공단 또는 건강보험공단에 조회하여 보험료 등의 납부 여부를 확인하는 것으로 제1항에 따른 완납 사실 증명을 갈음할 수 있다.

13. 보험료징수의 우선순위

(1) 보험료와 그 밖의 징수금은 국세 및 지방세를 제외한 다른 채권에 우선하여 징수함(국세·지방세의 우선변제 → 보험료와 징수금 → 다른 채권)

(2) 보험료 등의 납부기한 전에 전세권·질권·저당권 또는 담보권의 설정을 등기 또는 등록한 사실이 증명되는 재산을 매각하여 그 매각대금 중에서 보험료 등을 징수하는 경우에 그 <u>전세 권·질권·저당권 또는 담보권에 의하여 담보된 채권에 대하여는 그러하지 아니함</u>(이미 납부 자의 것이 아니기 때문)

Ⅴ 보험료의 월별 부과·징수에 대한 예외

1. 의의

(1) 보험료를 월별로 부과·징수하는 것이 적절하지 않은 사업에 대해서는 보험료를 연납 또는 분납의 형태로 개산보험료를 납부하도록 하고, 나중에 확정보험료를 산정하여 정산함으로써 사업주의 편의를 도모하는 제도

(2) 대상 : <u>건설업</u>(건설장비운영업 제외), <u>벌목업</u>(근로자수의 변동이 잦기 때문)

2. 개산보험료

(1) 의의

개산보험료 = 보험연도마다 그 1년 동안에 사용할 근로자에게 지급할 보수총액의 추정액 × 고용보험료율 × 산재보험료율

(보험연도마다 그 1년 동안 : 보험연도 중에 보험관계가 성립한 경우에는 1년이 아닌 그 성립 일부터 그 보험연도 말일까지의 기간)

(2) 개산보험료의 신고와 납부

① 사업주는 개산보험료를 그 보험연도의 3월 31일까지 공단에 신고·납부하여야 함

② <u>보험연도 중 보험관계가 성립한 경우</u>에는 그 보험관계의 성립일부터 70일 이내에 신고· 납부하여야 함

③ 건설공사 등 <u>기간이 정하여져 있는 사업으로서 70일 이내에 종료되는 사업</u>에 있어서는 그 사업의 종료일 전날까지 신고·납부하여야 함

(3) 분할납부

① 사업주는 공단에 신청하여 개산보험료를 <u>연 4기</u>로 분할하여 납부할 수 있음

② 각 기의 개산보험료는 해당 연도의 개산보험료를 4등분한 금액

3. 확정보험료

(1) 의의

확정보험료 = 매 보험연도의 초일부터 매 보험연도의 말일까지 사용한 근로자에게 지급한 보수총액 × 고용보험료율 × 산재보험료율

(매 보험연도의 초일 : 보험연도 중에 보험관계가 성립한 경우에는 성립일)

(매 보험연도의 말일 : 보험연도 중에 보험관계가 소멸한 경우에는 그 소멸한 날의 전날)

(2) 확정보험료의 신고 및 납부

① 의의

보수총액의 추정액에 계산된 개산보험료에 따라 납부한 금액이 지급된 보수총액에 따라 계산된 확정보험료와 <u>차액이 있는 경우</u>에 공단과 사업주는 그 차액 부분을 정산함

② 확정보험료의 신고

다음 보험연도의 3월 31일까지 신고

㉠ 국가 또는 지방자치단체인 경우 : 그 보험연도의 말일까지 신고할 수 있음

㉡ 보험관계가 보험연도 중에 소멸한 경우 : 소멸한 날부터 30일 이내에 신고

③ 확정보험료와 개산보험료의 정산

납부한 개산보험료의 금액 > 확정보험료의 금액 → 공단 : 사업주에게 초과액 반환

납부한 개산보험료의 금액 < 확정보험료의 금액 → 사업주 : 다음 보험연도의 3월 31일까지 부족액 납부

4. 보험료 납부방법의 변경시기

사업종류의 변경으로 보험료 납부방법이 변경되는 경우,

(1) 사업종류의 변경일 전일 → '변경 전 사업' 폐지일로 봄

(2) 사업종류의 변경일 → '새로운 사업' 성립일로 봄

5. 가산금의 징수

(1) 가산금 부과사유

① 확정보험료를 신고기한까지 신고하지 아니하였거나

② 신고한 확정보험료가 사실과 달라 <u>사실조사에 따라 보험료를 징수하는 경우</u>

(2) 가산금

① 징수하여야 할 보험료의 100분의 10에 상당하는 금액

② <u>확정보험료 수정신고서를 제출한 사업주</u>에게는 가산금의 100분의 50을 경감 → 즉, 보험료의 100분의 5에 상당하는 금액을 가산금으로 부과

(3) 가산금 징수의 예외

① 가산금의 금액이 <u>3천원 미만</u>인 경우(금액이 너무 적기 때문)

② 보수총액 또는 확정보험료를 신고하지 아니한 사유가 천재지변이나 그 밖에 고용노동부장관이 인정하는 부득이한 사유에 해당하는 경우

③ 대통령령이 정하는 금액을 초과하는 부분(현행 시행령에 규정 없음)

(4) 징수주체 : 근로복지공단

〈4대보험 신고 및 납부 기한 요약〉

신고 · 납부항목	보험의 종류	기한
보수총액 신고	건강보험	매년 3/10
	고용보험	매년 3/15
취득 · 상실 신고	국민연금, 고용보험, 산재보험	다음 달 15일
	건강보험	입사일(상실일) 기준 14일 이내
보험료 납부		다음 달 10일
원천세 납부		다음 달 10일
개산보험료 신고 · 납부		그 보험연도의 3/31
확정보험료 신고 · 납부		다음 보험연도의 3/31

VI 보험사무대행기관

1. 보험사무대행기관의 의의

보험사무대행기관이란 사업주의 위임을 받아 보험료의 신고, 고용보험 피보험자에 관한 신고 등 사업주가 지방노동관서 또는 공단에 대하여 행하여야 할 보험사무를 대행하는 법인 등을 말한다.

2. 보험사무대행기관의 인가 > 근로복지공단의 인가

(1) 자격기준

① 사업주 등을 구성원으로 하는 단체로서 특별법에 따라 설립된 단체(중소기업협회, 상공회의소 등)

②「민법」제32조에 따라 고용노동부장관의 허가를 받아 설립된 법인(경총)

③ 관계 법률에 따라 주무관청의 인가 또는 허가를 받거나 등록 등을 한 법인(노무법인 등)

④「공인노무사법」에 따라 등록한 사람으로서 공인노무사 직무를 2년 이상 하고 있는 자

⑤「세무사법」에 따라 등록을 하고 세무사 직무를 2년 이상 하고 있는 사람으로서 고용노동부장관이 정하는 교육을 이수한 사람

(2) 인가받은 사항의 변경

① 수탁대상지역 및 보험사무위임처리규약 > 공단의 인가

② 명칭, 소재지 및 법인의 대표 이상 등 > 공단에 신고

(3) 보험사무 업무의 폐지

보험사무대행기관이 보험사무 업무의 전부 또는 일부를 폐지하려면 공단에 신고하여야 한다.

(4) 인가의 취소

① 취소하여야 하는 경우

　거짓이나 그 밖의 부정한 방법으로 인가를 받는 경우

② 취소할 수 있는 경우

　㉠ 정당한 사유 없이 계속하여 2개월 이상 보험사무를 중단한 경우

　㉡ 보험사무를 거짓이나 그 밖의 부정한 방법으로 운영한 경우

　㉢ 그 밖에 법을 위반하거나 법에 따른 명령을 따르지 않는 경우

③ 취소통지 : 공단은 인가를 취소하면 지체 없이 그 사실을 해당 보험사무대행기관과 보험사무를 위임한 사업주에게 알려야 한다.

(5) 재인가의 제한

보험사무 업무가 전부 폐지되거나 인가가 취소된 보험사무대행기관은 폐지신고일 또는 인가 취소일부터 1년의 범위에서 대통령령으로 정하는 기간 동안은 보험사무대행기관으로 다시 인가받을 수 없다.

3. 보험사무의 위임

(1) 위임할 수 있는 사업주의 범위 : 모든 사업주

(2) 위임대상 보험사무

① 보수총액 등의 신고

② 개산보험료·확정보험료의 신고·수정신고에 관한 사무

③ 고용보험 피보험자의 자격관리에 관한 사무

④ 보험관계의 성립·변경·소멸의 신고

⑤ 그 밖에 사업주가 지방노동관서 또는 공단에 대하여 하여야 할 보험에 관한 사무

4. 보험사무대행기관에 대한 통지

공단은 보험료, 이 법에 따른 그 밖의 징수금 납입의 통지 등을 보험사무대행기관에 함으로써 그 사업주에 대한 통지를 갈음한다.

5. 보험사무대행기관의 의무

공단이 가산금, 연체금 및 산재보험급여에 해당하는 금액을 징수하는 경우에 그 징수사유가 보험사무대행기관의 귀책사유로 인한 것일 때에는 그 한도 안에서 보험사무대행기관이 해당 금액을 내야 한다.

Ⅶ 소멸시효

1. 시효

(1) 소멸시효

① 보험료, 이 법에 따른 그 밖의 징수금을 징수하거나 그 반환받을 수 있는 권리는 3년간 행사하지 아니하면 시효로 인해 소멸됨

② 소멸시효에 관하여는 이 법에 규정된 것을 제외하고는 「민법」에 따름

(2) 보험료 정산에 따른 권리의 소멸시효

① 월별보험료와 확정보험료 정산에 따라 사업주가 반환받을 권리 및 공단이 징수할 권리의 소멸시효는 다음 보험연도의 첫날부터 진행됨

② 보험연도 중에 보험관계가 소멸한 사업의 경우에는 보험관계가 소멸한 날부터 진행함

2. 시효의 중단

(1) 소멸시효의 중단사유

① 월별보험료의 고지

② 과납액 반환의 청구

③ 징수금의 통지 또는 독촉

④ 체납처분 절차에 따라 하는 교부청구 또는 압류

(2) 중단된 소멸시효의 진행 ← 다음의 기한 또는 기간이 지난 때부터 새로 진행

① 제16조의8에 따라 고지한 월별보험료의 납부기한

② 독촉에 의한 납부기한

③ 제27조 제1항에 따라 알린 납부기한

④ 교부청구 중의 기간

⑤ 압류기간

<소멸시효가 중단되는 범위>

통지에 의하여 시효가 중단되는 부분은 통지된 부분 및 그 액수에 한정.
그 이외의 보험료 등을 징수하는 권리에 대하여는 시효중단 ×

박문각 공인노무사

고용보험법

01 | 총론

I 총칙

1. 법의 목적

실업의 예방, 고용의 촉진 및 근로자 등의 직업능력의 개발과 향상을 꾀하고, 국가의 직업지도와 직업소개 기능을 강화하며, 근로자 등이 실업한 경우에 생활에 필요한 급여를 실시하여 근로자 등의 생활안정과 구직 활동을 촉진함으로써 경제·사회 발전에 이바지하는 것을 목적으로 함

2. 용어 정의

(1) 피보험자

보험에 가입되거나 가입된 것으로 보는 근로자, 예술인, 노무제공자, 자영업자

(2) 이직

피보험자와 사업주 사이의 <u>고용관계가 끝나게 되는 것</u>(예술인 및 노무제공자의 경우 문화예술용역 관련 계약 또는 노무제공계약이 끝나는 것)

(3) 실업

<u>근로의 의사와 능력</u>이 있음에도 불구하고 취업하지 못한 상태에 있는 것

(4) 실업의 인정

수급자격자가 실업한 상태에서 적극적으로 직업을 구하기 위해 <u>노력</u>하고 있다고 <u>인정</u>하는 것

(5) 보수

근로소득 − 비과세 근로소득(다만, 휴직이나 그 밖에 이와 비슷한 상태에 있는 기간 중에 사업주 외의 자로부터 지급받는 금품 중 고용노동부장관이 정하여 고시하는 금품은 보수로 봄)

(6) 일용근로자

1개월 미만 동안 고용되는 사람

3. 고용보험의 관장 : 고용노동부장관

4. 고용보험사업의 종류 − 보험연도는 정부의 회계연도에 따름

(1) 고용안정·직업능력개발 사업

(2) 실업급여

(3) 육아휴직 급여(및 육아기 근로시간 단축 급여)

(4) 출산전후휴가 급여(및 유산·사산휴가 급여, 배우자 출산휴가 급여, 출산전후급여 등)

5. 국고의 부담

(1) 국가는 매년 보험사업에 드는 비용의 일부를 일반회계에서 부담하여야 함
(2) 국가는 매년 예산의 범위에서 보험사업의 관리·운영에 드는 비용을 부담할 수 있음

6. 보험료와 비용충당

(1) 징수된 고용안정·직업능력개발 사업의 보험료 및 실업급여의 보험료는 각각 그 사업에 드는 비용에 충당함. 다만, 실업급여의 보험료는 국민연금 보험료의 지원, 육아휴직 급여의 지급, 육아기 근로시간 단축 급여의 지급, 출산전후휴가 급여 등 및 출산전후급여 등의 지급에 드는 비용에 충당할 수 있음
(2) 자영업자인 피보험자로부터 징수된 고용안정·직업능력개발 사업의 보험료 및 실업급여의 보험료는 각각 자영업자인 피보험자를 위한 그 사업에 드는 비용에 충당함. 다만, 실업급여의 보험료는 자영업자인 피보험자를 위한 국민연금 보험료의 지원에 드는 비용에 충당할 수 있음

7. 고용보험위원회

(1) 구성 : 4자 구성
　① 위원장 : 고용노동부차관
　② 위원수 : 위원장을 포함한 20명 이내
　③ 위원 : 고용노동부장관이 임명하거나 위촉하는 같은 수의 근로자를 대표하는 사람, 사용자를 대표하는 사람, 공익을 대표하는 사람, 정부를 대표하는 사람으로 구성
　④ 위촉위원의 임기 : 2년(단, 보궐위원의 임기는 전임자 임기의 남은 기간)

(2) 심의사항
　① 보험제도 및 보험사업의 개선에 관한 사항
　② 고용산재보험료징수법에 따른 보험료율의 결정에 관한 사항
　③ 보험사업의 평가에 관한 사항
　④ 기금운용 계획의 수립 및 기금의 운용 결과에 관한 사항
　⑤ 그 밖에 위원장이 보험제도 및 보험사업과 관련하여 위원회의 심의가 필요하다고 인정하는 사항

(3) 회의
　① 위원장은 위원회의 회의를 소집하고, 그 의장이 됨
　② 위원장이 부득이한 사유로 직무를 수행할 수 없을 때에는 위원장이 미리 지명하는 위원이 그 직무를 대행함
　③ 재적위원 과반수의 출석으로 개의하고 출석위원 과반수의 찬성으로 의결함

PART
03

(4) 전문위원회

① 위원회는 심의 사항을 사전에 검토·조정하기 위하여 위원회에 전문위원회를 둘 수 있음

② 위원회에 고용보험운영전문위원회와 고용보험평가전문위원회를 둠

③ 전문위원회는 각각 위원장 1명을 포함한 15명 이내의 위원으로 구성함

④ 고용보험위원회와 전문위원회에는 각각 간사 1명을 두되, 간사는 고용노동부 소속 공무원 중에서 위원회의 위원장이 임명함

8. 보험관계의 성립·소멸

고용보험법에 따른 보험관계의 성립 및 소멸에 대하여는 고용산재보험료징수법으로 정하는 바에 따름

■ II 적용범위

1. 적용사업

(1) 원칙 : 근로자를 사용하는 모든 사업

(2) 적용 제외 사업

① 주택건설사업자 등이 아닌 자가 시공하는 총공사금액이 2천만원 미만인 공사이거나 연면적이 100제곱미터 이하인 건축물의 건축 또는 연면적이 200제곱미터 이하인 건축물의 대수선에 관한 공사

② 가구 내 고용활동 및 달리 분류되지 아니한 자가소비 생산활동

(3) 적용 제외 근로자

① 해당 사업에서 1개월간 소정근로시간이 60시간 미만인 근로자(1주 소정근로시간이 15시간 미만인 근로자를 포함. 다만, 3개월 이상 계속하여 근로를 제공하는 근로자, 일용근로자는 적용)

② 「국가공무원법」과 「지방공무원법」에 따른 공무원
(별정직 및 임기제 공무원은 본인의 의사에 따라 실업급여에 한하여 고용보험 가입 가능)

③ 「사립학교교직원 연금법」의 적용을 받는 사람

④ 「별정우체국법」에 따른 별정우체국 직원

⑤ 농업·임업 및 어업 중 법인이 아닌 자가 상시 4명 이하의 근로자를 사용하는 사업에 종사하는 근로자(본인의 의사로 고용보험에 가입을 신청하는 사람은 고용보험 가입 가능)

(4) 실업급여 및 육아휴직 급여 등의 적용 제외자 ← 고용안정·직업능력개발 사업은 적용

① 65세 이후에 새로 고용(65세 전부터 피보험 자격을 유지하던 사람이 65세 이후에 계속하여 고용된 경우는 제외)되거나 자영업을 개시한 자

② 「외국인근로자의 고용 등에 관한 법률」의 적용을 받는 외국인근로자(신청하는 경우에는 실업급여 및 육아휴직 급여 등 적용)

③ 「외국인근로자의 고용 등에 관한 법률」의 적용을 받는 외국인근로자를 제외한 외국인근로자, 외국인예술인, 외국인노무제공자는 대통령령으로 정하는 바에 따라 이 법의 전부 또는 일부를 적용

(5) 예술인·노무제공자의 노무를 제공받는 사업에 대한 적용

구직급여 및 출산휴가급여에 관한 규정 적용

2. 별정직·임기제 공무원에 대한 적용

(1) 보험가입

① 별정직 공무원, 임기제 공무원은 본인의 의사에 따라 고용보험(실업급여에 한정)에 가입할 수 있음

② 별정직 또는 임기제 공무원을 임용하는 행정기관의 장은 가입대상 공무원이 해당 소속기관에 최초로 임용된 경우 지체 없이 본인의 의사를 확인하여야 하며, 보험가입 의사가 있는 것으로 확인된 가입대상 공무원에 대하여 임용된 날부터 3개월 이내에 고용노동부장관에게 고용보험 가입을 신청하여야 함

③ 가입대상 공무원이 원하는 경우에는 임용된 날부터 3개월 이내에 직접 가입을 신청할 수 있으며, 이 경우 고용노동부장관은 가입 신청 사실을 소속기관의 장에게 알려야 함

④ 피보험자격을 취득한 공무원이 공무원 신분의 변동에 따라 계속하여 다른 별정직 또는 임기제 공무원으로 임용된 때에는 별도의 가입신청을 하지 않은 경우에도 고용보험의 피보험자격을 유지함

(2) 피보험자격의 취득

가입대상 공무원은 가입을 신청한 날의 다음 날에 피보험자격을 취득한 것으로 봄

(3) 탈퇴

① 공무원이 고용보험에서 탈퇴하려는 경우에는 고용노동부장관에게 탈퇴신청을 하여야 함. 이 경우 탈퇴를 신청한 날의 다음 날에 피보험자격을 상실한 것으로 봄

② 고용보험에서 탈퇴한 이후에 가입대상 공무원으로 계속 재직하는 동안에는 고용보험에 다시 가입할 수 없으며, 고용보험에서 탈퇴한 이후에는 수급자격을 인정하지 아니함

③ 탈퇴한 공무원이 가입대상 공무원의 직에서 이직(가입대상 공무원 외의 공무원으로 임용된 경우를 포함한다)한 이후에 다시 피보험자격을 취득한 경우에는 피보험 단위기간은 그 이전 가입대상 공무원 재직 시의 피보험기간에 포함하여 산정함

(4) 보험료의 납부

고용보험에 가입한 공무원에 대한 보험료율은 실업급여의 보험료율로 하되, 소속기관과 고용보험에 가입한 공무원이 각각 2분의 1씩 부담함

3. 「국민기초생활 보장법」에 따른 수급자에 대한 특례

(1) 「국민기초생활 보장법」에 따라 자활을 위한 근로기회를 제공하기 위한 사업은 이 법의 적용을 받는 사업으로 봄

(2) 이 경우 해당 사업에 참가하여 유급으로 근로하는 「국민기초생활 보장법」에 따른 수급자는 고용보험법의 적용을 받는 근로자로 보고, 급여를 행하는 보장기관[국가 또는 지방자치단체 (사업을 위탁하여 행하는 경우는 그 위탁기관)]은 고용보험법의 적용을 받는 사업주로 봄

(3) 수급자가 「국민기초생활 보장법」에 따른 수급권자(생계급여 수급권자)인 경우에는 해당 수급자에 대하여는 제3장(고용안정·직업능력개발사업)의 규정만을 적용함

(4) 수급자가 사업에 참가하고 받은 자활급여는 피보험 단위기간 산정의 기초가 되는 보수 및 임금일액의 기초가 되는 임금으로 봄

Ⅲ 피보험자의 권리

1. 피보험자격의 취득 및 상실

(1) 피보험자격의 취득일

① 근로자 : 고용된 날

② 법적용 제외근로자였던 사람이 법적용을 받은 경우 : 그 적용을 받게 된 날

③ 보험관계 성립일 전에 고용된 근로자 : 그 보험관계가 성립한 날

④ 자영업자 : 보험관계가 성립한 날

⑤ 15세 미만인 예술인 및 노무제공자 : 가입을 신청한 날의 다음 날

(2) 피보험자격의 상실일

① 근로자가 적용제외 근로자에 해당하게 된 경우 : 적용제외 근로자가 된 날

② 보험관계가 소멸한 경우 : 그 보험관계가 소멸한 날

③ 이직한 경우 : 이직한 날의 다음 날

④ 사망한 경우 : 사망한 날의 다음 날

⑤ 15세 미만인 예술인 및 노무제공자 : 탈퇴를 신청한 날의 다음 날

2. 피보험자격에 관한 신고

(1) 근로자에 대한 피보험자격 신고

① 그 사유가 발생한 날이 속하는 달의 다음 달 15일까지(근로자가 그 기일 이전에 신고할 것을 요구하는 경우에는 지체 없이) 고용노동부장관에게 신고

② (건설업) 원수급인이 사업주로 된 경우 : 원수급인이 고용하는 근로자 외의 근로자에 대하여는 그 근로자를 고용하는 하수급인이 신고

③ 사업주가 피보험자격에 관한 사항을 신고하지 아니하면 근로자가 신고 가능

(2) <u>자영업자인 피보험자</u>에 대한 피보험자격 : 신고 ×

(3) <u>예술인인 피보험자</u>에 대한 피보험자격 신고

    ① 그 사유가 발생한 날이 속하는 달의 다음 달 15일까지 신고

    ② 단기예술인·문화예술용역 관련 계약을 체결한 사업주가 <u>노무제공내용 확인신고서</u>를 그 사유가 발생한 날이 속하는 달의 다음 달 15일까지 고용노동부장관에게 제출한 경우 : 신고한 것으로 봄

(4) 원수급인 또는 <u>하수급인이 사용하는 예술인</u>에 대한 피보험자격 신고

    ① 원수급인이 다수인 경우 → 발주자가 신고

    ② 하수급인이 다수인 경우 → 원수급인이 신고

(5) <u>노무제공플랫폼사업자</u>의 노무제공자(예 배달기사)에 대한 피보험자격 신고

    그 사유가 발생한 날이 속하는 달의 다음 달 15일까지 고용노동부장관에게 신고

3. 피보험자격의 확인

(1) 피보험자 또는 피보험자였던 사람은 언제든지 고용노동부장관에게 피보험자격의 취득 또는 상실에 관한 확인을 청구할 수 있음

(2) 고용노동부장관은 피보험자 등의 청구에 따르거나 직권으로 피보험자격의 취득 또는 상실에 관하여 확인을 함

(3) 고용노동부장관은 피보험자격의 취득 또는 상실에 관하여 확인한 결과를 해당 청구인과 그 청구인을 고용하거나 고용하였던 사업주 또는 하수급인에게 알려야 함

4. 둘 이상의 사업에 고용된 사람의 피보험자격

(1) 근로자가 보험관계가 성립되어 있는 둘 이상의 사업에 동시에 고용되어 있는 경우

    ① 대통령령으로 정하는 순서에 따라 그중 한 사업의 피보험자격을 취득

        ㉠ 월평균보수가 많은 사업

        ㉡ 월 소정근로시간이 많은 사업

        ㉢ 근로자가 선택한 사업

    ② 일용근로자와 일용근로자가 아닌 자로 동시에 고용되어 있는 경우 : 일용근로자가 아닌 자로 고용된 사업에서 피보험자격 우선 취득

(2) [근로자, 예술인 또는 노무제공자] 및 [자영업자]에 동시에 해당하는 사람

    ① 원칙 → 근로자, 예술인 또는 노무제공자로서 피보험자격 취득

    다만, 피보험자가 일용근로자, 단기예술인 또는 단기노무제공자인 경우에는 어느 하나를 선택하여 피보험자격 취득 또는 유지

    ② 예외 → 피보험자격을 모두 취득 또는 유지하기 원하는 경우 : 자영업자인 피보험자격도 취득 또는 유지 가능

(3) 예술인(또는 노무제공자)이 보험관계가 성립되어 있는 둘 이상의 사업에서 동시에 노무나 근로를 제공하는 경우

　① 둘 이상의 문화예술용역 관련 계약(또는 노무제공계약)을 동시에 체결한 경우 : 모든 사업에서 피보험자격 취득

　② 근로계약, 문화예술용역 관련 계약, 노무제공계약을 동시에 체결한 경우 : 모든 사업에서 피보험자격 취득

　③ 문화예술용역 관련 계약(또는 노무제공계약)과 둘 이상의 근로계약을 동시에 체결한 경우 : 모든 사업에서 피보험자격을 취득하되, 근로자로서의 피보험자격은 주된 사업장만 취득

02 | 고용안정 · 직업개발사업

Ⅰ 총론

1. 고용안정 · 직업능력개발사업의 의의

(1) 고용안정 · 직업능력개발사업이란 국내외경기의 변동, 산업구조의 변화 기타 경제상의 이유 등으로 인력이 부족하게 되거나 고용기회가 감소하여 고용상태가 불안하게 되는 경우에 피보험자 및 피보험자이었던 사람 등의 실업의 예방, 재취업의 촉진, 고용기회의 확대, 직업능력개발 · 향상의 기회제공 및 지원 기타 고용안정과 사업주에 대한 인력확보의 지원을 위하여 고용노동부장관이 실시하는 사업을 말함

(2) 실업보험이 사후적 · 소극적인 실업정책인 반면, 고용안정 · 직업능력개발사업은 사전적 · 적극적 차원의 종합적인 인력정책임

2. 우선지원대상기업

(1) 우선지원대상기업에 대한 우선적 고려

고용노동부장관은 고용안정 · 직업능력개발 사업을 실시할 때에는 근로자의 수, 고용안정 · 직업능력개발을 위하여 취한 조치 및 실적 등 대통령령으로 정하는 기준에 해당하는 기업을 우선적으로 고려하여야 함

(2) 우선지원대상기업의 범위

① 우선지원대상기업의 상시 사용 근로자 기준

산업분류	상시 사용 근로자 수
1. 제조업	500명 이하
2. 광업 3. 건설업 4. 운수 및 창고업	300명 이하
5. 정보통신업	
6. 사업시설 관리, 사업 지원 및 임대 서비스업	
7. 전문, 과학 및 기술 서비스업	
8. 보건업 및 사회복지 서비스업	
9. 도매 및 소매업	200명 이하
10. 숙박 및 음식점업	
11. 금융 및 보험업	
12. 예술, 스포츠 및 여가관련 서비스업	
13. 그 밖의 업종	100명 이하

② 중소기업기본법에 따른 중소기업은(상시 사용 근로자 수와 관계없이) 우선지원대상기업으로 봄

③ 우선지원대상기업이 우선지원대상기업에 해당하지 아니하게 된 경우 : 그 사유가 발생한 연도의 다음 연도부터 5년간 우선지원대상기업으로 봄

④ 「독점규제 및 공정거래에 관한 법률」에 따라 지정된 상호출자제한기업집단에 속하는 회사 : 지정된 날이 속하는 보험연도의 다음 보험연도부터 우선지원대상기업으로 보지 아니함

(3) 우선지원대상기업 해당 여부의 판단기준

① 상시 사용 근로자 수

㉠ 상시 사용 근로자 수 = (그 사업주가 하는 모든 사업의 전년도 매월 말일 현재의 근로자 수의 합) ÷ (전년도의 조업 개월 수)

㉡ 공동주택을 관리하는 사업 : 각 사업별로 상시 사용하는 근로자의 수

㉢ 1개월 동안 소정근로시간이 60시간 이상인 단시간근로자는 0.5명으로 하여 산정, 60시간 미만인 단시간근로자는 산정에서 제외

② 산업분류

하나의 사업주가 둘 이상의 산업의 사업을 경영하는 경우

㉠ 상시 사용하는 근로자의 수가 많은 산업 기준

㉡ 상시 사용하는 근로자의 수가 같은 경우 : 임금총액, 매출액 순 기준

③ 보험연도 중에 보험관계가 성립된 사업주

보험관계성립일 현재를 기준으로 우선지원대상기업에 해당하는지를 판단

Ⅱ 고용안정의 지원

1. 지원의 종류

고용노동부장관이 실시하는 고용안정의 지원

① 고용창출의 지원

② 고용조정의 지원

③ 지역고용의 촉진

④ 고령자 등 잠재인력 고용촉진

⑤ 건설근로자 등의 고용안정 지원

⑥ 고용안정 및 취업 촉진

⑦ 고용촉진시설에 대한 지원 등

2. 고용창출의 지원

(1) 고용환경 개선, 근무형태 변경 등을 통하여 기업의 일자리를 창출한 사업주에게 지원하는 것으로 고용창출 지원금이 있음

(2) 고용창출 지원금

① 취지

근로시간 단축, 고용환경 개선 등을 통하여 실업자를 고용하게 함으로써 고용을 창출하고, 전문인력을 고용하도록 함으로써 중소기업의 경쟁력을 제고하고 전문인력의 고용기회를 확대하기 위한 제도

② 지원요건

㉠ 근로시간 단축, 교대근로 개편, 정기적인 교육훈련 또는 안식휴가 부여 등 "일자리 함께 하기"를 통하여 실업자를 고용함으로써 근로자 수가 증가한 경우

㉡ 고용노동부장관이 정하는 시설을 설치·운영하여 고용환경을 개선하고 실업자를 고용하여 근로자 수가 증가한 경우

㉢ 직무의 분할, 근무체계 개편 또는 시간제직무 개발 등을 통하여 실업자를 근로계약기간을 정하지 않고 시간제로 근무하는 형태로 하여 새로 고용하는 경우

㉣ 위원회에서 심의·의결한 성장유망업종, 인력수급 불일치 업종, 국내복귀기업 또는 지역특화산업 등 고용지원이 필요한 업종에 해당하는 기업이 실업자를 고용하는 경우

㉤ 위원회에서 심의·의결한 업종에 해당하는 우선지원대상기업이 고용노동부장관이 정하는 전문적인 자격을 갖춘 전문인력을 고용하는 경우

㉥ 임금피크제, 임금을 감액하는 제도 또는 그 밖의 임금체계 개편 등을 통하여 15세 이상 34세 이하의 청년 실업자를 고용하는 경우

㉦ 고령자(55세 이상) 또는 준고령자(50세 이상 55세 미만)가 근무하기에 적합한 것으로 인정하는 직무에 고령자 또는 준고령자를 새로 고용하는 경우

3. 고용조정의 지원

(1) 기업활동이란 끊임없이 변화하는 기업 내외의 경제환경에 대응하여 조직을 적응·발전시켜 나가는 과정이라 할 수 있는데, 이 과정에서 기업경영의 위축 또는 인건비 부담 등에 따른 고용조정이 자주 발생함으로써 근로자는 불안정한 고용상태에 빠지게 됨. 이런 이유로 경기의 변동 등으로 인하여 고용조정이 불가피하게 된 사업주가 근로자를 감원하는 대신 휴업을 행하거나 고용유지훈련을 실시하는 등 고용안정 조치를 실시하는 경우 각종 지원금으로 지원하는 제도

(2) 고용유지지원금

① 취지

경기의 변동, 산업구조의 변화 등에 따른 사업 규모의 축소, 사업의 폐업 또는 전환으로 고용조정이 불가피하게 된 사업주가 근로자에 대한 휴업, 휴직, 직업전환에 필요한 직업능력개발 훈련, 인력의 재배치 등을 실시하거나 그 밖에 근로자의 고용안정을 위한 조치를 하는 사업주에게 휴업수당, 훈련비 등을 지원하여 사업주의 경영부담을 완화하고 근로자의 실직을 예방하기 위한 제도

② 지원요건

사업주가 그 사업에서 고용하여 피보험자격 취득 후 90일이 지난 피보험자에게 다음의 어느 하나에 해당하는 고용유지조치를 취하여 그 고용유지조치 기간과 이후 1개월 동안 고용조정으로 피보험자(일용근로자, 해고예고된 자, 경영상 이유로 권고퇴직이 예정된 자)를 이직시키지 아니한 경우

    ㉠ 근로시간 단축 : 근로시간 조정, 교대제 개편 또는 휴업 등을 통하여 역에 따른 1개월 단위의 전체 피보험자 총근로시간의 <u>100분의 20</u>을 초과하여 근로시간을 단축하고, 그 단축된 근로시간에 대한 임금을 보전하기 위해 금품을 지급하는 경우

    ㉡ 휴직 : <u>1개월 이상</u> 휴직을 부여하고 그 휴직기간에 대하여 임금을 보전하기 위해 금품을 지급하는 경우

③ 고용유지조치계획의 수립 및 신고

    ㉠ 고용유지조치계획을 역에 따른 1개월 단위로 수립하여 실시예정일 전날까지 고용노동부장관에게 신고하여야 하며, 신고한 계획 중 고용유지조치 실시예정일, 고용유지조치 대상자, 고용유지조치기간에 지급할 금품 등 고용노동부령으로 정하는 사항을 변경하는 경우에는 변경예정일 전날까지 그 내용을 고용노동부장관에게 신고하여야 함

    ㉡ 사업주는 고용유지조치계획의 수립 또는 변경 시 그 사업의 <u>근로자대표와의 협의</u> 필요

    ㉢ 고용유지조치계획을 세울 때 직전 달에 대한 고용유지조치계획의 실시 내용 및 관련 증거 서류를 갖추어야 함

④ 고용유지조치계획 위반에 대한 지원제한

고용노동부장관은 신고하거나 변경신고한 고용유지조치계획과 다르게 고용유지조치를 이행한 사업주에게는 고용노동부령으로 정하는 바에 따라 해당 사실이 발생한 날이 속한 달에 대한 고용유지지원금의 전부 또는 일부를 지급하지 아니할 수 있음

⑤ 지급금액

    ㉠ 단축된 근로시간이 1개월 기간 동안 100분의 50 미만인 경우 : 단축된 근로시간 또는 휴직기간에 대하여 사업주가 피보험자의 임금을 보전하기 위하여 지급한 금품의 3분의 2(대규모기업의 경우에는 2분의 1)에 해당하는 금액

    ㉡ 단축된 근로시간이 1개월의 기간 동안 100분의 50 이상인 경우 : 단축된 근로시간 또는 휴직기간에 대하여 사업주가 피보험자의 임금을 보전하기 위하여 지급한 금품의 3분의 2에 해당하는 금액

    ㉢ 고용노동부장관이 실업의 급증 등 고용사정이 악화되어 고용안정을 위하여 필요하다고 인정하는 경우 : 1년의 범위에서 고용노동부장관이 정하여 고시하는 기간에 사업주가 피보험자의 임금을 보전하기 위하여 지급한 금품의 4분의 3 이상 10분의 9 이하로서 고용노동부장관이 정하여 고시하는 비율(대규모기업의 경우에는 3분의 2)에 해당하는 금액

⑥ 지급기간

고용유지조치를 실시한 일수의 합계가 <u>그 보험연도의 기간 중에 180일</u>에 이를 때까지

⑦ 지급제한

㉠ 사업주가 고용유지조치 기간 동안 근로자를 새로 고용하는 경우

㉡ 사업주가 3년 이상 연속하여 같은 달에 고용유지조치를 실시하는 경우

㉢ 사업주가 고용유지조치를 하려는 날의 전날 이전 2년 동안 고용유지지원금을 지급받은 사실이 있는 경우에는 그 고용유지조치 기간의 마지막 날의 다음 날부터 6개월 이내에 고용조정으로 소속 피보험자의 100분의 10 이상을 이직시킨 경우에는 관할 직업안정기관의 장이 불가피하다고 인정하는 경우를 제외하고는 해당 달에 대한 고용유지지원금을 지급하지 않음

(3) 휴업 등에 따른 피보험자 지원금

① 취지

휴업이나 휴직 등 사업주의 고용안정을 위한 조치로 근로자의 임금이 일정한 수준으로 감소할 때 근로자에게도 필요한 지원을 함으로써 생활안정을 도모하기 위함

② 지급요건

㉠ 일정한 피보험자 수에 대하여 30일 이상 휴업을 실시하고, 그 기간 동안 <u>노동위원회의 승인을 받아 휴업수당을 지급하지 아니하거나, 평균임금의 100분의 50 미만에 해당하는 액수의 휴업수당</u>을 지급하는 경우

㉡ 휴직기간이 시작되기 전 1년 이내에 고용유지조치를 3개월 이상 실시한 후 일정한 피보험자수에 대하여 30일 이상 휴직을 실시하고, 그 기간 동안 근로자대표와의 합의에 따라 휴직수당등 금품을 지급하지 아니하는 경우

㉢ 휴직기간이 시작되기 전 1년 이내에 고용유지조치를 3개월 이상 실시한 후 일정한 요건을 갖춘 피보험자가 10명 미만인 사업장의 사업주로서 해당 사업주의 사업장에서 종사하는 피보험자에 대하여 30일 이상 휴직을 실시하고, 그 기간 동안 근로자대표와의 합의에 따라 휴직수당 등 금품을 지급하지 않는 경우

(4) 재취업 지원금의 지급요건

고용조정이 불가피하게 된 사업주가 단독이나 공동으로 ① 해당 사업의 피보험자 또는 피보험자이었던 사람으로서 고용조정, 정년 또는 근로계약기간이 끝남에 따라 <u>이직하였거나 이직하기로 예정된 사람</u>에게 ② 신속한 재취업을 지원하기 위하여 필요한 시설을 직접 갖추거나 그 <u>시설을 갖춘 외부기관에 위탁</u>하여 재취업에 필요한 서비스를 제공하는 경우 고용노동부장관이 정하는 바에 따라 그 비용의 일부 지원 가능

4. 지역고용의 촉진

(1) 최근 산업구조조정의 촉진에 따라 석탄광업, 신발, 섬유 등 특정업종이 밀집되어 있는 지역은 고용사정이 급속히 악화되어 지역경제가 침체됨으로써 대체산업의 육성과 지역고용 개발이 주요과제가 되고 있음. 이렇게 지역경제가 침체된 지역으로 사업 이전하거나 새로이 사업을 하는 사업주에 대해 지원하는 것을 지역고용촉진지원금이라 함

(2) 지역고용촉진 지원금

① 취지

고용기회가 뚜렷이 부족하거나 산업구조의 변화 등으로 고용사정이 급속하게 악화되고 있는 지역으로 사업을 이전하거나 그런 지역에서 사업을 신설 또는 증설하는 사업주에게 지원금을 지급함으로써, 해당 지역의 실업을 예방하고 재취업을 촉진하는 등 고용기회가 확대되도록 하기 위한 제도

② 지원대상사업

고용정책심의회에서 그 필요성이 인정된 사업으로 고용노동부장관이 지정한 지정지역으로 사업을 이전하거나 지정지역에서 사업을 신설 또는 증설하여야 함

③ 지원요건

㉠ 「고용정책 기본법 시행령」 제29조 제3항에 따라 고시된 고용조정의 지원 등의 기간에 사업의 이전, 신설 또는 증설과 그에 따른 근로자의 고용에 관한 지역고용계획을 세워 고용노동부장관에게 신고할 것

㉡ 고용노동부장관에게 신고한 지역고용계획에 따라 시행할 것

㉢ 지역고용계획이 제출된 날부터 1년 6개월 이내에 이전, 신설 또는 증설된 사업의 조업이 시작될 것

㉣ 이전, 신설 또는 증설된 사업의 조업이 시작된 날 현재 그 지정지역이나 다른 지정지역에 3개월 이상 거주한 구직자를 그 이전, 신설 또는 증설된 사업에 피보험자로 고용할 것

㉤ 고용정책심의회에서 그 필요성이 인정된 사업일 것

㉥ 지역고용계획의 실시 상황과 고용된 피보험자에 대한 임금지급 상황이 적힌 서류를 갖추고 시행할 것

④ 지원제한

㉠ 고용된 피보험자의 고용기간이 6개월 미만인 경우

㉡ 사업주가 조업시작일 전 3개월부터 조업시작일 후 1년까지 고용조정으로 근로자를 이직시킨 경우

㉢ 구직자를 피보험자로 고용한 사업주가 해당 피보험자의 최종 이직(해당 사업주가 해당 피보험자를 고용하기 전 1년 이내에 이직한 경우로 한정) 당시 사업주와 같은 경우(다만, 사업주가 해고된 근로자를 우선적으로 고용한 경우는 제외)

  ② 구직자를 피보험자로 고용한 사업주가 해당 근로자의 최종 이직 당시 사업주와 합병하거나 그 사업을 넘겨받은 사업주인 경우 등 해당 근로자의 최종 이직 당시 사업과 관련되는 사업주인 경우

  ⑩ 사업주가 임금 등을 체불하여 「근로기준법」 제43조의2에 따라 명단이 공개 중인 경우

  ⑭ 사업주가 최저임금법에 따른 최저임금액 미만으로 임금을 지급한 경우(다만, 해당 근로자가 최저임금의 적용이 제외되는 근로자인 경우는 제외)

  ⑭ 사업주(사업주가 법인인 경우에는 그 대표자)가 본인의 배우자 또는 직계존속·비속을 근로자로 고용한 경우

  ⑯ 고용된 근로자가 그 고용된 날 이전 3년 동안에 2년 이상 지역고용촉진 지원금 지급대상이었던 경우

  ⑱ 그 밖에 지원 목적에 부합하지 않는다고 고용노동부장관이 정하여 고시하는 대상이나 업종에 해당하는 경우

5. 고령자 등 잠재인력고용촉진

(1) 의의

① 고용노동부장관은 고령자 등 노동시장의 통상적인 조건에서는 취업이 특히 곤란한 사람의 고용을 촉진하기 위하여 고령자 등을 새로 고용하거나 이들의 고용안정에 필요한 조치를 하는 사업주 또는 사업주가 실시하는 고용안정 조치에 해당된 근로자에게 대통령령으로 정하는 바에 따라 필요한 지원을 할 수 있음

② 고용촉진장려금, 임금피크제, 정년을 60세 이상으로 정한 사업 또는 사업장에서의 임금 감액에 따른 지원금, 출산육아기 고용안정장려금 등이 있음

(2) 고령자 고용연장 지원금

① 지원대상

정년을 폐지하거나, 기존에 정한 정년을 60세 이상으로 1년 이상 연장할 것. 다만, 정년 폐지 또는 정년 연장 전 3년 이내에 해당 사업장의 정년을 폐지하고 정년을 새로 설정하거나, 기존에 정한 정년을 단축한 경우에는 고령자 고용연장 지원금을 지급하지 아니함

② 지원기간

 ㉠ 정년 폐지의 경우 : 정년이 폐지된 근로자의 종전 정년일부터 1년이 경과한 날의 다음 날(종전 정년이 58세 미만인 경우는 58세가 되는 날)부터 1년

 ㉡ 정년이 연장된 경우 : 정년이 연장된 근로자의 종전 정년일의 다음 날부터 정년연장기간이 1년 이상 3년 미만인 경우에는 1년간, 정년연장기간이 3년 이상인 경우에는 2년간 지원

(3) 고용촉진장려금

① 취지
노동시장의 통상적인 조건하에서 취업이 특히 곤란한 장애인, 여성가장 등 취약계층을 채용하는 사업주에게 장려금을 지급하여 취약계층의 취업을 촉진하기 위한 제도

② 지원대상
직업안정기관등에 구직등록한 사람으로서 다음에 해당하는 실업자를 피보험자로 6개월 이상 고용한 사업주

- ㉠ 고용노동부장관이 고시하는 바에 따라 노동시장의 통상적인 조건에서는 취업이 특히 곤란한 사람을 대상으로 하는 취업지원프로그램을 이수한 사람
- ㉡ 중증장애인으로서 1개월 이상 실업상태에 있는 사람
- ㉢ 가족 부양의 책임이 있는 여성 실업자 중 고용노동부령으로 정하는 사람으로서 「국민기초생활 보장법 시행령」에 따른 취업대상자 또는 「한부모가족지원법」에 따른 보호대상자에 해당하고 1개월 이상 실업상태에 있는 사람
- ㉣ ㉠부터 ㉢까지의 규정에 따른 요건을 갖추지 못한 실업자 중에서 실업의 급증 등 고용사정이 악화되어 취업촉진을 위한 조치가 필요하다고 고용노동부장관이 인정하는 사람

③ 지원하지 않는 경우

- ㉠ 근로계약기간이 단기간인 경우 등 고용노동부령으로 정하는 경우에 해당하는 사람을 고용하는 경우
- ㉡ 대규모기업이 만 29세 이하인 실업자로서 고용노동부장관이 정하는 사람을 고용하는 경우
- ㉢ 사업주가 고용촉진장려금 지급대상자를 고용하기 전 3개월부터 고용 후 1년까지(고용촉진장려금 지급대상자의 고용기간이 1년 미만인 경우에는 그 고용관계 종료 시까지) 고용조정으로 근로자(고용촉진장려금 지급대상 근로자보다 나중에 고용된 근로자는 제외)를 이직시키는 경우
- ㉣ 고용촉진장려금 지급대상자를 고용한 사업주가 해당 근로자의 이직(해당 사업주가 해당 근로자를 고용하기 전 1년 이내에 이직한 경우에 한정) 당시의 사업주와 같은 경우. 다만, 사업주가 「근로기준법」에 따라 정리해고된 근로자를 우선적으로 고용한 경우나, 사업주가 일용근로자로 고용하였던 근로자를 기간의 정함이 없는 근로계약을 체결하여 다시 고용한 경우에는 해당하지 않음
- ㉤ 고용촉진장려금 지급대상자를 고용한 사업주가 해당 근로자의 이직 당시의 사업주와 합병하거나 그 사업을 넘겨받은 사업주인 경우 등 해당 근로자의 이직 당시의 사업과 관련되는 사업주인 경우로서 고용노동부령으로 정하는 경우
- ㉥ 사업주가 임금 등을 체불하여 「근로기준법」에 따라 명단이 공개 중인 경우
- ㉦ 「장애인고용촉진 및 직업재활법」에 따른 장애인 고용 의무를 이행하지 않은 사업주가 그 장애인 고용 의무가 이행되기 전까지 장애인(중증장애인은 제외)을 새로 고용한 경우

◎ 그 밖에 지원 목적에 부합하지 않는다고 고용노동부장관이 정하여 고시하는 대상이나 업종에 해당하는 경우

(4) 정년을 60세 이상으로 정한 사업에서의 임금 감액에 따른 지원금

① 취지

모든 사업장의 정년이 60세로 의무화(2017.1.1.)됨에 따라, 근로자의 정년이 60세 미만인 것을 전제로 도입된 임금피크제 지원금 제도를 폐지하고, 그 대신 임금피크제도를 보완하여 관련 제도가 조기 정착될 수 있도록 지원하기 위한 제도

② 지급대상

정년을 60세 이상으로 정한 사업 또는 사업장에서 55세 이후부터 임금을 감액하는 제도를 시행하는 사업장에서 해당 사업주에 고용되어 18개월 이상을 계속 근무한 사람으로서 피크 임금과 해당 연도의 임금을 비교하여 100분의 10 이상 낮아진 근로자에게 지급

(5) 고령자 계속고용 장려금

사업주가 정년을 연장 또는 폐지하거나 정년의 변경 없이 정년에 도달한 근로자를 계속하여 고용하거나 정년퇴직 후 3개월 이내에 고용하는 경우에는 그 비용의 일부를 지원

(6) 고령자 고용지원금

60세 이상인 근로자를 고용노동부령으로 정하는 기준 이상으로 고용하는 사업주(해당 사업에서 매분기 고용하고 있는 60세 이상인 월평균 근로자 수가 지원금 최초 산정일이 속한 분기의 직전 분기 마지막 날 이전 3년 동안의 60세 이상인 월평균 근로자 수 이상으로 고용하는 사업주)에 대해서 그 고용에 필요한 비용의 일부를 지원

(7) 출산육아기 고용안정 장려금

① 취지

출산전후휴가를 마치고 복귀하는 근로자로 인하여 기간제근로자나 파견근로자의 계속고용이 단절되지 않도록 사업주를 지원하는 제도

② 지원요건

㉠ 피보험자인 근로자에게 육아휴직 또는 육아기근로시간 단축을 30일(출산전후휴가기간과 중복되는 기간은 제외) 이상 허용한 우선지원대상기업의 사업주

㉡ 피보험자인 근로자에게 출산전후휴가, 유산·사산휴가 또는 육아기근로시간 단축을 30일 이상 부여하거나 허용하고 대체인력을 고용한 경우로서 다음 요건을 모두 갖춘 우선지원대상기업의 사업주

ⅰ) 출산전후휴가, 유산·사산휴가 또는 육아기근로시간 단축의 시작일 전 2개월이 되는 날 이후 새로 대체인력을 고용하여 30일 이상 계속 고용한 경우이거나 피보험자인 근로자에게 임신 중에 60일을 초과하여 근로시간 단축을 허용하고 대체인력을 고용한 경우로서 그 근로자가 근로시간 단축 종료에 연이어 출산전후휴가, 유산·사산휴가 또는 육아기근로시간 단축을 시작한 이후에도 같은 대체인력을 30일 이상 계속 고용한 경우

　　ⅱ) 새로 대체인력을 고용하기 전 3개월부터 고용 후 1년까지 고용조정으로 다른 근로
　　　 자를 이직시키지 아니할 것
　ⓒ 피보험자인 근로자에게 육아기 근로시간 단축을 30일 이상 허용하거나 부여한 경우로서
　　육아기 근로시간 단축 근로자의 단축된 근로시간이 주당 10시간 이상이고, 육아기 근로
　　시간 단축 근로자의 업무 일부를 대신하여 수행할 근로자("업무분담자")를 지정하고 해
　　당 업무분담자에게 업무분담에 대한 금전적 지원을 한 우선지원대상기업의 사업주

Ⅲ 직업능력개발의 지원

1. 사업주에 대한 직업능력개발의 지원

고용노동부장관은 피보험자 등의 직업능력을 개발·향상시키기 위하여 대통령령으로 정하는 직
업능력개발 훈련을 실시하는 사업주에게 대통령령으로 정하는 바에 따라 그 훈련에 필요한 비용
을 지원할 수 있음

2. 피보험자 등에 대한 직업능력개발의 지원

고용노동부장관은 피보험자 등이 직업능력개발 훈련을 받거나 그 밖에 직업능력 개발·향상을 위
하여 노력하는 경우에는 대통령령으로 정하는 바에 따라 필요한 비용을 지원할 수 있음

3. 직업능력개발 훈련 시설에 대한 지원

고용노동부장관은 피보험자 등의 직업능력 개발·향상을 위하여 필요하다고 인정하면 대통령령
으로 정하는 바에 따라 직업능력개발 훈련 시설의 설치 및 장비 구입에 필요한 비용의 대부, 그
밖에 고용노동부장관이 정하는 직업능력개발 훈련 시설의 설치 및 장비 구입·운영에 필요한 비
용을 지원할 수 있음

4. 부정행위에 따른 지원의 제한

(1) 지급정지·제한의 대상

거짓이나 그 밖의 부정한 방법으로 이 장의 규정에 따른 고용안정·직업능력개발 사업의 지원
을 받은 자 또는 받으려는 자

(2) 반환명령

거짓이나 그 밖의 부정한 방법으로 이 장의 규정에 따른 고용안정·직업능력개발 사업의 지원
을 받은 자 또는 받으려는 자에게는 해당 지원금 중 지급되지 아니한 금액 또는 지급받으려는
지원금을 지급하지 아니하고, 1년의 범위에서 대통령령으로 정하는 바에 따라 지원금의 지급을
제한하며, 거짓이나 그 밖의 부정한 방법으로 지원받은 금액을 반환하도록 명하여야 함

(3) 추가징수

① 부정행위자에 대하여 반환을 명하는 경우에는 이에 추가하여 고용노동부령으로 정하는 기준에 따라 그 거짓이나 그 밖의 부정한 방법으로 지급받은 금액의 5배 이하의 금액을 징수할 수 있음

② 고용노동부장관은 고용안정·직업능력개발 사업의 지원을 받은 자에게 잘못 지급된 지원금이 있으면 그 지급금의 반환을 명할 수 있음

5. 보험료체납에 따른 지원의 제한

고용안정·직업능력개발 사업의 지원을 받으려는 자가 지원금이나 직업능력개발 훈련비용을 신청할 때까지 <u>고용보험료를 체납</u>하면 지원금이나 직업능력개발 훈련비용을 지급하지 아니함

PART
03

03 | 실업급여

Ⅰ 통칙

1. 실업급여의 종류

구직급여 & 취업촉진수당(조기재취업수당, 직업능력개발수당, 광역구직활동비, 이주비)

2. 실업급여수급계좌

(1) 직업안정기관장은 <u>수급자격자의 신청이 있는 경우</u>에 <u>수급자격자 명의</u>의 지정된 실업급여수급계좌로 입금하여야 함. 다만, 정보통신장애나 그 밖에 대통령령으로 정하는 불가피한 사유로 실업급여를 실업급여수급계좌로 이체할 수 없을 때에는 현금 지급 등 대통령령으로 정하는 바에 따라 실업급여를 지급할 수 있음

(2) 금융기관은 실업급여만이 실업급여수급계좌에 입금되도록 관리하여야 함

3. 수급권의 보호

(1) 실업급여를 받을 <u>권리</u>는 양도, 압류, 담보제공 ×

(2) 실업급여수급계좌에 입금된 금액 <u>전액</u>에 관한 채권은 압류 ×

(3) 실업급여로서 지급된 금품에 대하여는 국가나 지방자치단체의 공과금을 부과하지 않음

Ⅱ 구직급여의 지급요건

1. 구직급여의 수급요건

(1) 통상근로자의 수급요건

  ① 기준기간 동안의 <u>피보험 단위기간</u>이 합산하여 180일 이상일 것

  ② 근로의 의사와 능력이 있음에도 불구하고 취업하지 못한 상태에 있을 것

  ③ 피보험자가 자기의 중대한 귀책사유로 해고되거나 정당한 사유 없는 자기 사정으로 이직한 경우가 아닐 것(=비자발적 사유로 인한 이직일 것)

  ④ 재취업을 위한 노력을 적극적으로 할 것(예 면접, 구인응모 등)

(2) 일용근로자에게 요구되는 추가요건

  ① 수급자격 인정신청일이 속한 달의 직전 달 초일부터 수급자격 인정신청일까지의 <u>근로일수의 합이 그 기간 동안의 총 일수의 3분의 1 미만일 것</u>(예 5/1 수급자격 인정신청일 → 4/1~5/1 중 근로일 수 < 31일의 1/3인 10일) or 건설일용근로자로서 수급자격 인정신청일 이전 <u>14일간</u> 연속하여 근로내역이 없을 것

② 최종 이직 당시의 기준기간 동안의 피보험 단위기간 중 다른 사업에서 수급자격의 제한사유에 해당하는 사유로 이직한 사실이 있는 경우에는 해당 피보험 단위기간 중 90일 이상을 일용근로자로 근로하였을 것

(3) 기준기간

① 원칙 : 이직일 이전 18개월

② 예외

　　㉠ 이직일 이전 18개월 동안에 질병·부상, 그 밖에 대통령령으로 정하는 사유로 계속하여 30일 이상 보수의 지급을 받을 수 없었던 경우 : 18개월에 그 사유로 지급받을 수 없었던 일수를 가산한 기간(3년 초과 시 3년으로 함)

　　㉡ 이직 당시 1주 소정근로시간이 15시간 미만이고, 1주 소정근로일수가 2일 이하인 근로자로 이직일 이전 24개월 동안의 피보험 단위기간 중 90일 이상을 근로한 경우 : 이직일 이전 24개월

(4) 피보험 단위기간의 계산(피보험기간 : 이직 전 사업장에서 고용보험 자격취득일로부터 마지막 근로일까지 / 피보험단위기간 : 피보험기간 중 급여가 지급되는 날)

① 피보험 단위기간은 피보험기간 중 보수지급의 기초가 된 날을 합하여 계산(무급휴일, 무급휴직일, 결근일, 소정근로일을 개근하지 않아 주휴수당을 받지 않고 휴무한 날 등은 포함 ×)

② 피보험 단위기간을 계산할 때에는 최후로 피보험자격을 취득한 날 이전에 구직급여를 받은 사실이 있는 경우에는 그 구직급여와 관련된 이직일 이전의 보수 지급의 기초가 된 날은 피보험기간에 산입 ×

2. 실업의 신고 및 수급자격의 인정

(1) 실업의 신고

① 직업안정기관에 출석하여 실업 신고. 다만, 재난으로 출석하기 어려운 경우 등 고용노동부령으로 정하는 사유가 있는 경우에는 고용정보시스템을 통하여 신고 가능

② 실업의 신고에는 ㉠ 구직 신청, ㉡ 수급자격의 인정신청 포함

③ 실업을 신고하려는 자는 이직하기 전 사업의 사업주에게 이직확인서 발급 요청 가능

④ 이직확인서를 발급받은 경우에는 소재지 관할 직업안정기관장에게 제출하여야 함

(2) 수급자격의 인정

① 구직급여를 받으려는 자가 직업안정기관장에게 수급자격의 인정을 신청하여야 함

② 직업안정기관의 장은 그 인정 여부를 결정하고, 신청인에게 결과를 알려야 하며 인정된 경우에는 사업주에게도 해당 사실을 알려야 함

③ 마지막 이직 이전의 이직과 관련하여 구직급여를 받은 사실이 없고 피보험자로서 마지막에 이직한 사업에 고용되기 전에 피보험자로서 이직한 사실이 있을 경우 → 마지막에 이직한 사업을 기준으로 수급자격의 인정 여부 결정

④ 마지막 이직 당시 일용근로자로서 피보험 단위기간이 1개월 미만인 사람이 수급자격을 갖추지 못한 경우 → 일용근로자가 아닌 근로자로서 마지막으로 이직한 사업을 기준으로 수급자격의 인정 여부 결정

⑤ 직업안정기관의 장은 신청인에 대한 수급자격 인정 여부를 결정하기 위하여 필요하면 신청인이 이직하기 전 사업의 사업주에게 이직확인서 제출 요청 가능

⑥ 수급자격의 인정을 받은 수급자격자가 수급기간 및 연장급여의 수급기간에 새로 수급자격의 인정받은 경우는 새로 인정받은 수급자격 기준으로 구직급여 지급

(3) 둘 이상의 피보험자격 취득 시 수급자격의 인정

① 근로자, 예술인, 노무제공자 또는 자영업자인 피보험자로서 서로 다른 둘 이상의 피보험자격을 취득하였다가 이직하여 그 피보험자격을 모두 상실한 사람이 구직급여를 지급받으려는 경우 → 자신이 선택한 피보험자격을 기준으로 수급자격의 인정 여부 결정

② 선택된 피보험자격이 가장 나중에 상실한 피보험자격이 아닌 경우 → 가장 나중에 상실한 피보험자격과 관련된 이직사유가 수급자격의 제한 사유에 해당하지 아니하는 경우에만 수급자격을 인정

3. 실업의 인정

(1) 의의

① 구직급여는 직업안정기관장으로부터 실업의 인정을 받은 날에 대하여 지급(실제로 쉬는 날)

② 실업을 인정받기 위해서는 실업신고를 한 날부터 1주부터 4주의 범위에서 직업안정기관장이 지정한 실업인정일에 출석하여 재취업을 위한 노력을 하였음을 신고하여야 함

(2) 실업인정기간

직전 실업인정일의 다음 날부터 그 실업인정일까지의 각각의 날

(3) 재취업활동 인정기준

① 인정 ○

㉠ 구인업체 방문, 우편·인터넷 등을 이용하여 구인 응모

㉡ 채용을 위한 면접에 응한 경우

㉢ 직업능력개발 훈련 등을 받는 경우 중 고용노동부장관이 정한 경우

㉣ 직업안정기관에서 실시하는 직업지도 프로그램에 참여한 경우

㉤ 해당 실업인정일부터 30일 이내에 취업하기로 확정된 경우

㉥ 직업능력개발 훈련시설이나 학원 등에서 재취업을 위하여 수강 중인 경우로서 따로 재취업활동이 필요하지 아니하다고 직업안정기관장이 인정하는 경우

㉦ 구인업체가 부족한 경우 등 노동시장의 여건상 고용정보의 제공이 어려운 경우로서 직업지도를 위하여 필요하다고 판단되어 직업안정기관장이 소개한 사회봉사활동에 참여하는 경우

     ◎ 고용노동부장관이 정하는 바에 따라 자영업 준비활동을 한 경우

     ㉠ 직업안정기관의 지원을 받아 재취업활동에 관한 계획을 수립하는 경우

 ② 인정 ×

     ㉠ 임신·출산·육아·노약자 간호, 그 밖의 가사상의 이유로 이직한 사람 중 그 이직 원인이 아직 소멸되었다고 보기 어려운 경우

     ㉡ 질병·부상 등 정신적·육체적 조건으로 통상 취업이 곤란하다고 인정되는 경우

     ㉢ 휴업급여의 지급 대상이 되는 경우

     ㉣ 직업안정기관장이 미리 지정해준 직업소개나 직업지도를 위한 출석일에 정당한 사유 없이 출석하지 아니한 경우

(4) 실업인정의 특례

 ① 직업능력개발 훈련 등을 받는 수급자격자에 대한 특례

    직업능력개발 훈련 등을 받는 수급자격자는 실업인정신청서에 수급자격증과 직업능력개발 훈련 등의 실시기관이 발급하는 직업능력개발 훈련 등 수강증명서를 첨부하여 훈련기관 관할 직업안정기관의 장에게 제출하여 실업인정을 받음

 ② 대량실업 등에 따른 실업인정의 특례

     ㉠ 천재지변이 발생한 경우

     ㉡ 수급자격신청률이 연속하여 2개월간 100분의 1을 초과하는 경우

     ㉢ 특별연장급여의 지급이 결정된 경우에는 고용노동부장관이 실업인정의 특례를 적용할 기간을 정하여 고시하며, 이 동안은 수급자격자에 대한 실업의 인정은 직업안정기관장이 4주간에 1회를 하되, 그 이전 4주간의 각각의 날에 대하여 실업을 인정

(5) 증명서에 따른 실업의 인정

 ① 증명서의 제출

    수급자격자가 실업인정일에 직업안정기관에 출석할 수 없었던 경우에는 인정사유가 없어진 후 14일 이내에 신청지 관할 직업안정기관에 출석하여 실업인정신청서에 수급자격증과 출석할 수 없었던 사유를 적은 증명서를 첨부하여 제출하면 실업 인정

 ② 인정사유

     ㉠ 질병이나 부상으로 직업안정기관에 출석할 수 없었던 경우로서 그 기간이 계속하여 7일 미만인 경우

     ㉡ 직업안정기관의 직업소개에 따른 구인자와의 면접 등으로 직업안정기관에 출석할 수 없었던 경우

     ㉢ 직업안정기관의 장이 지시한 직업능력개발 훈련 등을 받기 위하여 직업안정기관에 출석할 수 없었던 경우

     ㉣ 천재지변이나 그 밖의 부득이한 사유로 직업안정기관에 출석할 수 없었던 경우

4. 실업인정 대상기간 중의 취업 등 신고

(1) 실업인정 대상기간 의의

수급자격자가 직업안정기관장으로부터 실업의 인정을 받으려 하는 기간

(2) 근로의 신고

① 수급자격자는 실업인정 대상기간 중에 고용노동부령으로 정하는 기준에 해당하는 취업을 한 경우에는 그 사실을 직업안정기관의 장에게 신고하여야 함

② 직업안정기관의 장은 필요하다고 인정하면 수급자격자의 실업인정 대상기간 중의 취업 사실에 대하여 조사할 수 있음

Ⅲ 구직급여의 지급액과 수급기간

1. 기초임금일액(= 기초일액)

(1) 의의

① 구직급여의 산정 기초가 되는 금액

② 원칙 : 평균임금을 구직급여의 기초임금일액으로 함

(2) 기초일액의 산정

① 기초일액은 수급자격의 인정과 관련된 마지막 이직 당시에 산정된 평균임금으로 함

② 마지막 이직일 이전 3개월 이내에 피보험자격을 취득한 사실이 2회 이상인 경우 : 마지막 이직일 이전 3개월간(일용근로자의 경우에는 마지막 이직일 이전 4개월 중 최종 1개월을 제외한 기간 → 과도하게 높인 경우 제외하기 위함)에 그 근로자에게 지급된 임금총액 ÷ 그 3개월의 총 일수로 나눈 금액

(3) 기초일액의 최저보장

산정된 금액 < 통상임금 → 통상임금액으로

(4) 기준보수를 기초일액으로 하는 경우

① 평균임금으로 기초일액을 산정하는 것이 곤란한 경우

② 기준보수를 기준으로 보험료를 낸 경우

(5) 기초일액의 하한액 = 최저기초일액 = 1일 최저임금액

산정된 기초일액 < 수급자격자의 이직 전 1일 소정근로시간 × 이직일 당시 적용되던 최저임금액(최저기초일액) → 최저기초일액

(6) 기초일액의 상한액 = 11만원

산정된 기초일액 > 11만원

2. 구직급여일액

(1) 의의

실업인정일에 대하여 수급자격자에게 지급되는 구직급여 1일분

(2) 구직급여일액의 계산

① 구직급여일액 = 수급자격자의 기초일액 × 60/100(=평균임금의 60/100)

② 산정된 구직급여일액 < 최저구직급여일액 → 최저구직급여일액으로

(3) 최저구직급여일액

수급자격자의 기초일액 × 80/100

PART
03

〈기초일액 및 구직급여일액 계산방법〉

구분		계산방법
기초일액	원칙	평균임금
	상한액	11만원
	하한액	1일 최저임금액
	산정액<통상임금	통상임금
구직급여일액	원칙	기초일액×60/100
	구직급여일액<최저구직급여일액	기초일액×80/100

3. 구직급여의 수급기간

(1) 수급일수

구직급여의 수급자격과 관련된 <u>이직일의 다음 날</u>부터 계산하기 시작하여 <u>12개월 내에 소정급여일수를 한도</u>로 하여 지급

(2) 수급기간의 연기

① 연기사유로 취업할 수 없는 사람이 그 사실을 수급기간에 직업안정기관장에게 신고한 경우 12개월의 기간에 그 취업할 수 없는 기간을 가산한 기간에 소정급여일수를 한도로 하여 구직급여 지급

② 연기사유

㉠ 임신·출산·육아

㉡ 본인이나 배우자의 질병·부상

㉢ 본인과 배우자의 직계존속 및 직계비속의 질병·부상

㉣ 의무복무

㉤ 범죄혐의로 인한 구속이나 형의 집행

㉥ 그 밖에 이에 준하는 경우로서 고용노동부령으로 정하는 사유

③ 연기 신고

직접 또는 대리인을 통하여 수급기간 내에 수급기간 연기신청서에 수급자격증(수급자격증을 발급받은 경우로 한정)을 첨부하여 신청지 관할 직업안정기관의 장에게 제출. 다만, 천재지변, 「병역법」에 따른 병역의무 이행, 그 밖의 부득이한 사유가 있는 경우에는 그 사유가 없어진 날부터 30일 이내에 제출

(3) 대기기간

① 실업의 신고일부터 계산하기 시작하여 7일간은 대기기간으로 보아 구직급여 지급 ×

② 최종 이직 당시 <u>건설일용근로자</u>였던 사람에 대해서는 실업의 신고일부터 계산하여 구직급여 지급

③ 이직사유가 수급자격 제한 사유에 해당하지만 직업안정기관장이 대통령령으로 정하는 <u>소득 감소로 이직</u>하였다고 인정하는 경우 → 실업의 신고일부터 계산하기 시작하여 4주의 범위에서 2주를 대기기간으로 보아 구직급여 지급 ×

4. 소정급여일수

(1) 의의

하나의 수급자격에 따라 구직급여를 지급받을 수 있는 날

(2) 피보험기간 및 연령에 따른 소정급여일수

소정급여일수 = 대기기간이 끝난 다음 날 ~ 피보험기간과 연령에 따라 정한 일수가 되는 날

〈피보험기간 및 연령에 따른 소정급여일수〉

구분		피보험기간				
		1년 미만	1년 이상 3년 미만	3년 이상 5년 미만	5년 이상 10년 미만	10년 이상
이직일 현재 연령	50세 미만	120일 +30	150일 +30	180일 +30	210일 +30	240일
	50세 이상 및 장애인	120일 +60	180일 +30	210일 +30	240일 +30	270일

▶ 실업급여 금액 = 이직 전 평균임금의 60% × 소정급여일수

(3) 지급 유예

수급자격자가 소정급여일수 내에 임신, 출산, 육아, 그 밖에 대통령령으로 정하는 사유로 수급기간을 연장한 경우 → 그 기간만큼 구직급여를 유예하여 지급

5. 피보험기간

(1) 의의

이직 당시의 적용 사업에서의 고용기간

(2) 자영업자의 피보험기간

실제로 납부한 고용보험료에 해당하는 기간

(3) 종전의 적용 사업에서 피보험자격을 상실한 사실이 있고 그 상실한 날부터 3년 이내에 현재 적용 사업에서 피보험자격을 취득한 경우

① 종전의 적용 사업에서의 피보험기간 합산

② 종전의 적용 사업의 피보험자격 상실로 인하여 <u>구직급여를 지급받은 사실이 있는 경우</u>
→ 그 종전의 적용 사업에서의 피보험기간 제외

(4) 자영업자인 피보험자가 종전에 근로자로서 고용되었다가 피보험자격을 상실한 사실이 있고 그 상실한 날부터 3년 이내에 자영업자로서 피보험자격을 다시 취득한 경우

① 종전의 적용 사업에서의 피보험기간을 합산하지 아니하되, 본인이 종전의 피보험기간을 합산하여 줄 것을 원하는 때에 한정하여 합산

② 종전의 적용 사업의 피보험자격 상실로 인하여 구직급여를 지급받은 사실이 있는 경우에는 그 종전의 적용 사업에서의 피보험기간은 제외

(5) 피보험자격 취득에 관하여 신고가 되어 있지 아니하였던 피보험자의 경우

① 하나의 피보험기간에 피보험자가 된 날이 피보험자격 취득신고를 한 날이나 피보험자격 취득이 확인된 날부터 소급하여 3년이 되는 해의 1월 1일 전이면 그 확인된 날부터 소급하여 3년이 되는 해의 1월 1일이 되는 날이 속하는 보험연도의 첫 날에 그 피보험자격을 취득한 것으로 보아 피보험기간을 계산

② 사업주가 소급하여 3년이 되는 해의 1월 1일 전부터 해당 피보험자에 대한 고용보험료를 계속 납부한 사실이 증명된 경우에는 고용보험료를 납부한 기간으로 피보험기간을 계산

6. 상병급여

(1) 의의

실업의 신고를 한 이후에 질병·부상 또는 출산으로 취업이 불가능하여 실업의 인정을 받지 못한 날에 대하여는 수급권자가 청구하면 구직급여를 갈음하여 상병급여를 지급받을 수 있음

(2) 지급일수

상병급여를 지급할 수 있는 일수는 그 수급자격자에 대한 구직급여 소정급여일수에서 그 수급자격에 의하여 구직급여가 지급된 일수를 뺀 일수를 한도로 하며, 상병급여를 지급받은 사람에 대하여는 상병급여의 지급 일수에 상당하는 일수분의 구직급여가 지급된 것으로 봄

(3) 지급일

상병급여는 그 취업할 수 없는 사유가 없어진 이후에 최초로 구직급여를 지급하는 날(구직급여를 지급하는 날이 없는 경우에는 직업안정기관장이 정하는 날)에 지급

(4) 지급제외

수급자격자가 다음의 보상이나 급여를 지급받을 수 있는 경우에는 상병급여를 지급하지 않음
① 근로기준법에 따른 휴업보상
② 산업재해보상보험법에 따른 휴업급여
③ 국가배상법에 따른 휴업배상
④ 의사상자 등 예우 및 지원에 관한 법률에 따른 보상금

7. 미지급된 구직급여의 청구

(1) 의의

수급자격자가 사망한 경우 그 수급자격자에게 지급되어야 할 구직급여로서 아직 지급되지 아니한 것이 있는 경우에는 수급자격자와 생계를 같이하고 있던 사람은 순서에 따라 직업안정기관장에게 청구하여 미지급된 구직급여를 받을 수 있음

(2) 청구권자의 순위

지급되지 아니한 구직급여를 지급받을 수 있는 사람의 순위는 수급자격자와 생계를 같이하고 있던 ① 배우자(사실상의 혼인 관계에 있는 사람을 포함), ② 자녀, ③ 부모, ④ 손자녀, ⑤ 조부모, ⑥ 형제자매의 순서로 한다. 이 경우 같은 순위자가 2명 이상이면 그중 1명이 한 청구를 전원을 위하여 한 것으로 보며, 그 1명에게 한 지급은 전원에 대한 지급으로 봄

(3) 실업의 인정

수급자격자가 사망하여 실업의 인정을 받을 수 없었던 기간에 대하여는 지급되지 아니한 구직급여의 지급을 청구하는 사람이 그 수급자격자에 대한 실업의 인정을 받아야 함

Ⅳ 연장급여

1. 의의

소정급여일수를 초과하여 지급되는 급여

2. 연장급여의 종류

(1) 훈련연장급여

① 지급대상 : 재취업을 위하여 직업능력개발훈련이 필요하다고 인정되어 직업안정기관장의 지시에 따라 직업능력개발훈련을 받는 수급자격자
② 지급기간 : 2년을 한도로 직업능력개발훈련을 받는 기간 중 실업의 인정을 받은 날에 대하여 지급

(2) 개별연장급여

① 지급대상

취업이 특히 곤란하고 생활이 어려운 수급자격자로서 다음의 요건을 모두 갖춘 수급자격자

㉠ 실업신고일부터 구직급여의 지급이 끝날 때까지 직업안정기관장의 <u>직업소개에 3회 이상 응하였으나 취업되지 아니한 사람</u>으로서 <u>부양가족</u>이 있는 사람

㉡ 급여기초 임금일액과 본인과 배우자의 재산합계액이 각각 고용노동부장관이 정하여 고시한 기준 이하인 사람

② 개별연장급여의 지급일수

최대 60일. 다만, 고용노동부장관이 정하는 기준에 따라 그 지급기간을 60일 미만으로 정할 수 있음

(3) 특별연장급여

① 지급사유

다음의 어느 하나에 해당하고 그와 같은 상황이 계속될 것으로 예상되는 경우로서 실업의 급증 등에 따른 고용사정의 급격한 악화로 고용정책심의회에서 특별연장급여의 지급이 필요하다고 의결한 경우

㉠ 매월의 구직급여 지급을 받은 사람의 수(훈련연장급여, 개별연장급여 또는 특별연장급여를 지급받는 사람의 수는 제외)를 해당 월의 말일의 피보험자수로 나누어 얻은 비율이 연속하여 3개월 동안 각각 100분의 3을 초과하는 경우

㉡ 매월의 실업률이 연속하여 3개월 동안 100분의 6을 초과하는 경우

㉢ 실업의 급증 등에 따른 고용사정의 급격한 악화로 고용정책심의회에서 특별연장급여의 지급이 필요하다고 의결한 경우

② 지급제외자

이직 후의 생활안정을 위한 일정 기준 이상의 소득이 있는 수급자격자로서 다음에 해당하는 수급자격자에게는 지급하지 않음

㉠ 이직 당시 지급받은 금품의 명칭이 무엇이든 급여기초임금일액 상한액의 24개월분(730일분) 이상의 금품을 지급받은 수급자격자

㉡ 실업자 취업훈련수당이 특별연장급여액을 초과하는 등의 사유로 특별연장급여를 받지 아니하려는 수급자격자

③ 실시기간

6개월 이내에서 고용노동부장관이 정함

④ 지급기간

60일의 범위에서 수급권자가 실업의 인정을 받은 날에 대하여 지급

3. 연장급여의 수급기간 및 구직급여일액

(1) 연장급여의 수급기간

수급자격자의 수급기간 + 연장되는 구직급여일수

(2) 연장구직급여일액

① 훈련연장급여

해당 수급자격자의 구직급여일액 × 100/100

② 개별연장급여 및 특별연장급여

해당 수급자격자의 구직급여일액 × 70/100

(3) 연장구직급여일액의 최저보장

연장구직급여일액 < 최저구직급여일액 → 최저구직급여일액을 연장구직급여일액으로 함

4. 연장급여의 상호 조정

(1) 구직급여 & 연장급여 → 구직급여 우선

연장급여는 수급자격자가 지급받을 수 있는 구직급여의 지급이 끝난 후에 지급

(2) 훈련연장급여와 개별연장급여·특별연장급여 → 훈련연장급여 우선

① 훈련연장급여를 지급받고 있는 수급자격자에게는 훈련연장급여의 지급이 끝난 후가 아니면 개별연장급여 및 특별연장급여 지급 ×

② 개별연장급여 또는 특별연장급여를 지급받고 있는 수급자격자가 훈련연장급여를 지급받게 되면 개별연장급여나 특별연장급여 지급 ×

(3) 개별연장급여와 특별연장급여 → 먼저 지급받는 것 우선

특별연장급여를 지급받고 있는 수급자격자에게는 특별연장급여의 지급이 끝난 후 아니면 개별연장급여를 지급 ×, 개별연장급여를 지급받고 있는 수급자격자에게는 개별연장급여의 지급이 끝난 후가 아니면 특별연장급여 지급 ×

Ⅴ 구직급여의 지급제한

1. 이직사유에 의한 수급자격의 제한(고용보험법 제58조)

(1) 의의

피보험자가 〈자기의 중대한 귀책사유〉로 해고되거나 〈정당한 사유 없는 자기 사정〉으로 이직한 경우에는 수급자격이 없는 것으로 본다.

(2) 피보험자가 자기의 중대한 귀책사유로 해고된 경우

① 「형법」 또는 직무와 관련된 법률을 위반하여 금고 이상의 형을 선고받은 경우

② 정당한 사유 없이 근로계약 또는 취업규칙 등을 위반하여 장기간 무단 결근한 경우

③ 사업에 막대한 지장을 초래하거나 재산상 손해를 끼친 경우로서 고용노동부령으로 정하는 기준에 해당하는 경우

(3) 정당한 사유 없는 자기 사정으로 이직한 경우
① 전직 또는 자영업을 하기 위하여 이직한 경우
② 중대한 귀책사유가 있는 사람이 해고되지 아니하고 사업주의 권고로 이직한 경우
③ 그 밖에 고용노동부령으로 정하는 정당한 사유에 해당하지 아니하는 사유로 이직한 경우

2. 훈련거부 등에 따른 급여의 지급정지(고용보험법 제80조 및 시행령 제79조)

(1) 지급정지사유(정당한 사유 없이 거부하는 경우)
① 직업안정기관장이 소개하는 직업에 취직하는 것을 거부하는 경우
② 직업안정기관장이 지시한 직업능력개발훈련 등을 거부하는 경우
③ 직업안정기관장이 실시하는 재취업 촉진을 위한 직업 지도를 거부하는 경우

(2) 거부의 정당한 사유 → 지급을 정지하지 아니한다.
① 소개된 직업 또는 직업능력개발 훈련 등을 받도록 지시된 직종이 수급자격자의 능력에 맞지 아니하는 경우
② 취집하거나 직업능력개발 훈련 등을 받기 위하여 주거의 이전이 필요하나 그 이전이 곤란한 경우
③ 소개된 직업의 임금 수준이 같은 지역의 같은 종류의 업무 또는 같은 정도의 기능에 대한 통상의 임금수준에 비하여 100분의 20 이상 낮은 경우 등 고용노동부장관이 정하는 기준에 해당하는 경우
④ 그 밖에 정당한 사유가 있는 경우

(3) 지급정지절차
① 사전고지
직업안정기관장은 취직, 직업능력개발훈련, 직업지도를 거부하는 사람에 대하여 구직급여의 지급이 정지될 수 있음을 사전에 알려야 한다.
② 지급정지
직업안정기관장은 구직급여지급정지에 관한 사전고지에도 불구하고 취직, 직업능력개발훈련 등을 두 번 이상 거부하는 경우에는 구직급여의 지급을 정지하여야 한다.

(4) 지급정지기간
1개월의 범위에서 고용노동부장관이 정하여 고시한 기간으로 한다.

3. 부정행위에 따른 급여의 지급제한(고용보험법 제61조 및 시행령 제80조)

(1) 지급제한
① 거짓이나 그 밖의 부정한 방법으로 실업급여를 받았거나 받으려 한 사람에게는 그 급여를 받은 날 또는 받으려 한 날부터의 구직급여를 지급하지 아니한다. 다만, 그 급여와 관련된 이직 이후에 새로 수급자격을 취득한 경우 그 새로운 수급자격에 따른 구직급여에 대하여는 지급한다.

② 거짓이나 그 밖의 부정한 방법으로 구직급여를 받았거나 받으려 한 사람이 그 구직급여를 받은 날 또는 실업인정의 신고를 한 날부터 소급하여 10년간 3회 이상 부정행위로 구직급여를 받지 못한 경우에는 대통령령으로 정하는 바에 따라 거짓이나 그 밖에 부정한 방법으로 구직급여를 받은 날 또는 실업인정의 신고를 한 날부터 3년의 범위에서 새로운 수급자격에 따른 구직급여를 지급하지 아니한다(3회 : 1년, 4회 : 2년, 5회 이상 : 3년).

(2) 지급제한의 완화

① 실업인정 대상기간 중에 근로를 제공한 사실을 실업인정을 신청할 때 신고하지 아니하거나 사실과 다르게 신고한 경우

② 실업인정을 신청할 때 실업인정 대상기간 중의 재취업 활동 내용을 사실과 다르게 신고한 경우에는 그 실업인정 대상기간에 한정하여 구직급여를 지급하지 아니한다. 그러나 이러한 행위가 2회 이상인 경우에는 그 날로부터 구직급여를 지급하지 아니한다.

(3) 소정급여일수의 계산

(부정수급자가) 구직급여를 지급받을 수 없게 된 경우에도 소정급여일수를 계산할 때 그 지급받을 수 없게 된 일수분의 구직급여를 지급받은 것으로 본다.

4. 반환명령 및 추가징수(고용보험법 제62조)

(1) 반환명령

직업안정기관의 장은 거짓이나 그 밖의 부정한 방법으로 구직급여를 지급받은 사람에게 고용노동부령으로 정하는 바에 따라 지급받은 구직급여의 전부 또는 일부의 반환을 명할 수 있다.

(2) 추가징수

직업안정기관의 장은 반환을 명하는 경우에 고용노동부령으로 정하는 바에 따라 거짓이나 그 밖의 부정한 방법으로 지급받은 구직급여액의 2배 이하의 금액을 추가로 징수할 수 있다. 다만, 사업주(사업주의 대리인·사용인, 그 밖의 사업주를 위하여 행위하는 자를 포함)와 공모(거짓이나 그 밖의 부정한 방법에 사업주의 거짓된 신고·보고 또는 증명 등 사업주의 귀책사유가 포함되어 있는 경우를 말한다)하여 거짓이나 그 밖의 부정한 방법으로 구직급여를 지급받은 경우에는 지급받은 구직급여액의 5배 이하의 금액을 추가로 징수할 수 있다.

(3) 사업주의 연대책임

거짓이나 그 밖의 부정한 방법이 사업주(사업주의 대리인·사용인, 그 밖의 사업주를 위하여 행위하는 자를 포함)와 공모한 경우에는 그 사업주도 그 구직급여를 지급받은 사람과 연대하여 책임을 진다.

(4) 구직급여의 반환

직업안정기관의 장은 구직급여의 수급자격이 있는 사람 또는 수급자격이 있었던 사람에게 잘못 지급된 구직급여가 있으면 그 지급금의 반환을 명할 수 있다.

(5) 구직급여의 충당

직업안정기관의 장은 구직급여 지급금을 반환하거나 추가징수금을 납부하여야 하는 사람이 지급받을 수 있다. 구직급여가 있는 경우에는 이를 대통령령으로 정하는 바에 따라 반환금·추가징수금에 충당할 수 있다.

Ⅵ 취업촉진수당

1. 조기재취업수당

(1) 의의

수급자격자가 안정된 직업에 재취업하거나 스스로 영리를 목적으로 하는 사업을 영위하는 경우에 지급하는 수당

(2) 지급요건

① 수급자격자가 대기기간이 지난 후 재취업한 날의 전날을 기준으로 소정급여일수를 2분의 1일 이상 남기고 재취업한 경우로서 다음의 어느 하나에 해당할 것

ⓐ 12개월 이상 계속하여 고용된 경우

ⓑ 12개월 이상 계속하여 사업을 영위한 경우

② 수급자격자가 안정된 직업에 재취업한 날 또는 스스로 영리를 목적으로 하는 사업을 시작한 날 이전의 2년 이내에 조기재취업수당을 지급받은 사실이 없을 것

(3) 수당의 금액 및 청구

① 조기재취업수당 : 구직급여일액 × 미지급일수의 1/2

② 수당 청구

안정된 직업에 재취직하거나 스스로 영리를 목적으로 사업을 시작한 날부터 12개월 이후에 청구하여야 함

(4) 지급의 효과

조기재취업수당을 지급받은 사람에 대하여는 해당 조기재취업수당의 금액을 구직급여일액으로 나눈 일수분에 해당하는 구직급여를 지급한 것으로 봄

2. 직업능력개발수당

(1) 의의

수급자격자가 직업안정기관장이 지시한 직업능력개발 훈련 등을 받는 경우에 그 훈련 등의 기간에 대하여 교통비·식대 등으로 지급하는 수당

(2) 지급요건

수급자격자가 직업안정기관장이 지시한 직업능력개발 훈련 등을 받을 것

(3) 지급기간

① 수급자격자가 직업안정기관장이 지시한 직업훈련 등을 받은 날로서 구직급여의 지급대상이 되는 날에 대하여 지급

② 구직급여 지급이 정지된 기간에 대하여는 직업능력개발수당 지급 ×

(4) 지급액

교통비·식대 등 직업훈련 등의 수강에 필요한 비용을 감안하여 고용노동부장관이 결정·고시하는 금액(현재 훈련을 받은 날 1일 7,530원)

3. 광역구직활동비

(1) 의의

수급자격자가 직업안정기관의 소개에 따라 광범위한 지역에 걸쳐 구직활동을 하는 경우 이에 소요되는 운임과 숙박비용

(2) 지급요건(모두 갖춘 경우에 지급)

① 구직활동에 드는 비용이 구직활동을 위하여 방문하는 사업장의 사업주로부터 지급되지 아니하거나 지급되더라도 그 금액이 광역 구직활동비의 금액에 미달할 것

② 수급자격자의 거주지로부터 구직활동을 위하여 방문하는 사업장까지의 거리가 25km 이상일 것

(3) 지급액

① 구직활동에 통상 소요되는 운임과 숙박료로 나누어 산정하되, 고용노동부령이 정하는 바에 의함

② 수급자격자의 구직활동에 드는 비용이 방문하는 사업장의 사업주로부터 지급되는 경우 → 산정된 금액에서 그 금액 공제하여 지급

4. 이주비

(1) 의의

수급자격자가 취업하거나 직업안정기관장이 지시한 직업능력개발훈련 등을 받기 위하여 그 주거를 이전하는 경우에 필요한 경비

(2) 지급요건(모두 갖춘 경우에 지급)

① 취업하거나 직업훈련 등을 받게 된 경우로서 고용노동부장관이 정하는 기준에 따라 신청지 관할 직업안정기관장이 주거의 변경이 필요하다고 인정할 것

② 해당 수급자격자를 고용하는 사업주로부터 주거의 이전에 드는 비용이 지급되지 아니하거나 지급되더라도 그 금액이 이주비에 미달할 것

③ 취업을 위한 이주인 경우 1년 이상의 근로계약기간을 정하여 취업할 것

(3) 지급액

① 이주에 일반적으로 드는 비용으로 하되, 금액 산정은 고용노동부령으로 정하는 바에 따름

② 주거 이전에 드는 비용이 그 수급자격자를 고용하는 사업주로부터 지급되었거나 지급되기로 되어 있는 경우 → 산정된 금액에서 그 금액 공제하여 지급

5. 취업촉진수당의 지급제한

부정행위자에 대하여는 지급을 제한하나, ① 실업인정 대상기간 중에 근로를 제공한 사실을 실업인정신청을 할 때 신고하지 아니하거나 사실과 다르게 신고한 경우, ② 실업인정을 신청할 때 실업인정 대상기간 중의 재취업 활동 내용을 사실과 다르게 신고한 경우라도 <u>그 위반행위가 1회인 경우에는 지급 제한 ×</u> → 2회 이상의 위반행위 시 지급 제한

Ⅶ 자영업자인 피보험자의 실업급여 적용 특례

1. 실업급여의 지급 여부

(1) 구직급여 & 취업촉진수당 ○

(2) 연장급여 & 조기재취업수당 ×
(육아휴직급여 & 출산전후휴가급여 ×)

2. 구직급여의 수급요건

(1) 폐업일 이전 24개월간 자영업자인 피보험자로서 갖춘 피보험 단위기간이 합산하여 1년 이상일 것

(2) 근로의 의사와 능력이 있음에도 불구하고 취업을 하지 못한 상태에 있을 것

(3) 폐업사유가 수급자격의 제한 사유에 해당하지 아니할 것

(4) 재취업을 위한 노력을 적극적으로 할 것

Ⅷ 예술인인 피보험자의 실업급여 적용 특례

1. 실업급여의 지급 여부

(1) 구직급여 & 출산전후급여 ○

(2) 연장급여 & 조기재취업수당 ×
(고용안정·직업능력개발사업 & 육아휴직급여 & 출산전후휴가급여 ×)

2. 법 적용제외 예술인

(1) 65세 이후에 근로계약, 문화예술용역 관련 계약 또는 노무제공계약을 체결하거나 자영업을 개시하는 경우

(2) 예술인 중 대통령령으로 정하는 소득 기준을 충족하지 못하는 경우

(3) 15세 미만인 경우

3. 구직급여의 수급요건

(1) 이직일 이전 24개월 동안의 피보험 단위기간이 통산하여 9개월 이상일 것

(2) 근로의 의사와 능력이 있음에도 불구하고 취업을 하지 못한 상태에 있을 것

(3) 이직사유가 수급자격의 제한 사유에 해당하지 아니할 것

(4) 이직일 이전 24개월 중 <u>3개월 이상을</u> 예술인인 피보험자로 피보험자격을 유지하였을 것

(5) 재취업을 위한 노력을 적극적으로 할 것

※ 단기예술인에 추가되는 조건
  수급자격의 인정신청일 이전 1개월 동안 노무제공일 수 10일 미만, 수급자격인정신청일 이전
  14일간 연속하여 노무제공내역이 없어야 가능

4. 출산전후급여 등 ← 출산전후휴가급여 등을 대체

(1) 지급요건

① 출산 또는 유산·사산을 한 날 이전에 <u>예술인으로서의 피보험 단위기간이 합산하여 3개월</u>
   <u>이상일</u> 것(피보험자였던 사람인 예술인은 출산 또는 유산·사산을 한 날 이전 18개월 동안
   예술인으로서의 피보험 단위기간이 합산하여 3개월 이상일 것)

② 출산전후급여 등의 지급기간에 노무제공을 하지 않을 것

③ 출산 또는 유산·사산을 <u>한 날부터 12개월 이내</u>에 출산전후급여 등을 신청할 것

(2) 지급기간

① 예술인인 피보험자 또는 피보험자였던 사람이 출산한 경우
   출산 전과 후를 연속하여 90일로 하되, 출산 후에 45일 이상이 되도록 할 것

② 예술인인 피보험자 또는 피보험자였던 사람이 유산 또는 사산한 경우

임신기간	유산 또는 사산한 날부터
11주 이내	5일
12주 이상 15주 이내	10일
16주 이상 21주 이내	30일
22주 이상 27주 이내	60일
28주 이상	90일

04 | 육아휴직 급여

> **✎ 육아휴직**
>
> 1. 의의 : <u>임신 중인 여성 근로자나</u>, 근로자가 <u>만 8세 이하</u> 또는 <u>초등학교 2학년 이하</u>의 자녀를 양육하기 위하여 사용하는 휴직(육아휴직은 그대로고, 육아기 단축만 변경)
> 2. 기간 : 자녀 1명당 <u>1년</u> 사용 가능
>   다만, 같은 자녀를 대상으로 부모가 모두 각각 육아휴직 3개월 이상 사용 시 <u>1년 6개월</u> 사용 가능
>   → 부모 합산 총 3년(25년 2월 시행)
> 3. 분할사용 : 3회 분할 가능 → 총 4번에 나눠 사용 가능

Ⅰ 육아휴직 급여 및 육아기 근로시간 단축 급여

1. 육아휴직 급여의 수급요건 및 청구기간

(1) 수급요건

① 육아휴직을 <u>30일</u>(출산전후휴가기간과 중복되는 기간 제외) <u>이상 부여받은 피보험자일</u> 것

② 육아휴직을 시작한 날 이전에 <u>피보험단위기간이 합산하여 180일 이상일</u> 것

(2) 급여의 청구

① 육아휴직을 <u>시작한 날 이후 1개월부터</u> 끝난 날 이후 12개월 이내에 신청하여야 함

② 같은 기간에 대통령령으로 정한 사유로 육아휴직 급여를 신청할 수 없었던 사람은 그 <u>사유가 끝난 후 30일</u> 이내에 신청하여야 함

2. 육아기 근로시간 단축 수급요건 및 청구기간

(1) 수급요건

① 만 12세 이하 또는 초등학교 6학년 이하의 자녀가 있을 것

② 피보험 단위기간이 180일 이상일 것

(2) 단축기간 및 단축 후 근로시간

① 한 자녀에 대하여 부모가 각각 1년씩 사용가능 + 육아휴직기간 중 사용하고 남은 기간의 2배 가산한 기간

② 최소 1개월 단위로 자유롭게 사용가능하나 분할사용 횟수 제한은 없음

③ 단축 후 근로시간은 주당 15시간 이상이어야 하고 35시간을 넘어서는 안 됨

(3) 청구기간

단축을 시작한 날 이후 1개월부터 끝난 날 이후 12개월 이내에 신청

(4) 연차산정기간 포함

육아기·임신기에 단축된 근로시간도 육아휴직기간과 같이 연차유급휴가 산정 시 출근한 것
으로 포함

3. 육아휴직 급여액 및 육아기 근로시간 단축 급여액

(1) 육아휴직 급여액

① 월 통상임금의 100분의 80(상한액 <u>150만원</u>, 하한액 <u>70만원</u>)

② 육아휴직 급여액의 지급대상기간이 1월을 채우지 못하는 경우에는 월별 지급액을 해당 월
에 휴직한 일수에 비례하여 계산한 금액 지급

③ 육아휴직 급여의 100분의 75에 해당하는 금액은 매월 지급하고, 100분의 25는 육아휴직
<u>종료 후 복직하여 6개월 이상 계속 근무한 경우에 합산하여 일시불로 지급</u>

④ 같은 자녀에 대하여 자녀 생후 18개월 내 부모가 육아휴직을 사용하는 경우(동시 or 순차)

    ㉠ 첫 6개월에 대해 부모 각각의 육아휴직 급여를 상향하여 지급(6개월 + 6개월)

        i) 母 1개월 + 父 1개월 : 각각 상한 월 200만원 지원(통상임금의 100%)

        ii) 母 2개월 + 父 2개월 : 각각 상한 월 250만원 지원(통상임금의 100%)

        iii) 母 3개월 + 父 3개월 : 각각 상한 월 300만원 지원(통상임금의 100%)

        iv) 母 4개월 + 父 4개월 : 각각 상한 월 350만원 지원(통상임금의 100%)

        v) 母 5개월 + 父 5개월 : 각각 상한 월 400만원 지원(통상임금의 100%)

        vi) 母 6개월 + 父 6개월 : 각각 상한 월 450만원 지원(통상임금의 100%)

    ㉡ 7개월부터는 부모 각각 상한 월 150만원 지원(통상임금의 80%)

    ㉢ 6 + 6 육아휴직제가 적용된 기간은 육아휴직 급여 사후지급분제도 적용 ×

⑤ 한부모가족의 모 또는 부에 해당하는 피보험자가 육아휴직을 하는 경우

    ㉠ 육아휴직 시작일 ~ 3개월 : 월 통상임금에 해당하는 금액

    (상한액 250만원, 하한액 70만원, 사후지급분제도 적용 ×)

    ㉡ 육아휴직 4개월째 ~ 종료일 : 월 통상임금의 100분의 80에 해당하는 금액

    (상한액 150만원, 하한액 70만원)

(2) 육아기 근로시간 단축 급여액

$$\text{(매주 최초 10시간 단축분) 월 통상임금 (상한액 200만원, 하한액 50만원)} \times \frac{\text{10(주당 단축 근로시간이 10시간 미만인 경우 실제 단축한 시간)}}{\text{단축 전 소정근로시간}}$$

$$\text{(나머지 근로시간 단축분) 월 통상임금의 100분의 80(상한액 150만원, 하한액 50만원)} \times \frac{\text{단축 전 소정근로시간 - 단축 후 소정근로시간 - 10}}{\text{단축 전 소정근로시간}}$$

4. 급여의 지급제한

(1) 피보험자가 육아휴직 급여 기간 중에 그 사업에서 <u>이직</u>한 경우에는 그때부터 육아휴직 급여를 지급 ×

(2) 피보험자가 육아휴직기간 중에 고용노동부령으로 정하는 기준에 해당하는 취업을 한 경우에는 그 취업한 기간에 대해서는 육아휴직 급여를 지급 ×

▌II▐ 출산전후휴가 급여

1. 수급요건 및 청구기간

(1) 수급요건

① 피보험자가 출산전후휴가 또는 유산·사산휴가를 받은 경우와 「남녀고용평등법」에 따른 배우자 출산휴가 또는 난임치료휴가를 받은 경우일 것

② <u>휴가가 끝난 날 이전</u>에 피보험 단위기간이 합산하여 180일 이상일 것

(2) 청구기간

① 휴가가 시작한 날 이후 1개월부터 휴가가 끝난 날 이후 12개월 이내에 신청하여야 함

② 그 기간에 대통령령으로 정하는 사유로 출산전후휴가 급여 등을 신청할 수 없었던 사람은 그 사유가 끝난 후 30일 이내에 신청하여야 함

③ 배우자 출산휴가의 경우 휴가기간은 20일로, 출산일로부터 120일 이내에 사용해야 함 (3회에 걸쳐 나눠 사용 가능)

2. 출산전후휴가 급여 등의 지급기간

(1) 우선지원대상기업

출산전후휴가 또는 유산·사산휴가기간과 배우자출산휴가기간 전체 20일

(2) 우선지원대상기업을 제외한 기업

출산전후휴가기간 중 <u>60일을 초과한 일수</u>에 해당하는 기간

(3) 기간제근로자 또는 파견근로자

출산전후휴가기간 또는 유산·사산휴가기간 중 근로계약기간이 끝나는 경우 <u>근로계약 종료일 다음 날부터 해당 출산전후휴가 또는 유산·사산휴가기간 종료일까지의 기간</u>에 대한 출산전후휴가 급여 등에 상당하는 금액 전부를 지급

3. 출산전후휴가 급여 등의 지급액 : 통상임금액에 상당하는 금액

4. 출산전후휴가 급여 등의 상·하한액

(1) 상한액

① 출산전후휴가기간 또는 유산·사산휴가기간 90일에 대한 통상임금액 > 630만원
   → 630만원

② 지급기간이 90일 미만 → 일수로 계산한 금액

(2) 하한액

출산전후휴가 시작일 당시 적용되던 시간급 최저임금액 > 그 근로자의 시간급 통상임금
→ 시간급 최저임금액을 시간급 통상임금으로 하여 산정된 통상임금액

Ⅲ 난임치료휴가

1. 의의

난임치료휴가란 임신이 어려운 근로자가 인공수정이나 체외수정 등의 치료를 원활하게 받기 위하여 휴가를 청구하는 경우 부여 의무가 발생하는 법정휴가이다.

2. 휴가기간

(1) 연간 단위로 6일의 휴가가 부여되며 6일의 휴가는 연속하여 사용할 수 있지만 1일 단위로도 분할하여 사용할 수 있다. 이 중 2일은 유급으로 부여해야 하고 나머지 4일은 무급으로 부여된다.

(2) 우선지원대상기업에 대하여는 난임치료휴가 유급기간(2일)에 대한 급여지원(2025년 2월 시행)

산업재해보상보험법

01 | 총론

Ⅰ 총칙

1. 용어 정의

(1) 업무상의 재해

업무상의 사유에 따른 근로자의 부상·질병·장해·사망

(2) 유족

사망한 사람의 배우자(사실혼 포함)·자녀·부모·손자녀·조부모·형제자매

(3) 치유

부상 or 질병이 <u>완치</u>되거나 치료의 효과를 <u>더 이상 기대할 수 없고</u> 그 <u>증상이 고정</u>된 상태에 이르게 된 것

(4) 장해

부상 or 질병이 <u>치유</u>되었거나 정신적 or 육체적 훼손으로 인하여 <u>노동능력이 상실되거나 감소</u>된 상태

(5) 중증요양상태

업무상의 부상 or 질병에 따른 정신적 or 육체적 훼손으로 노동능력이 상실되거나 감소된 상태로서 그 부상 or 질병이 <u>치유되지 아니한 상태</u>

(6) 진폐

분진을 흡입하여 폐에 생기는 섬유증식성 변화를 주된 증상으로 하는 질병

(7) 출퇴근

취업과 관련하여 주거와 취업장소 사이의 이동 또는 한 취업장소에서 다른 취업장소로의 이동

2. 보험가입자 및 피보험자

(1) 가입자 : 사업주

(2) 피보험자 : 근로자

① 현장실습생, 학생연구자, 「국민기초생활보장법」상 수급자 → 근로자로 봄
② 해외파견자, 중소기업(300인 미만) 사업주와 (보수를 받지 않는) 그 배우자 또는 4촌 이내의 친족 → 공단의 승인을 받아 가입(=임의가입) 가능

3. 보험의 관장과 보험연도, 국고의 부담 및 지원(산재보험법 제2조, 제3조)

(1) 산업재해보상보험 사업은 <u>고용노동부장관이 관장</u>한다.

(2) 보험사업의 보험연도는 정부의 회계연도에 따른다.

(3) 국가는 회계연도마다 예산의 범위에서 보험사업의 사무 집행에 드는 비용을 일반회계에서 부담하여야 한다.

(4) 국가는 회계연도마다 예산의 범위에서 보험사업에 드는 비용의 일부를 지원할 수 있다.

4. 보험사업의 수행

고용노동부장관의 위탁을 받아 <u>근로복지공단이 수행</u>(징수는 국민건강보험공단)

5. 적용사업

(1) 원칙 : 모든 사업 또는 사업장

(2) 적용제외

① 「공무원 재해보상법」 또는 「군인 재해보상법」에 따라 재해보상이 되는 사업

② 「선원법」, 「어선원 및 어선 재해보상보험법」 또는 「사립학교교직원 연금법」에 따라 재해보상이 되는 사업

③ 가구 내 고용활동(가족)

④ 농업·임업(벌목업은 법 적용)·어업·수렵업 중 법인이 아닌 자의 사업으로서 상시근로자 수가 5명 미만인 사업

(3) 불법체류외국인 근로자도 산재보험법 적용

6. 산업재해보상보험 및 예방심의위원회 ← 고용노동부에 설치

(1) 구성 : 3자 구성

① 고용노동부차관

② 근로자를 대표하는 사람, 사용자를 대표하는 사람, 공익을 대표하는 사람 각 5명

③ 임기 : 3년(단, 보궐위원의 임기는 전임자의 남은 기간으로 한다.)

(2) 심의사항

① 요양급여의 범위나 비용 등 요양급여의 산정 기준에 관한 사항

② 산재보험료율의 결정에 관한 사항

③ 산업재해보상보험 및 예방기금의 운용계획 수립에 관한 사항

④ 산업안전·보건 업무와 관련되는 주요 정책 및 산업재해 예방에 관한 기본계획

⑤ 그 밖에 고용노동부장관이 산업재해보상보험 사업 및 산업안전·보건 업무에 관하여 심의에 부치는 사항

(3) 회의
① 위원장은 위원회의 회의를 소집하고 그 의장이 된다.
② 회의는 고용노동부장관의 요구가 있거나 재적위원 과반수의 요구가 있을 때 소집한다.
③ 재적위원 과반수의 출석으로 개의하고 출석위원 과반수의 찬성으로 의결한다.

(4) 전문위원회
① 위원회는 그 심의사항을 검토하고, 위원회의 심의를 보조하게 하기 위하여 위원회에 전문위원회를 둘 수 있다(산재보험법 제8조 제3항).
② 위원회에 산업재해보상보험정책전문위원회, 산업재해보상보험요양전문위원회 및 산업안전보건전문위원회를 둔다(시행령 제8조).

02 | 업무상 재해

I 총설

1. 업무상재해의 개념

(1) 무과실책임주의

민법의 보상체계는 상대방의 고의, 과실을 전제로 하는 과실책임주의를 원칙으로 하고 있으나, 근로기준법과 산재보험법에서는 <u>무과실책임주의</u>를 원칙으로 하여, 업무상 재해에 대하여 사용자에게 보상책임을 부담하도록 하고 있다.

(2) 업무상 재해

업무상의 사유에 의한 근로자의 부상, 질병, 장해 또는 사망을 말한다.

(3) 업무상의 사유

업무상 사고, 업무상 질병과 출퇴근 재해를 말한다.

2. 업무수행성과 업무기인성

(1) 업무수행성

① 근로자가 근로계약에 따라 「사업주의 지배·관리하에 있는 상태」
② 업무수행성 ⊃ 업무기인성 → 별개의 인정기준 ×

(2) 업무기인성

① 업무와 재해 간에 상당인과관계가 존재하는 것
② 판단기준 : 보통평균인이 아니라 해당 근로자의 건강과 신체조건을 기준으로 하여 판단

(3) 업무수행성과 업무기인성의 관계

① 제1설(판례) : 업무수행성은 업무기인성 인정의 제1차적 기준
② 제2설 : 업무수행성이 있으면 업무기인성을 추정

3. 업무상 재해의 인정 기준

(1) 업무상 사고, 업무상 질병 및 출퇴근 재해로 인한 재해 : 업무상 재해 ○

(But, 업무와 재해 사이에 상당인과관계가 없는 경우 : 업무상 재해 ×)

① 업무상 사고

   ⊙ 근로자가 근로계약에 따른 업무나 그에 따르는 행위를 하던 중 발생한 사고
   ⓒ 사업주가 제공한 시설물 등을 이용하던 중 시설물 등의 결함이나 관리소홀로 발생한 사고
   ⓒ 사업주가 주관하거나 사업주의 지시에 따라 참여한 행사나 행사준비 중에 발생한 사고

　　　　ⓔ 휴게시간 중 사업주의 지배관리하에 있다고 볼 수 있는 행위로 발생한 사고
　　　　ⓜ 그 밖에 업무와 관련하여 발생한 사고
　　② 업무상 질병
　　　　㉠ 업무수행 과정에서 유해·위험 요인을 취급하거나 그에 노출되어 발생한 질병
　　　　㉡ 업무상 부상이 원인이 되어 발생한 질병
　　　　㉢ 그 밖에 업무와 관련하여 발생한 질병
　　③ 출퇴근 재해
　　　　㉠ 사업주가 제공한 교통수단이나 그에 준하는 교통수단을 이용하는 등 사업주의 지배관리
　　　　　하에서 출퇴근하는 중 발생한 사고
　　　　㉡ 그 밖에 통상적인 경로와 방법으로 출퇴근하는 중 발생한 사고

(2) 고의·자해행위나 범죄행위로 인한 재해 : (원칙) 업무상 재해 ×

(3) 자해행위에 따른 업무상의 재해 : (예외) 업무상 재해 ○
　자해행위로 인한 부상·질병·장해·사망이 정상적인 인식능력 등이 뚜렷하게 낮아진 상태에서 한 행위로 발생한 경우로서 다음의 경우에는 업무상 재해로 봄
　① 업무상의 사유로 발생한 정신질환으로 치료를 받았거나 받고 있는 사람이 정신적 이상 상태에서 자해행위를 한 경우
　② 업무상의 재해로 요양 중인 사람이 그 업무상의 재해로 인한 정신적 이상 상태에서 자해행위를 한 경우
　③ 그 밖에 업무상의 사유로 인한 정신적 이상 상태에서 자해행위를 하였다는 상당인과관계가 인정되는 경우

Ⅱ 업무상 사고 및 출퇴근 재해

1. 업무수행 중의 사고

(1) 근로계약에 따른 업무 중의 사고
　① 원칙 : 업무상 사고
　　→ 근로계약에 따른 업무수행 행위, 업무수행 과정에서의 생리적 필요 행위, 필요적 부수행위
　② 예외 : 업무외 사고

(2) 긴급업무 중의 사고
　천재지변·화재 등 사업장 내에 발생한 돌발사고에 따른 긴급피난·구조행위 등을 하던 중 발생한 사고 → 업무상 사고

(3) 출장업무 중의 사고
　① 원칙 : 업무상 사고
　　자택에서 직접 출장목적지로 가는 경우 : 자택출발시점부터 귀가할 때까지를 출장 중으로 봄

② 예외 : 업무외 사고

㉠ 사업주의 구체적인 지시를 위반한 행위를 하던 중 발생한 사고

㉡ 근로자의 사적 행위를 하던 중 발생한 사고

㉢ 정상적인 출장 경로를 벗어났을 때 발생한 사고

(4) 외근근로자의 업무수행 중의 사고

<u>최초로 업무수행 장소에 도착하여 업무를 시작한 때부터 최후로 업무를 완수한 후 퇴근하기 전까지</u> 업무와 관련하여 발생한 사고 → 업무상 사고

2. 시설물 등의 결함이나 관리소홀로 발생한 사고

(1) 원칙 : 업무상 사고

(2) 예외 : 업무외 사고

① 사업주의 구체적인 지시를 위반하여 사업주가 제공한 시설물 등을 이용한 행위로 발생한 사고

② 사업주가 제공한 시설물 등의 관리 또는 이용권이 근로자의 전속적 권한에 속하는 경우에 그 관리 또는 이용 중에 발생한 사고

3. 행사 중의 사고

(1) 업무상 재해로 인정되는 행사의 요건

행사에 근로자가 참가하는 것이 사회통념상 노무관리 또는 사업운영상 필요하다고 인정되는 경우로서 다음의 경우에 근로자가 그 행사에 참가하여 발생한 사고는 업무상 사고로 봄

① 사업주가 행사에 참가하는 근로자에 대하여 <u>행사 당일날 출근한 것으로 처리</u>하는 경우

② 사업주가 근로자에 대하여 행사에 <u>참가하도록 지시</u>하는 경우

③ 사업주에게 행사참가에 대한 <u>사전보고</u>를 통하여 <u>사업주의 참가승인</u>을 받은 경우

④ 그 밖에 위에 준하는 경우로서 <u>통상적·관례적인 행사</u>에 참여하는 경우

(2) 행사에 부수하는 행위 중의 사고

행사참가를 위한 준비·연습 중에 발생한 사고도 업무상 사고로 봄

4. 휴게시간 중 사고

휴게시간 중 <u>사업주의 지배관리하</u>에 있다고 볼 수 있는 행위로 발생한 사고는 업무상 사고로 봄

5. 그 밖에 업무와 관련하여 발생한 사고

(1) 특수한 장소에서의 사고

사회통념상 근로자가 사업장 내에서 할 수 있다고 인정되는 행위를 하던 중 태풍·홍수·지진·눈사태 등의 천재지변이나 돌발적인 사태로 발생한 사고는 업무상 사고로 봄

(2) 요양 중의 사고

업무상 부상 또는 질병으로 요양 중인 근로자에게 발생한 다음의 사고는 업무상 사고로 봄

① 요양급여와 관련하여 발생한 의료사고

② 요양 중인 산재보험 의료기관 내에서 업무상 부상 또는 질병의 요양과 관련하여 발생한 사고

③ 업무상 부상 또는 질병의 치료를 위하여 거주지 또는 근무지에서 요양 중인 산재보험 의료기관으로 통원하는 과정에서 발생한 사고

(3) 제3자의 행위로 인한 사고

그 근로자가 담당한 업무가 사회통념상 제3자의 가해행위를 유발할 수 있는 성질의 업무라고 인정되면 업무상 사고로 봄

(4) 노조활동과 쟁의행위중의 사고

① 노조전임자의 노조활동 중 재해 : 업무상 재해 ○

② 쟁의행위 중 현수막을 걸다 추락사 : 업무상 재해 ×

③ 불법조합활동 or 상부노동단체와 관련된 활동 중의 재해 : 업무상 재해 ×

6. 출퇴근 재해

(1) 사업주가 제공한 교통수단이나 그에 준하는 교통수단을 이용하는 등 사업주의 지배관리하에서 출퇴근하는 중 발생한 사고 : 출퇴근 재해 ○

(2) 그 밖에 통상적인 경로와 방법으로 출퇴근하는 중 발생한 사고 : (원칙) 출퇴근 재해 ○

① (예외) 출퇴근 경로 일탈 또는 중단이 있는 경우 : 출퇴근 재해 ×

② 일탈 또는 중단이 일상생활에 필요한 행위 : 출퇴근 재해 ○

> **예** 일상생활에 필요한 용품을 구입하는 행위, 선거권이나 국민투표권의 행사 등

③ 적용제외 : 출퇴근 경로와 방법이 일정하지 아니한 직종으로 대통령령으로 정하는 경우 (수요응답형 여객자동차운송사업, 개인택시운송사업, 퀵서비스업에 종사하는 사람으로서 본인의 주거지에 업무에 사용하는 자동차 등의 차고지를 보유하고 있는 경우)

Ⅲ 업무상 질병

1. 직업성 질병

(1) 직업성 질병

업무수행 과정에서 물리적 인자, 화학물질, 분진, 병원체, 신체에 부담을 주는 업무 등 근로자의 건강에 장해를 일으킬 수 있는 요인을 취급하거나 그에 노출되어 발생한 질병

(2) 업무기인성 입증 어려움(유해작용이 장기간에 걸쳐 축적되어 서서히 발생하기 때문)

(3) 인정요건

① 근로자가 업무수행 과정에서 유해·위험요인을 취급하거나 유해·위험요인에 <u>노출된 경력이 있을 것</u>

② 근로자가 유해·위험요인을 취급하거나 유해·위험요인에 노출되는 업무시간, 업무에 종사한 기간 및 업무 환경 등에 비추어 볼 때 <u>근로자의 질병을 유발할 수 있다고 인정될 것</u>

③ 근로자가 유해·위험요인에 노출되거나 유해·위험요인을 취급한 것이 <u>원인이 되어 그 질병이 발생하였다고 의학적으로 인정될 것</u>

2. 재해성 질병

(1) 업무상 부상이 원인이 되어 발생한 질병

(2) 비교적 업무상 재해 여부를 판단하기 쉬움

(3) 인정요건

업무상 부상을 입은 근로자에게 발생한 질병이 ① 업무상 부상과 질병 사이의 <u>인과관계가 의학적으로 인정되고</u>, ② 기초질환이나 기존 질병이 <u>자연발생적으로 나타난 증상이 아니면</u> → 업무상 질병 ○

3. 스트레스로 인한 질병

「근로기준법」에 따른 직장 내 괴롭힘, 고객의 폭언 등으로 인한 업무상 정신적 스트레스가 원인이 되어 발생한 질병 → 업무상 질병 ○

4. 과로사

(1) 평상시의 과로가 직접적인 원인이 되어 사망 or 기존질병이 과로로 인하여 악화되어 사망 → 업무상 재해 ○

(2) 일상적, 통상적 업무를 크게 벗어난 상태에서 발생한 사망 → 업무상 재해 ×

5. 고의에 의한 사고

(1) 고의로 사고를 발생하게 한 경우(예 자살) → 업무상 재해 ×

(2) <u>업무상 재해인 질병에 기인하여 심신상실 내지 정신착란의 상태에 빠져</u> 그 상태에서 자살이 이루어진 경우 → 업무상 재해 ○

PART
04

03 | 업무상질병판정위원회

1. 소속

근로복지공단 소속 기관에 둔다.

2. 구성

① 위원장 1명을 포함하여 180명 이내의 위원으로 구성한다.

② 위원장은 상임으로 하고, 위원장을 제외한 위원은 비상임으로 한다.

3. 위원의 자격

① 변호사 또는 공인노무사

② 고등교육법 제2조에 따른 학교에서 조교수 이상으로 재직하고 있거나 재직하였던 사람

③ 의사, 치과의사, 또는 한의사

④ 산업재해보상보험 관련 업무에 5년 이상 종사한 사람

⑤ 국가기술자격법에 따른 산업위생관리 또는 인간공학 분야 기사 이상의 자격을 취득하고 관련 업무에 5년 이상 종사한 사람

4. 위원의 위촉·임명

① 위원장 및 위원은 위원의 자격을 가진 사람 중에서 공단 이사장이 위촉하거나 임명한다.

② 위원회의 위원 중 3분의 2에 해당하는 위원은 근로자 단체와 사용자 단체가 각각 추천하는 사람 중에서 위촉한다. 이 경우 근로자 단체와 사용자 단체가 추천하는 위원은 같은 수로 한다.

③ 근로자 단체나 사용자 단체가 각각 추천하는 사람이 위촉하려는 전체 위원 수의 3분의 1보다 적은 경우에는 근로자 단체와 사용자 단체가 추천하는 위원 수를 전체 위원 수의 3분의 2 미만 으로 할 수 있다.

5. 위원장과 위원의 임기

2년으로 하되, 연임할 수 있다.

6. 판정위원회의 심의에서 제외되는 질병

① 진폐

② 이황화탄소중독증

③ 유해·위험요인에 일시적으로 다량 노출되어 나타나는 급성 중독 증상 또는 소견 등의 질병

④ 공단의 요구에 따라 산재보험 의료기관에서 진찰을 한 결과 업무와의 관련성이 매우 높다는 소견이 있는 질병

⑤ 한국산업안전보건공단법에 따른 한국산업안전보건공단, 그 밖에 업무상 질병 여부를 판단할 수 있는 기관에 자문한 결과 업무와의 관련성이 높다고 인정된 질병

⑥ 그 밖에 업무와 그 질병 사이에 상당인과관계가 있는지를 명백히 알 수 있는 경우로서 공단이 정하는 질병

7. 판정위원회의 심의 절차

① 판정위원회는 심의를 의뢰받은 날부터 20일 이내에 업무상 질병으로 인정되는지를 심의하여 그 결과를 심의를 의뢰한 소속 기관의 장에게 알려야 한다.

② 부득이한 사유로 그 기간 내에 심의를 마칠 수 없으면 10일을 넘지 않는 범위에서 한 차례만 그 기간을 연장할 수 있다.

8. 판정위원회의 운영

① 판정위원회의 위원장은 회의를 소집하고, 그 의장이 된다. 다만, 판정위원회의 원활한 운영을 위하여 필요하면 위원장이 지명하는 위원이 회의를 주재할 수 있다.

② 판정위원회의 회의는 위원장 및 회의를 개최할 때마다 위원장이 지정하는 위원 6명으로 구성한다. 이 경우 위원장은 의사, 치과의사, 또는 한의사에 해당하는 위원 2명 이상을 지정하여야 한다.

③ 판정위원회의 위원장이 회의를 소집하려면 회의 개최 5일 전까지 일시·장소 및 안건을 위원장이 지정하는 위원에게 서면으로 알려야 한다. 다만, 긴급한 경우에는 회의 개최 전날까지 구두, 전화, 그 밖의 방법으로 알릴 수 있다.

④ 판정위원회의 회의는 구성원 과반수의 출석과 출석위원 과반수의 찬성으로 의결한다.

9. 소위원회의 구성·운영

① 판정위원회의 업무를 효율적으로 수행하기 위하여 필요하면 소위원회를 둘 수 있다.

② 소위원회는 질병명 등 판정위원회가 정하는 경미한 사항에 대하여 심의한다.

③ 소위원회는 판정위원회의 위원장이 지명하는 판정위원회 위원 3명으로 구성하며, 소위원회의 위원장은 소위원회의 위원 중에서 호선한다.

④ 소위원회의 위원장은 소위원회의 심의 결과를 판정위원회에 보고해야 한다. 이 경우 소위원회에서 심의된 사항은 판정위원회에서 심의된 것으로 본다.

⑤ 소위원회의 회의는 구성위원 전원의 출석과 출석위원 전원의 찬성으로 의결한다.

⑥ 법령에서 규정한 사항 외에 소위원회 구성·운영에 필요한 사항은 판정위원회의 위원장이 정한다.

04 | 보험급여

I 총설

1. 보험급여의 종류

(1) 요양급여, 휴업급여, 상병보상연금, 장해급여, 간병급여, 유족급여, 장례비, 직업재활급여

(2) 진폐에 따른 보험급여의 종류

요양급여, 진폐보상연금, 간병급여, 진폐유족연금, 장례비, 직업재활급여

(3) 건강손상자녀에 대한 보험급여의 종류

요양급여, 장해급여, 간병급여, 장례비, 직업재활급여

2. 보험급여의 지급기한

보험급여는 지급 결정일부터 14일 이내에 지급하여야 함

3. 수급권자(= 청구권자)

요양 · 휴업 · 장해 · 간병급여, 상병 · 진폐보상연금		근로자
유족급여, 진폐유족연금		근로자의 유족
장례비		장제를 지낸 사람
직업재활급여	직업훈련수당	근로자
	직업훈련비용	직업훈련기관
	직장복귀지원금, 직장적응훈련비, 재활운동비	사업주

4. 평균임금의 산정

(1) 근로기준법에 의한 산정

보험급여 산정의 기초임금은 「근로기준법」에 따른 평균임금으로 한다.

(2) 기준보수에 의한 산정

「근로기준법」에 따라 평균임금을 결정하기 어렵다고 인정되면 고용노동부장관이 정하여 고시하는 금액(기준보수)을 해당 평균임금으로 한다.

5. 평균임금의 증감

(1) 의의

산재보험급여는 평균임금을 기초로 하기 때문에 장기간 요양을 하거나 연금을 받는 경우에는 물가와 임금이 오르는데도 불구하고 보험급여액이 고정된다면 장기요양을 받고 있는 산재근

로자나 연금수급권자의 보험급여의 실질적 가치가 하락하게 된다. 이를 방지하기 위하여 평균임금 산정 시에 물가와 임금인상률을 반영함으로써 산재보험급여의 정률보상방식의 단점을 보완하기 위한 제도가 평균임금 증감(=조정)제도이다.

(2) 증감방법

① 보험급여를 산정하는 경우 해당 근로자의 평균임금을 산정하여야 할 사유가 발생한 날부터 1년이 지난 이후에는 매년 전체 근로자의 임금평균액의 증감률에 따라 평균임금을 증감한다.
② 근로자의 연령이 60세에 도달한 이후에는 소비자물가변동률에 따라 평균임금을 증감한다.

6. 일용근로자의 평균임금 산정 → 통상근로계수에 의한 산정

(1) 의의

보험급여(진폐보상연금·진폐유적연금 제외)를 산정할 때 해당 근로자에게 평균임금을 적용하는 것이 적당하지 아니하다고 인정되는 경우 → 평균임금 = 해당 근로자의 일당 × 통상근로계수(73/100)

(2) 적용대상

① 1일 단위로 고용되거나 근로일에 따라 일당 형식의 임금을 지급받는 일용근로자에게 적용
② 근로관계가 3개월 이상 계속되는 경우와 근로 형태가 상용근로자와 비슷하다고 인정되는 경우에는 일용근로자로 보지 ×

7. 직업병에 걸린 사람에 대한 평균임금 산정 특례

(1) 취지

진폐나 업무상 질병에 걸린 경우 직업병이 누적되어 발견되는 시점에서는 결근이 잦거나 작업능률이 저하되거나 하여 평균임금이 감소하게 되는 경우가 많이 있기 때문에 평균임금 산정에 대한 특례를 인정하고 있다.

(2) 특례대상

진폐, 그 밖에 유해·위험요인에 장기간 노출되어 걸렸거나 유해·위험요인에 노출된 후 일정 기간의 잠복기가 지난 후에 걸렸음이 의학적으로 인정되는 질병(유해·위험요인에 일시적으로 다량 노출되어 급성으로 발병한 질병은 제외) 등으로 보험급여를 받게 되는 근로자에게 그 평균임금을 적용하는 것이 근로자의 보호에 적당하지 않다고 인정되는 근로자가 대상이 된다.

(3) 적용

수급권자의 신청 또는 공단의 직권

(4) 산정방법

① 진폐에 해당하는 직업병의 경우
해당 직업병이 확인된 날을 기준으로 전체 근로자의 임금 평균액을 고려하여 고용노동부장관이 매년 고시하는 금액을 그 근로자의 평균임금으로 본다.

② 그 밖의 직업병의 경우

  ⊙ 사업장이 가동중인 경우

  $$\text{평균임금} = \frac{\text{성별, 직종 및 소속한 사업의 업종, 규모가 비슷한 근로자의 1년간 월평균임금 총액}}{\text{직업병이 확인된 날이 속하는 분기의 전전분기 말일 이전 1년 동안의 총일수}}$$

  ⓛ 사업이 휴업 또는 폐업한 후 직업병이 확인된 경우

  그 사업이 휴업 또는 폐업한 날을 기준으로 산정한 금액을 직업병이 확인된 날까지 증감하여 산정한 금액을 그 근로자의 평균임금으로 본다.

8. 최고 · 최저보상기준보장제도

(1) 산정기준

  ① 최저보상기준 : 상용근로자 5명 이상 사업체의 전체근로자의 임금 평균액의 2분의 1
  ② 최고보상기준 : 상용근로자 5명 이상 사업체의 전체근로자의 임금 평균액의 1.8배

(2) 대상급여

  ① 최저보상기준 ← 장해급여, 유족급여
  ② 최고보상기준 ← 장해급여, 유족급여, 휴업급여, 상병보상연금

  ✏ 대상급여가 아닌 것
  1. 요양급여, 간병급여, 직업재활급여 ← 평균임금을 기초임금으로 하지 않는 급여
  2. 장례비 ← 별도의 상하한 기준 존재
  3. 휴업급여, 상병보상연금 ← 별도의 최저보상기준
  ---

9. 사망의 추정

(1) 의의

  각종 사고의 현장에 있던 근로자의 생사가 밝혀지지 아니하면 사망한 것으로 추정하는 제도이다.

(2) 사망추정사유

  ① 선박이 침몰 · 전복 · 멸실 또는 행방불명되거나 항공기가 추락 · 멸실 또는 행방불명되는 사고가 발생한 경우에 그 선박 또는 항공기에 타고 있던 근로자의 생사가 그 사고 발생일부터 3개월간 밝혀지지 아니한 경우
  ② 항행 중인 선박 또는 항공기에 타고 있던 근로자가 행방불명되어 그 생사가 행방불명된 날부터 3개월간 밝혀지지 아니한 경우
  ③ 천재지변, 화재, 구조물 등의 붕괴, 그 밖의 각종 사고의 현장에 있던 근로자의 생사가 사고발생일부터 3개월간 밝혀지지 아니한 경우

(3) 보험급여의 지급

  사고가 발생한 날 또는 행방불명된 날에 사망한 것으로 추정하여 사망에 따른 보험급여(유족급여와 장례비)를 지급한다.

(4) 사망(실종)확인 및 생존확인의 신고

① 보험가입자는 사망추정사유가 발생한 때 또는 사망이 확인된 때에는 지체 없이 공단에 근로자 실종 또는 사망확인의 신고를 하여야 한다.

② 보험급여를 지급한 후에 그 근로자의 생존이 확인되면 보험급여를 받은 사람과 보험가입자는 그 근로자의 생존이 확인된 날부터 15일 이내에 공단에 근로자 생존확인신고를 하여야 한다.

(5) 생존이 확인된 때의 보험금 징수

① 징수금액

㉠ 급여를 받은 사람이 선의인 경우 : 받은 금액을 징수

㉡ 급여을 받은 사람이 악의인 경우 : 받은 금액의 2배에 해당하는 금액을 징수

② 반환시기 : 징수통지를 받은 날부터 30일 이내에 통지받은 금액을 공단에 내야 한다.

Ⅱ 요양급여

1. 요양급여

(1) 의의

근로자가 업무상 부상을 당하거나 또는 질병에 걸린 경우에 그 부상 또는 질병이 완치될 때까지 근로복지공단이 그의 비용으로 요양 그 자체를 행하거나 또는 요양에 필요한 비용을 근로자에게 지급하는 급여

(2) 요양기간

요양기간 3일 이내 : 지급 ×

2. 요양급여의 신청

(1) 신청인

① 요양급여를 받으려는 사람은 공단에 요양급여 신청을 하여야 함

② 산재보험 의료기관은 근로자의 동의를 받아 신청 대행 가능

(2) 공단의 통지

① 요양급여 신청을 받은 공단은 그 사실을 해당 근로자가 소속된 보험가입자에게 알리고 근로자의 요양급여 신청에 대한 보험가입자의 의견을 들어야 함

② 공단은 요양급여의 신청을 받으면 그 신청을 받은 날로부터 7일 이내에 요양급여를 지급할지를 결정하여 신청인 및 보험가입자에게 알려야 함

3. 요양급여의 범위

(1) 범위

① 진찰 및 검사

② 약제 또는 진료재료와 의지 그 밖의 보조기의 지급

③ 처치, 수술, 그 밖의 치료

④ 재활치료

⑤ 입원

⑥ 간호 및 <u>간병</u>

⑦ <u>이송</u>

⑧ 그 밖에 고용노동부령으로 정하는 사항

(2) 간병

① 간병의 범위

요양 중인 근로자가 <u>중환자실이나 회복실에서 요양 중인 경우</u> 그 기간에는 별도의 간병 제공 ×

② 간병을 받을 수 있는 사람

두 눈이 실명된 사람, 신체 표면 면적의 35% 이상에 걸친 화상을 입은 사람, 수술 등으로 일정기간 거동이 제한되어 일상생활에 필요한 동작을 혼자 힘으로 할 수 없는 사람 등 부상이 심각한 사람

③ 간병을 할 수 있는 사람의 범위

㉠ 의료법에 따른 간호사 또는 간호조무사

㉡ 노인복지법에 따른 요양보호사 등 공단이 인정하는 간병 교육을 받은 사람

㉢ 해당 근로자의 배우자(사실상 혼인관계에 있는 사람을 포함), 부모, 13세 이상의 자녀 또는 형제자매

㉣ 그 밖에 간병에 필요한 지식이나 자격을 갖춘 사람 중에서 간병을 받을 근로자가 지정하는 사람

→ ㉢과 ㉣은 전문적인 간병을 필요로 하는 경우에는 간병할 수 없다.

④ 간병료

㉠ 간병료는 간병이 필요한 정도 등을 고려하여 고용노동부장관이 고시하는 금액으로 한다.

㉡ 고용노동부장관은 산재보험 의료기관이 간병을 제공하는 경우에는 간호 인력의 수 등을 고려하여 간병료에 일정한 금액 또는 비율에 따른 금액을 가산하여 지급하도록 할 수 있다.

㉢ 고용노동부장관은 해당 근로자의 배우자, 부모, 13세 이상의 자녀 또는 형제자매 및 그 밖에 간병에 필요한 지식이나 자격을 갖춘 사람 중에서 간병을 받을 근로자가 지정하는 사람이 간병을 하는 경우에 대하여 간병료를 따로 정할 수 있다.

(3) 이송

- ① 이송의 범위
  - ㉠ 재해가 발생한 장소에서 의료기관까지의 이송
  - ㉡ 의료기관 변경, 진찰 또는 신체감정을 위한 이송
  - ㉢ 요양 또는 재요양을 위한 통원이나 퇴원의 경우로서 산재보험 의료기관과 그 근로자의 거주지(근무처를 포함)까지 그 통원이나 퇴원을 위한 이송
  - ㉣ 장해등급 판정 및 재판정을 위한 이송
  - ㉤ 의학적 판단을 위하여 자문의사회의에 참석하거나 그 밖에 공단이 요청하는 이송
- ② 동행 간호인

  해당 근로자의 부상·질병 상태로 보아 이송 시 간호인의 동행이 필요하다고 인정되는 경우에는 간호인 1명이 동행할 수 있다. 다만 의학적으로 특별히 필요하다고 인정되는 경우에는 2명까지 동행할 수 있다.
- ③ 이송비

  이송비는 해당 근로자 및 그와 동행하는 간호인의 이송에 드는 비용으로 한다.

4. 지급방법

(1) 공단이 설치한 보험시설 또는 공단이 지정한 의료기관에서 요양을 하게 됨(현물급여)

(2) 요양에 갈음하여 요양비(현금급여)를 지급하는 경우
- ① 산재보험 의료기관이 아닌 의료기관에서 응급진료 등 긴급하게 요양을 한 경우의 요양비
- ② 의지나 그 밖의 보조기의 지급, 간병, 이송에 드는 비용
- ③ 그 밖에 공단이 정당한 사유가 있다고 인정하는 요양비

5. 요양급여 범위 여부의 확인

(1) 요양급여를 받은 사람은 자신이 부담한 비용이 요양급여 범위에서 제외되는 비용인지 여부에 대하여 근로복지공단에 확인을 요청할 수 있다.

(2) 요양급여 범위 여부의 확인 요청을 받은 근로복지공단은 그 결과를 요청한 사람에게 알려야 한다. 이 경우 확인을 요청한 비용이 요양급여 범위에 해당하는 비용으로 확인되면 그 내용을 산재보험 의료기관에 알려야 한다.

(3) 통보받은 산재보험 의료기관은 받아야 할 금액보다 더 많이 징수한 금액(과다본인 부담금)을 지체 없이 확인을 요청한 사람에게 지급하여야 한다. 다만, 근로복지공단은 해당 산재보험 의료기관이 과다본인부담금을 지급하지 아니하면 해당 산재보험 의료기관에 지급할 진료비에서 과다본인부담금을 공제하여 확인을 요청한 사람에게 지급할 수 있다.

6. 건강보험의 우선 적용

요양급여 신청을 한 사람은 공단이 요양급여에 관한 결정을 하기 전에는 「국민건강보험법」에 따른 요양급여나 「의료급여법」에 따른 의료급여를 받을 수 있으며, 이에 따른 본인일부부담금을 산

재보험 의료기관에 납부한 후에 요양급여 수급권자로 결정된 경우에는 그 납부한 본인 일부 부담금 중 요양급여에 해당하는 금액을 공단에 청구할 수 있음

7. 의료기관 변경 요양

(1) 공단은 다음 각 호의 어느 하나에 해당하는 사유가 있으면 요양 중인 근로자를 다른 산재보험 의료기관으로 옮겨 요양하게 할 수 있다.

① 요양 중인 산재보험 의료기관의 인력·시설 등이 그 근로자의 전문적인 치료 또는 재활치료에 맞지 아니하여 다른 산재보험 의료기관으로 옮길 필요가 있는 경우

② 생활근거지에서 요양하기 위하여 다른 산재보험 의료기관으로 옮길 필요가 있는 경우

③ 제43조 제1항 제2호에 따른 상급종합병원에서 전문적인 치료 후 다른 산재보험 의료기관으로 옮길 필요가 있는 경우

④ 공단이 자문의사회의의 심의 절차를 거쳐 부득이한 사유가 있다고 인정되는 경우

(2) 요양 중인 근로자는 제1항 제1호부터 제3호까지의 어느 하나에 해당하는 사유가 있으면 공단에 의료기관 변경 요양을 신청할 수 있다.

8. 추가상병

업무상의 재해로 요양 중인 근로자는 다음 각 호의 어느 하나에 해당하는 경우에는 그 부상 또는 질병(이하 "추가상병"이라 한다)에 대한 요양급여를 신청할 수 있다.

(1) 그 업무상의 재해로 이미 발생한 부상이나 질병이 추가로 발견되어 요양이 필요한 경우

(2) 그 업무상의 재해로 발생한 부상이나 질병이 원인이 되어 새로운 질병이 발생하여 요양이 필요한 경우

9. 재요양

요양급여(요양급여를 받지 아니하고 장해급여를 받는 부상 또는 질병의 경우에는 장해급여)를 받은 경우로서 ① 치유된 업무상 부상 또는 질병과 재요양의 대상이 되는 부상 또는 질병 사이에 상당인과관계가 있을 것, ② 재요양의 대상이 되는 부상 또는 질병의 상태가 치유 당시보다 악화된 경우로서 나이나 그 밖에 업무 외의 사유로 악화된 경우가 아닐 것, ③ 재요양의 대상이 되는 부상 또는 질병의 상태가 재요양으로 치료효과를 기대할 수 있을 것 등의 요건 모두에 해당하는 경우에 재요양을 받을 수 있다.

10. 합병증 등 예방관리

공단은 업무상의 부상 또는 질병이 치유된 사람 중에서 합병증 등 재요양사유가 발생할 우려가 있는 사람에게 산재보험 의료기관에서 그 예방에 필요한 조치를 받도록 할 수 있다.

Ⅲ 휴업급여

1. 지급사유

(1) 업무상 사유에 의하여 부상을 당하거나 질병에 걸린 근로자가 <u>요양으로 인하여 취업하지 못할 것</u>

(2) 취업하지 못한 기간이 3일 이내이면 <u>지급하지 않음</u>

2. 휴업급여액

(1) 평균임금의 100분의 70에 상당하는 금액 지급

(2) <u>저소득 근로자의 휴업급여 – 최저수준의 보장</u>

① 평균임금의 100분의 90 or 최저보상기준금액의 100분의 80을 지급하는 경우

조건	1일당 휴업급여 지급액
휴업급여 지급액 ≦ 최저보상기준금액의 100분의 80	평균임금의 100분의 90
평균임금의 100분의 90 > 최저보상기준금액의 100분의 80	최저보상기준금액의 100분의 80

*최저보상기준금액 = 전체 근로자의 임금 평균액의 2분의 1

② 최저임금액을 지급하는 경우

산정한 휴업급여 < 최저임금액 → 최저임금(1일당 휴업급여)

(3) 고령자의 휴업급여

① 휴업급여를 받는 근로자가 61세가 되면 그 이후의 휴업급여는 연령에 따라 일정한 비율로 감액된 금액을 지급한다.

② 61세 이후에 취업 중인 사람이 업무상의 재해로 요양하거나 61세 전에 업무상 질병으로 장해급여를 받은 사람이 61세 이후에 그 업무상 질병으로 최초로 요양하는 경우에는 2년간 휴업급여를 감액하지 아니한다.

(4) <u>재요양 기간 중의 휴업급여</u>

① 평균임금의 100분의 70

재요양 당시(재요양이 필요하다고 진단을 받은 날)의 임금을 기준으로 산정한 평균임금의 100분의 70에 상당하는 금액

② 최저임금액을 지급하는 경우

산정한 1일당 휴업급여 지급액 < 최저임금액 or 재요양 당시 평균임금 산정의 대상이 되는 임금이 없는 경우 → 최저임금액

③ 장해보상연금을 지급받는 사람이 재요양하는 경우

1일당 장해보상연금액(=장해보상연금액을 365로 나눈 금액)과 1일당 휴업급여

(5) 부분휴업급여

① 지급요건

㉠ 요양 중 취업 사업과 종사 업무가 정해져 있을 것

㉡ 그 근로자의 부상·질병 상태가 취업을 하더라도 치유 시기가 지연되거나 악화되지 아니할 것이라는 의사의 소견이 있을 것

② 급여액

(취업한 날에 해당하는 근로자의 평균임금 − 취업한 날에 받은 실제 임금) × 100분의 80

Ⅳ 장해급여

1. 지급요건

(1) 치유 후에도 업무상 부상이나 질병으로 인한 장해가 있을 것

(2) 남아있는 장해가 신체장해등급 1급에서 14급에 해당할 것

2. 장해등급의 기준

(1) 신체장해등급표에 의한 인정

1차적으로 신체장해등급표에 정해진 기준에 따라 결정

(2) 장해등급의 준용

신체장해등급기준에 규정되지 아니한 신체장해가 있을 때 : 그 장해정도에 따라 신체장해등급기준에 규정된 신체장애에 준하여 그 신체장해의 등급을 결정

(3) 장해등급의 조정

① 장해등급의 기준에 해당하는 장해가 둘 이상 있는 경우 : 그중 심한 장해에 해당하는 장해등급을 그 근로자의 장해등급으로 함

② 제13급 이상의 장해가 둘 이상 있는 경우에는 다음과 같이 조정된 장해등급을 그 근로자의 장해등급으로 함

㉠ 제5급 이상에 해당하는 장해가 둘 이상 있는 경우 : 3개 등급 상향 조정

㉡ 제8급 이상에 해당하는 장해가 둘 이상 있는 경우 : 2개 등급 상향 조정

㉢ 제13급 이상에 해당하는 장해가 둘 이상 있는 경우 : 1개 등급 상향 조정

3. 장해등급 재판정제도

(1) 대상

장해보상연금 또는 진폐보상연금 수급권자 중 장해상태가 호전되거나 악화되어 치유 당시 결정된 장해등급 또는 진폐장해등급이 변경될 가능성이 있는 사람에 대하여

(2) 절차

공단은 수급권자의 신청 또는 직권으로 재판정할 수 있다.

(3) 실시횟수 및 시기

재판정은 1회 실시하되, 장해보상연금 또는 진폐보상연금의 지급결정을 한 날을 기준으로 2년이 지난 날부터 1년 이내에 하여야 한다.

(4) 재판정에 따른 급여의 지급

① 장해상태가 악화된 경우 : 재판정 진찰일이 속한 달의 다음달부터 변경된 장해등급 등에 해당하는 장해보상연금 또는 진폐보상연금을 지급

② 장해상태가 호전된 경우 : 재판정 결정일이 속한 달의 다음 달부터 변경된 장해등급 등에 해당하는 장해보상연금 또는 진폐보상연금을 지급

4. 연금과 일시금

(1) 장해보상연금 or 장해보상일시금은 <u>수급권자의 선택</u>에 따라 지급

(2) 제1급~제7급 → 장해보상연금

(3) 제8급 이하의 장해등급 → 일시금

(4) 장해급여 청구사유 발생 당시 대한민국 국민 × & 외국 거주 근로자 → 일시금

5. 장해급여의 지급액

(1) 장해보상일시금

장해등급에 따라 장해급여표에 정해진 일수에 평균임금을 곱한 금액을 한꺼번에 지급한다.

(2) 장해보상연금

① 지급액 및 지급시기(산재보험법 제70조 제3항)

장해등급별 연금에 해당하는 일수에 평균임금을 곱하여 산정한 금액을 12등분하여 매월 25일에 그달 치의 금액을 지급하되, 지급일이 토요일이거나 공휴일이면 그 전날에 지급한다.

② 선급금

수급권자가 신청하면 그 연금의 최초 1년분 또는 2년분(제1급~제3급은 1년분부터 4년분까지)의 2분의 1에 상당하는 금액을 미리 지급할 수 있다. 이 경우 미리 지급하는 금액에 대하여는 100분의 5의 비율 범위에서 대통령령으로 정하는 바에 따라 이자를 공제할 수 있다.

③ 차액 일시금(산재보험법 제57조 제5항)

연금수급권자의 수급권이 소멸한 경우에 이미 지급한 연금액의 합계가 장해보상일시금의 일수에 못 미치면 그 차액을 유족 또는 그 근로자에게 일시금으로 지급한다.

(3) 장해보상연금 수급권의 소멸사유(산재보험법 제58조)

① 사망한 경우

② 대한민국 국민이었던 장해보상연금 수급권자가 국적을 상실하고 외국에서 거주하고 있거나 외국에서 거주하기 위하여 출국하는 경우

③ 대한민국 국민이 아닌 장해보상연금의 수급권자가 외국에서 거주하기 위하여 출국하는 경우
④ 장해등급 또는 진폐장해등급이 변경되어 장해보상연금 또는 진폐보상연금의 지급대상에서 제외되는 경우

6. 재요양에 따른 장해급여

(1) 장해보상연금의 수급권자가 재요양을 받는 경우에도 그 연금의 지급을 정지하지 아니한다.
(2) 재요양을 받고 치유된 후 장해상태가 종전에 비하여 호전되거나 악화된 경우에는 그 호전 또는 악화된 장해상태에 해당하는 장해등급에 따라 장해급여를 지급한다.

Ⅴ 간병급여

1. 지급사유

요양이 종결된 사람이 치유 후 의학적으로 상시 또는 수시로 간병이 필요하여 실제로 간병을 받는 사람에게 지급

2. 급여액

(1) 상시간병급여
① 신경계통의 기능, 정신기능 또는 흉복부 장기의 기능에 장해등급 제1급에 해당하는 장해가 남아 일상생활에 필요한 동작을 하기 위하여 항상 다른 사람의 간병이 필요한 사람
② 두 눈, 두 팔 또는 두 다리 중 어느 하나의 부위에 장해등급 제1급에 해당하는 장해가 남고, 다른 부위에 제7급 이상에 해당하는 장해가 남아 일상생활에 필요한 동작을 하기 위하여 항상 다른 사람의 간병이 필요한 사람
ㄱ 전문간병인 : 1일 44,760원
ㄴ 가족·기타간병인 : 1일 41,170원

(2) 수시간병급여 : 상시간병급여액의 3분의 2
① 신경계통의 기능, 정신기능 또는 흉복부 장기의 기능에 장해등급 제2급에 해당하는 장해가 남아 일상생활에 필요한 동작을 하기 위하여 수시로 다른 사람의 간병이 필요한 사람
② 장해등급 제1급에 해당하는 장해가 남아 일상생활에 필요한 동작을 하기 위하여 수시로 다른 사람의 간병이 필요한 사람

3. 재요양 중의 간병급여

간병급여 대상자가 재요양을 받는 경우 : 재요양한 날 ~ 재요양 종료일 → 간병급여 지급 × (요양급여에 간병료 포함되어 있기 때문)

VI 상병보상연금

1. 지급사유

(1) 요양급여를 받는 근로자가 <u>요양을 시작한 지 2년이 지날 것</u>

(2) 그 부상이나 질병이 치유되지 아니한 상태일 것

(3) 그 부상이나 질병에 따른 중증요양상태의 정도가 중증요양상태등급기준(1급~3급)에 해당할 것

(4) 요양으로 인하여 취업하지 못하였을 것

2. 상병보상연금의 지급

(1) 지급액

① 1급 → 평균임금 329일분

② 2급 → 평균임금 291일분

③ 3급 → 평균임금 257일분

(2) 저소득 근로자의 상병보상연금

① 근로자의 평균임금 < 최저임금액 × 70분의 100 → 최저임금액 × 70분의 100 (=평균임금)

② 1일당 상병보상연금액 < 1일당 저소득근로자의 휴업급여액 → 저소득근로자의 휴업급여액

(3) 고령자의 상병보상연금

근로자가 61세가 되면 그 이후의 상병보상연금은 감액된 금액 지급

3. 상병보상연금 지급의 효과

(1) 상병보상연금과 휴업급여

상병보상연금을 받는 근로자 : 요양급여 계속 지급 ○ / 휴업급여 지급 ×(휴업급여 대신 지급)

(2) 상병보상연금과 해고제한

요양급여를 받는 근로자가 요양을 시작한 후 3년이 지난 날 이후에 상병보상연금을 지급받고 있으면 해고금지기간을 적용할 때 사용자는 <u>3년이 지난 날 이후에는 근로기준법 제84조에 따른 일시보상을 지급한 것으로 봄</u>

즉, 해고금지기간에 대한 제한이 해제되어 근로자 해고 가능

VII 직업재활급여

1. 직업재활급여의 종류

① 직업훈련비용

② 직업훈련수당

③ 직장복귀지원금

④ 직장적응훈련비 및 재활운동비

2. 직업훈련비용

(1) 직업훈련비용의 지급

직업훈련을 실시한 <u>직업훈련기관</u>에 지급

(2) 훈련대상자의 요건(모두 충족)

① 장해등급 또는 진폐장해등급 제1급부터 제12급까지의 어느 하나에 해당할 것

② 취업하고 있지 아니한 사람일 것

③ 다른 직업훈련을 받고 있지 아니할 것

④ 직업복귀계획을 수립하였을 것

(3) 지급액과 지급기간

① 지급액 : 실제 드는 비용

② 지급기간 : 12개월 이내

(4) 지급제한

직업훈련기관이 「고용보험법」 등 다른 법령에 따라 직업훈련비용에 상당한 비용을 받거나, 훈련대상자를 고용하려는 사업주가 직업훈련비용을 부담한 경우에는 지급 ×

3. 직업훈련수당

(1) 지급대상

직업훈련으로 인하여 취업하지 못한 경우, <u>훈련대상자</u>에게 지급

(2) 지급액

① 1일당 지급액 : <u>최저임금액</u>에 상당하는 금액

② 직업훈련수당을 받는 사람이 장해보상연금 또는 진폐보상연금을 받는 경우

(1일당 장해보상연금액 또는 1일당 진폐보상연금액 + 1일당 직업훈련수당) > 평균임금의 100분의 70 → 그 초과하는 금액 중 직업훈련수당에 해당하는 금액은 지급 ×

(3) 직업훈련수당의 지급제한

① <u>휴업급여 or 상병보상연금을 받는 훈련대상자</u> : 직업훈련수당 지급 ×

② 훈련대상자가 직업훈련기간 중에 취업한 경우 : 직업훈련 과정이 끝날 때까지 직업훈련을 받게 할 수 있되, 취업한 기간에 대하여는 직업훈련수당 지급 ×

4. 직장복귀지원금

(1) 지급요건

사업주가 장해급여자에 대하여 요양종결일 or 직장복귀일부터 6개월 이상 고용을 유지하고 그에 따른 임금을 지급할 것

(2) 지급액

고용노동부장관 고시 금액 내에서 <u>사업주가 장해급여자에게 지급한 임금액</u>을 사업주에게 지급

(3) 지급기간 : 12개월 이내

5. 직장적응훈련비 및 재활운동비

(1) 지급요건

① 요양종결일 또는 직장복귀일 이후 6개월 이내에 직장적응훈련(요양종결일 또는 직장복귀일 직전 3개월부터 실시한 경우도 포함)이나 재활운동을 시작하였을 것

② 직장적응훈련이나 재활운동이 끝난 다음날부터 6개월 이상 해당 장해급여자에 대한 고용을 유지하였을 것. 다만, 장해급여자가 직장적응훈련이나 재활운동이 끝난 날의 다음 날부터 6개월이 되기 전에 자발적으로 퇴직한 경우에는 그러하지 아니하다.

(2) 지급액

고용노동부장관이 직장적응훈련 또는 재활운동에 드는 비용을 고려하여 고시하는 금액의 범위에서 실제 드는 비용을 사업주에게 지급한다.

(3) 지급기간 : 3개월 이내

6. 지급제한

장해급여자를 고용하고 있는 사업주가 「고용보험법」 제23조에 따른 지원금, 「장애인고용촉진 및 직업재활법」 제30조에 따른 장애인 고용장려금이나 그 밖에 다른 법령에 따라 직장복귀지원금, 직장적응훈련비 또는 재활운동비에 해당하는 금액을 받은 경우 등 대통령령으로 정하는 경우에는 그 받은 금액을 빼고 직장복귀지원금 등을 지급한다.

Ⅷ 유족급여

1. 의의

(1) 유족

사망한 사람의 배우자(사실혼 포함), 자녀, 부모, 손자녀, 조부모, 형제자매

(2) 종류

유족보상연금, 유족보상일시금

2. 유족보상연금

(1) 수급자격자의 범위

근로자가 사망할 당시 그 근로자와 <u>생계를 같이 하고 있던</u> 유족 중 다음의 어느 하나에 해당하는 사람(그 근로자가 사망할 <u>당시</u> 대한민국 국민 × & 외국거주 유족 제외)

① 배우자(사실혼 포함, 나이 제한 ×)

② 부모 or 조부모로서 60세 이상인 사람

③ 자녀 또는 손자녀로서 25세 미만인 사람(태아 ○)

④ 형제자매로 19세 미만이거나 60세 이상인 사람

⑤ 수급권자에 해당하지 아니하는 자녀, 부모, 손자녀, 조부모 또는 형제자매로서 장애의 정도가 심한 장애인에 해당하는 사람

(2) 수급권자 순위

배우자 → 자녀 → 부모 → 손자녀 → 조부모 및 형제자매

(3) 수급자격자의 자격상실

① 사망

② 재혼

③ 친족 관계 종료

④ 자녀 또는 손자녀가 25세가 된 때

⑤ 형제자매가 19세가 된 때

⑥ 장애인이었던 사람이 그 장애 상태가 해소된 경우

⑦ 근로자가 사망할 당시 대한민국 국민이었던 수급자격자가 국적을 상실하고 외국에서 거주하고 있거나 거주하기 위하여 출국하는 경우

⑧ 대한민국 국민이 아닌 수급자격자가 외국에서 거주하기 위하여 출국하는 경우

(4) 수급권자 순위의 이전

① 자격상실로 인한 순위이전

수급권자가 그 자격을 잃은 경우에 유족보상연금을 받을 권리는 같은 순위자가 있으면 같은 순위자에게, 같은 순위자가 없으면 다음 순위자에게 이전된다.

② 수급권자의 행방불명으로 인한 순위이전

수급권자가 3개월 이상 행방불명이면 같은 순위자(같은 순위자가 없는 경우에는 다음 순위자)의 신청에 따라 연금 지급을 정지하고, 같은 순위자가 있으면 같은 순위자에게, 같은 순위자가 없으면 다음 순위자에게 유족보상연금을 지급한다.

(5) 연금의 산정

유족보상연금 = 기본금액 + 가산금액

① 기본금액 : 급여기초연액의 100분의 47(*급여기초연액 = 평균임금 × 365)

② 가산금액 : 근로자가 사망할 당시 그 근로자와 생계를 같이 하고 있던 유족보상연금 수급자격자 1인당 급여기초연액의 100분의 5에 상당하는 금액의 합산액

But, 합산금액 > 급여기초연액의 100분의 20을 넘을 때 → 급여기초연액의 100분의 20

(6) 지급기간(장해보상연금, 진폐보상연금, 진폐유족연금도 같음)

① 지급사유가 발생한 달의 다음 달 첫날부터 지급받을 권리가 소멸한 달의 말일까지

② 지급정지사유가 발생한 때에는 그 사유가 발생한 달의 다음 달 첫날부터 그 사유가 소멸한 달의 말일까지 지급하지 아니한다.

③ 연금액을 12등분하여 매월 25일에 그달치의 금액을 지급하되, 지급일이 토요일이거나 공휴일이면 그 전날에 지급한다.

④ 연금을 받을 권리가 소멸한 경우에는 지급일 전이라도 지급할 수 있다.

(7) 일시금의 지급

수급권자가 원하는 경우에 <u>유족보상일시금의 100분의 50</u>에 상당하는 금액을 일시금으로 지급하고, 유족보상연금은 100분의 50을 감액하여 지급

3. 유족보상일시금

(1) 지급사유

근로자가 사망할 당시 유족보상연금을 받을 수 있는 자격이 있는 사람이 없는 경우에 지급

(2) **지급액** : 평균임금 1,300일분

IX 장례비

1. 지급사유

근로자가 업무상 사유에 의하여 사망한 경우나 사망하였다고 추정되는 경우에 지급

2. 지급시기 및 수급권자

(1) **원칙** : 장례를 지낸 후 지급

① 원칙 : <u>장례를 지낸 유족</u>에게 지급

② 예외 : 장제를 지낼 유족이 없거나 부득이한 사유로 유족이 아닌 사람이 장례를 지낸 경우
→ <u>장례를 지낸 사람</u>에게 지급

(2) **예외** : 장례를 지내기 전 지급

유족의 청구에 따라 <u>최저금액</u>을 장례비로 미리 지급 가능

3. 지급액

(1) **장례를 지낸 후 지급**

① 유족인 경우 : 평균임금의 120일분

② 유족이 아닌 경우 : 평균임금의 120일분에 상당하는 금액의 범위에서 실제 드는 비용

(2) **장례를 지내기 전에 지급**

장례를 지내기 전에 지급한 최저금액을 공제한 나머지 금액 지급

4. 장례비 최고·최저 금액의 산정

(1) **최고금액**

전년도 장례비 수급권자에게 지급된 1인당 평균 장례비 90일분 + 최고 보상기준 금액의 30일분

(2) 최저금액

전년도 장례비 수급권자에게 지급된 1인당 평균 장례비 90일분 + 최저 보상기준 금액의 30일분

(3) 장례비 최고금액 및 최저금액을 산정할 때 10원 미만은 버린다.

(4) 장례비 최고금액 및 최저금액의 적용기간은 다음 연도 1월 1일부터 12월 31일까지로 한다.

X 장해특별급여 및 유족특별급여

1. 장해특별급여

(1) 의의

보험가입자의 고의 또는 과실로 발생한 업무상의 재해로 근로자가 노동력 상실률 100%에 해당하는 장해등급에 해당하는 장해를 입은 경우에 수급권자가 「민법」에 따른 손해배상청구를 갈음하여 공단에 청구할 수 있는 급여(보험급여 ×)

(2) 지급요건

① 보험가입자의 고의 또는 과실로 발생한 업무상 재해일 것
② 장해등급 또는 진폐장해등급이 제1급부터 제3급까지에 해당할 것
③ 수급권자가 민법에 의한 손해배상청구에 갈음하여 장해특별급여를 청구할 것
④ 수급권자와 보험가입자 사이에 장해특별급여에 관하여 합의가 있을 것

(3) 장해특별급여의 산정

① 산정방식
평균임금 30일분 × 취업가능개월수에 대한 라이프니츠계수 × 노동력 상실률 − 장해보상일시금
② 취업가능기간 : 60세(대법원 판례에서는 65세로 인정한 사례가 있음)
③ 노동력 상실률 : 신체장해등급 또는 진폐장해등급 제1급부터 제3급까지 모두 100%로 봄

(4) 급여지급의 효과

① 수급권자가 장해특별급여를 받은 때에는 동일한 사유에 대하여 보험가입자에게 민법이나 기타 법령의 규정에 의한 손해배상 청구 ×
② 공단이 지급한 장해특별급여액은 그 전액을 보험가입자로부터 징수함

2. 유족특별급여

(1) 의의

보험가입자의 고의 또는 과실로 발생한 업무상의 재해로 근로자가 사망한 경우에 수급권자가 「민법」에 따른 손해배상청구를 갈음하여 공단에 청구할 수 있는 급여(보험급여 ×)

(2) 지급요건

① 보험가입자의 고의 또는 과실로 발생한 업무상 재해로 인한 사망일 것

② 수급권자가 민법에 의한 손해배상청구에 갈음하여 유족특별급여를 청구할 것
③ 수급권자와 보험가입자 사이에 유족특별급여에 관하여 합의가 있을 것

(3) 유족특별급여의 산정

① 산정방식

(평균임금 30일분 – 사망자 본인의 생활비) × 취업가능개월수에 대한 라이프니츠계수 – 유족보상일시금

② 사망자 본인의 생활비

평균임금의 30일분에 사망자 본인의 생활비 비율을 곱하여 산정한 금액

(4) 급여지급의 효과

① 수급권자가 유족특별급여를 받은 때에는 동일한 사유에 대하여 보험가입자에게 민법이나 기타 법령의 규정에 의한 손해배상을 청구할 수 없음
② 공단이 지급한 유족특별급여액은 그 전액을 보험가입자로부터 징수함

XI 진폐에 따른 보험급여

1. 진폐에 의한 업무상의 재해

근로자가 진폐에 걸릴 우려가 있는 작업으로서 암석, 금속이나 유리섬유 등을 취급하는 분진작업에 종사하여 진폐에 걸리면 업무상 질병으로 봄

2. 진폐보상연금

진폐보상연금 = 기초연금 + 진폐장해연금

(1) 기초연금 : 최저임금액의 100분의 60 × 365

(2) 진폐장해연금

제1급(132일분), 제3급(132일분), 제5급(72일분), 제7급(72일분), 제9급(24일분), 제11급(24일분), 제13급(24일분)

3. 진폐유족연금

(1) 지급요건

진폐근로자가 진폐로 사망한 경우에 유족에게 지급

(2) 지급액

① 사망 당시 진폐근로자에게 지급하고 있거나 지급하기로 결정된 진폐보상연금과 같은 금액으로 함
② 진폐유족연금은 유족보상연금을 초과할 수 없음

4. 진폐심사회의

(1) 진폐병형 및 합병증 등을 심사하기 위하여 근로복지공단에 진폐심사회의를 둠

(2) 진폐심사회의는 위원장 1명을 포함한 45인 이내의 위원으로 구성

▐XII▐ 건강손상자녀에 대한 보험급여

1. 건강손상자녀에 대한 업무상의 재해의 인정기준

임신 중인 근로자가 업무수행 과정에서 법 또는 대통령령으로 정하는 유해인자의 취급이나 노출로 인하여, 출산한 자녀에게 부상, 질병 또는 장해가 발생하거나 그 자녀가 사망한 경우 업무상의 재해로 본다. 이 경우 그 출산한 자녀는 이 법을 적용할 때 해당 업무상 재해의 사유가 발생한 당시 임신한 근로자가 속한 사업의 근로자로 본다.

2. 장해등급의 판정시기

건강손상자녀에 대한 장해등급 판정은 <u>18세 이후</u>에 한다.

3. 건강손상자녀의 장해급여 · 장례비 산정기준 금액

(1) **장해급여** : 최저 보상기준 금액(전체 근로자 평균임금의 2분의 1)

(2) **장례비** : 장례비 최저금액

전년도 장례비 수급권자에게 지급된 1인당 평균 장례비 90일분 + 최저 보상기준 금액의 30일분

▐XIII▐ 노무제공자에 대한 특례

1. 용어의 정리

(1) **노무제공자**

자신이 아닌 다른 사람의 사업을 위하여 다음 각 목의 어느 하나에 해당하는 방법에 따라 자신이 직접 노무를 제공하고 그 대가를 지급받는 사람으로서 업무상 재해로부터의 보호 필요성, 노무제공 형태 등을 고려하여 대통령령으로 정하는 직종에 종사하는 사람을 말한다.

> 가. 노무제공자가 사업주로부터 직접 노무제공을 요청받은 경우
> 나. 노무제공자가 사업주로부터 일하는 사람의 노무제공을 중개 · 알선하기 위한 전자적 정보처리시스템(이하 "온라인 플랫폼"이라 한다)을 통해 노무제공을 요청받는 경우
> 다. 노무제공자의 종류
>   ① 보험을 모집하는 사람으로서 다음 각 목의 어느 하나에 해당하는 사람
>   ㉠ 「보험업법」 제83조 제1항 제1호에 따른 보험설계사
>   ㉡ 「새마을금고법」 및 「신용협동조합법」에 따른 공제의 모집을 전업으로 하는 사람
>   ㉢ 「우체국예금 · 보험에 관한 법률」에 따른 우체국보험의 모집을 전업으로 하는 사람
>   ② 「건설기계관리법」 제3조 제1항에 따라 등록된 건설기계를 직접 운전하는 사람

③ 「통계법」 제22조에 따라 통계청장이 고시하는 직업에 관한 표준분류(이하 "한국표준직업분류표"
라 한다)의 세세분류에 따른 학습지 방문강사, 교육교구 방문강사 등 회원의 가정 등을 직접 방문
하여 아동이나 학생 등을 가르치는 사람

④ 「체육시설의 설치·이용에 관한 법률」 제7조에 따라 직장체육시설로 설치된 골프장 또는 같은 법
제19조에 따라 체육시설업의 등록을 한 골프장에서 골프경기를 보조하는 골프장 캐디

⑤ 한국표준직업분류표의 세분류에 따른 택배원으로서 다음 각 목의 어느 하나에 해당하는 사람

   ㉠ 「생활물류서비스산업발전법」 제2조 제6호 가목에 따른 택배서비스종사자로서 집화 또는 배송
   (설치를 수반하는 배송을 포함한다) 업무를 하는 사람

   ㉡ 가목 외의 택배사업(소화물을 집화·수송 과정을 거쳐 배송하는 사업을 말한다)에서 집화 또
   는 배송 업무를 하는 사람

⑥ 한국표준직업분류표의 세분류에 따른 택배원으로서 퀵서비스업의 사업주로부터 업무를 의뢰받아
배송 업무를 하는 사람. 다만, 제5호 또는 제14호에 해당하는 사람은 제외한다.

⑦ 「대부업 등의 등록 및 금융이용자 보호에 관한 법률」 제3조 제1항 단서에 따른 대출모집인

⑧ 「여신전문금융업법」 제14조의2 제1항 제2호에 따른 신용카드회원 모집인

⑨ 다음 각 목의 어느 하나에 해당하는 사업자로부터 업무를 의뢰받아 자동차를 운전하는 사람

   ㉠ 대리운전업자(자동차 이용자의 요청에 따라 그 이용자와 동승하여 해당 자동차를 목적지까지
   운전하는 사업의 사업주를 말한다)

   ㉡ 탁송업자(자동차 이용자의 요청에 따라 그 이용자와 동승하지 않고 해당 자동차를 목적지까지
   운전하는 사업의 사업주를 말한다)

   ㉢ 대리주차업자(자동차 이용자의 요청에 따라 그 이용자를 대신하여 해당 자동차를 주차하는 사
   업의 사업주를 말한다)

⑩ 「방문판매 등에 관한 법률」 제2조 제2호에 따른 방문판매원 또는 같은 조 제8호에 따른 후원방문판
매원으로서 방문판매업무를 하는 사람. 다만, 다음 각 목의 어느 하나에 해당하는 경우는 제외한다.

   ㉠ 방문판매는 하지 않고 자가 소비만 하는 경우

   ㉡ 제3호 또는 제11호에 해당하는 경우

⑪ 한국표준직업분류표의 세세분류에 따른 대여 제품 방문점검원

⑫ 한국표준직업분류표의 세분류에 따른 가전제품 설치 및 수리원으로서 가전제품의 판매를 위한 배
송 업무를 주로 수행하고 가전제품의 설치·시운전 등을 통해 작동상태를 확인하는 사람

⑬ 「화물자동차 운수사업법」 제2조 제1호에 따른 화물자동차 중 고용노동부령으로 정하는 자동차를
운전하는 사람

⑭ 「화물자동차 운수사업법」 제2조 제11호에 따른 화물차주로서 다음 각 목의 어느 하나에 해당하는
자동차를 운전하는 사람. 다만, 제5호, 제12호 또는 제13호에 해당하는 사람은 제외한다.

   ㉠ 「자동차관리법」 제3조 제1항 제3호에 따른 화물자동차

   ㉡ 「자동차관리법」 제3조 제1항 제4호에 따른 특수자동차 중 견인형 자동차 또는 특수작업형 사
   다리차(이사 등을 위하여 높은 건물에 필요한 물건을 올리기 위한 자동차를 말한다)

⑮ 「소프트웨어 진흥법」 제2조 제3호에 따른 소프트웨어사업에서 노무를 제공하는 같은 조 제10호
에 따른 소프트웨어기술자

⑯ 다음 각 목의 어느 하나에 해당하는 강사
  ㉠ 「초·중등교육법」 제2조에 따른 학교에서 운영하는 방과후학교의 과정을 담당하는 강사
  ㉡ 「유아교육법」 제2조 제2호에 따른 유치원에서 운영하는 같은 조 제6호에 따른 방과후 과정을 담당하는 강사
  ㉢ 「영유아보육법」 제2조 제3호에 따른 어린이집에서 운영하는 같은 법 제29조 제4항에 따른 특별활동프로그램을 담당하는 강사
⑰ 「관광진흥법」 제38조 제1항 단서에 따른 관광통역안내의 자격을 가진 사람으로서 외국인 관광객을 대상으로 관광안내를 하는 사람
⑱ 「도로교통법」 제2조 제23호에 따른 어린이통학버스를 운전하는 사람

(2) 플랫폼 종사자

온라인 플랫폼을 통해 노무를 제공하는 노무제공자를 말한다.

(3) 플랫폼 운영자

온라인 플랫폼을 이용하여 플랫폼 종사자의 노무제공을 중개 또는 알선하는 것을 업으로 하는 자를 말한다.

(4) 플랫폼 이용 사업자

플랫폼 종사자로부터 노무를 제공받아 사업을 영위하는 자를 말한다. 다만, 플랫폼 운영자가 플랫폼 종사자의 노무를 직접 제공받아 사업을 영위하는 경우 플랫폼 운영자를 플랫폼 이용 사업자로 본다.

(5) 보수

노무제공자가 이 법의 적용을 받는 사업에서 노무제공의 대가로 지급받은 사업소득 및 기타소득에서 비과세소득 및 필요경비를 제외한 금액을 말한다. 다만 노무제공의 특성에 따라 소득확인이 어렵다고 대통령령으로 정하는 직종의 보수는 고용노동부장관이 고시하는 금액으로 한다.

(6) 평균보수

이를 산정하여야 할 사유가 발생한 날이 속하는 달의 전전달 말일부터 이전 3개월 동안 노무제공자가 재해가 발생한 사업에서 지급받은 보수와 같은 기간 동안 해당 사업 외의 사업에서 지급받은 보수를 모두 합산한 금액을 해당 기간의 총 일수로 나눈 금액을 말한다. 다만, 노무제공의 특성에 따라 소득확인이 어렵거나 소득의 종류나 내용에 따라 평균보수를 산정하기 곤란하다고 인정되는 경우에는 고용노동부장관이 고시하는 금액으로 한다.

2. 노무제공자에 대한 보험적용

(1) 보험 적용

① 노무제공자의 노무를 제공받는 사업은 산재보험법의 적용을 받는 사업으로 본다.
② 노무제공자는 산재보험법의 적용을 받는 근로자로 본다.

(2) 업무상 재해의 인정범위

일반근로자의 업무상의 재해의 인정 범위와 같다.

3. 노무제공자에 대한 보험급여 특례

(1) 최저 휴업급여 보장

① 노무제공자에 대해서는 평균임금의 100분의 70 최저 휴업급여 보장액(1일 41,150원, 2024년 기준)보다 적으면 최저 휴업급여 보장액을 1일당 휴업급여 지급액으로 한다.

② 재요양을 받는 노무제공자에 대해서는 재요양 당시의 평균임금의 100분의 70이 최저 휴업급여 보장액보다 적거나 재요양 당시 평균보구 산정의 대상이 되는 보수가 없으면 최저 휴업급여 보장액을 1일당 휴업급여 지급액으로 한다.

③ 장해보상연금을 지급받는 노무제공자가 재요양하는 경우에는 1일당 장해보상연금액과 최저휴업급여 보장액 또는 재요양 당시의 평균임금의 100분의 70을 합한 금액이 장해보상연금의 산정에 적용되는 평균보수의 100분의 70을 초과하면 그 초과하는 금액 중 휴업급여에 해당하는 금액은 지급하지 아니한다.

④ 최저 휴업급여 보장액을 1일당 휴업급여 지급액으로 하는 노무제공자가 그 요양기간 중 일정기간 또는 단시간 취업을 하는 경우에는 최저 휴업급여 보장액에서 취업한 날에 대한 보수를 뺀 금액을 부분휴업급여로 지급할 수 있다.

(2) 보험급여의 지급

① 노무제공자의 보험급여는 보험료징수법에 따라 공단에 신고된 해당 노무제공자의 보수를 기준으로 평균보구를 산정한 후 그에 따라 지급한다.

② 수급권자는 신고 누락 등으로 인하여 평균보수가 실제 평균보수와 다르게 산정된 경우에는 보험료징수법으로 정하는 바에 따라 보수에 대한 정정신고를 거쳐 이 법에 따른 평균보수 및 보험급여의 정정청구를 할 수 있다.

XIV 기타

1. 다른 보상이나 배상과의 관계

(1) 근로기준법과의 관계

수급권자가 산재보험법에 따라 보험급여를 받았거나 받을 수 있으면 보험가입자는 동일한 사유에 대하여 근로기준법에 따른 재해보상 책임이 면제된다.

(2) 민법과의 관계

① 수급권자가 동일한 사유에 대하여 산재보험법에 따른 보험급여를 받으면 보험가입자는 그 금액의 한도 안에서 민법이나 그 밖의 법령에 따른 손해배상의 책임이 면제된다. 이 경우 장해보상연금 또는 유족보상연금을 받고 있는 사람은 장해보상일시금 또는 유족보상일시금을 받은 것으로 본다.

PART
04

② 수급권자가 동일한 사유로 민법이나 그 밖의 법령에 따라 산재보험급여에 상당한 금품을 받으면 공단은 그 받은 금품을 대통령령으로 정하는 방법에 따라 환산한 금액의 한도 안에서 보험급여를 지급하지 아니한다.

2. 보험급여의 일시지급

(1) 대한민국 국민이 아닌 근로자가 업무상의 재해에 따른 부상 또는 질병으로 요양 중 치유되기 전에 출국하고자 하여 보험급여의 일시지급을 신청하는 경우에는 그 신청한 날 이후에 청구사유가 발생할 것으로 예상되는 보험급여를 한꺼번에 지급할 수 있다.

(2) **지급액**

산정된 보험급여의 금액에서 그 금액의 100분의 2에 해당하는 금액을 뺀 금액으로 한다.

① 출국하기 위하여 요양을 중단하는 날부터 업무상 부상 또는 질병이 치유될 것으로 예상되는 날까지의 요양급여

② 출국하기 위하여 요양을 중단하는 날부터 업무상 부상 또는 질병이 치유되거나 그 부상·질병 상태가 취업할 수 있게 될 것으로 예상되는 날(그 예상되는 날이 요양 개시일부터 2년이 넘는 경우에는 요양 개시일부터 2년이 되는 날)까지의 기간에 대한 휴업급여

③ 출국하기 위하여 요양을 중단할 당시 업무상의 재해에 따른 부상 또는 질병이 치유된 후에 남을 것으로 예상되는 장해의 장해등급에 해당하는 장해보상일시금

④ 출국하기 위하여 요양을 중단할 당시 요양 개시일부터 2년이 지난 후에 상병보상연금의 지급대상이 되는 중증요양상태가 지속될 것으로 예상되는 경우에는 그 예상되는 중증요양상태등급(요양개시일부터 2년이 지난 후 출국하기 위하여 요양을 중단하는 경우에는 그 당시의 부상·질병 상태에 따른 중증요양상태등급)과 같은 장해등급에 해당하는 장해보상일시금에 해당하는 금액

⑤ 요양 당시 받고 있는 진폐장해등급에 따른 진폐보상연금

3. 미지급 보험급여

(1) 보험급여의 수급권자가 사망한 경우에 그 수급권자에게 지급하여야 할 보험급여로서 아직 지급되지 아니한 보험급여가 있으면 그 수급권자의 유족(유족급여의 경우에는 그 유족급여를 받을 수 있는 다른 유족)의 청구에 따라 그 보험급여를 지급한다.

(2) 수급권자가 사망 전에 보험급여를 청구하지 아니하면 유족의 청구에 따라 그 보험급여를 지급한다.

4. 보험급여의 지급

(1) **지급기한**

① 보험급여는 지급 결정일부터 14일 이내에 지급하여야 한다.

② 공단은 수급권자의 신청이 있는 경우에는 보험급여를 수급권자 명의의 지정된 보험급여수급계좌로 입금하여야 한다.

③ 보험급여수급계좌의 해당 금융기관은 산재보험급여만이 보험급여수급계좌에 입금되도록 관리하여야 한다.

(2) 보험급여의 일시 중지

① 급여의 일시 중지사유

㉠ 요양 중인 근로자가 공단의 의료기관 변경 요양 지시를 정당한 사유 없이 따르지 아니하는 경우

㉡ 공단이 직권으로 실시하는 장해등급 또는 진폐장해등급 재판정 요구에 따르지 아니하는 경우

㉢ 보고·서류제출 또는 신고를 하지 아니하는 경우

㉣ 질문이나 조사에 따르지 아니한 경우

㉤ 진찰 요구에 따르지 아니하는 경우

② 이행촉구

공단은 보험급여의 지급을 일시 중지하기 전에 그 보험급여를 받으려는 사람에게 상당한 기간을 정하여 문서로 의무이행을 촉구하여야 한다.

③ 일시 중지할 수 있는 보험급여

보험급여를 받으려는 사람이 의무를 이행하지 아니하여 그에게 지급될 보험급여의 지급결정이 곤란하거나 이에 지장을 주게 되는 모든 보험급여로 하되, 의료기관 변경 요양 지시를 따르지 아니한 경우에는 휴업급여 또는 상병보상연금 또는 진폐보상연금으로 한다.

④ 보험급여를 일시 중지할 수 있는 기간

공단이 의무를 이행하도록 지정한 날의 다음 날부터 그 의무를 이행한 날의 전날까지 중지된다.

5. 보험급여의 제한

(1) 지급제한사유

① 요양 중인 근로자가 정당한 사유 없이 요양에 관한 지시를 위반하여 부상·질병 또는 장해 상태를 악화시키거나 치유를 방해한 경우

② 장해보상연금 또는 진폐보상연금 수급권자가 장해등급 또는 진폐장해등급 재판정 전에 자해 등 고의로 장해 상태를 악화시킨 경우

(2) 중·소기업사업주등에 대한 보험급여의 지급제한

중·소기업 사업주 등이 보험료를 체납한 기간 중 발생한 업무상의 재해에 대하여는 보험급여를 지급하지 않는다. 다만, 체납한 보험료를 보험료 납부기일이 속하는 달의 다음다음달 10일까지 납부한 경우에는 해당 보험급여를 지급한다.

6. 부당이득의 징수

(1) 수급권자의 부정행위에 따른 징수

① 거짓이나 그 밖의 부정한 방법으로 보험급여를 받는 경우

② 수급권자 또는 수급권이 있었던 사람이 보험급여 지급에 필요한 사항, 수급권의 변동과 관련된 사항, 수급권자의 사망 등의 신고의무를 이행하지 아니하여 부당하게 보험급여를 지급받은 경우

③ 그 밖에 잘못 지급된 보험급여가 있는 경우

(2) 산재보험 의료기관이나 약국의 부정행위에 따른 징수

① 거짓이나 그 밖의 부정한 방법으로 진료비나 약제비를 지급받은 경우

② 요양급여의 산정 기준 또는 합병증 등 예방 조치비용 산정 기준을 위반하여 부당하게 진료비나 약제비를 지급받은 경우

③ 그 밖에 진료비나 약제비를 잘못 지급받는 경우

(3) 연대책임

거짓이나 그 밖의 부정한 방법으로 보험급여를 받은 경우 보험급여의 지급이 보험가입자 · 산재보험 의료기관 또는 직업훈련기관의 거짓된 신고, 진단 또는 증명으로 인한 것이면 그 보험가입자 · 산재보험 의료기관 또는 직업훈련기관도 연대하여 책임을 진다.

(4) 징수액

① 보험급여, 진료비 또는 약제비에 해당하는 금액을 징수한다.

② 거짓이나 그 밖의 부정한 방법으로 보험급여, 진료비 또는 약제비를 지급받은 경우에는 그 보험급여, 진료비 또는 약제비의 2배에 해당하는 금액을 징수한다.

(5) 추가징수액의 면제

거짓이나 그 밖의 부정한 방법으로 보험급여, 진료비 또는 약제비를 받은 자(연대책임을 지는 자를 포함한다)가 부정수급에 대한 조사가 시작되기 전에 부정수급 사실을 자진 신고한 경우에는 그 보험급여액, 진료비 또는 약제비에 해당하는 금액을 초과하는 부분은 징수를 면제할 수 있다.

(6) 포상금의 지급

공단은 보험급여, 진료비 또는 약제비를 부당하게 지급받은 자를 신고한 사람에게 예산의 범위에서 고용노동부령으로 정하는 바에 따라 포상금을 지급할 수 있다.

7. 부정수급자 명단공개

(1) 공개대상

공단은 제84조 제1항 제1호 또는 같은 조 제3항 제1호에 해당하는 자(이하 "부정수급자"라 한다)로서 매년 직전 연도부터 과거 3년간 다음 각 호의 어느 하나에 해당하는 자의 명단을 공개할 수 있다. 이 경우 같은 조 제2항에 따른 연대책임자의 명단을 함께 공개할 수 있다.

① 부정수급 횟수가 2회 이상이고 부정수급액의 합계가 1억원 이상인 자
② 1회의 부정수급액이 2억원 이상인 자

(2) 예외
① 부정수급자 또는 연대책임자의 사망으로 명단 공개의 실효성이 없는 경우
② 공단은 이의신청이나 그 밖의 불복절차가 진행 중인 부당이득징수결정처분에 대해서는 해당 이의신청이나 불복절차가 진행 중인 경우

(3) 소명기회
공단은 제1항에 따른 공개대상자에게 고용노동부령으로 정하는 바에 따라 미리 그 사실을 통보하고 소명의 기회를 주어야 한다.

8. 공단의 제3자에 대한 구상권
(1) 공단은 <u>제3자의 행위에 따른 재해</u>로 보험급여를 지급한 경우에는 그 급여액의 한도 안에서 급여를 받은 사람의 제3자에 대한 손해배상청구권을 대위한다.

(2) 제3자의 범위
제3자라 함은 보험자, 보험가입자(사업주) 및 해당 수급권자를 제외한 자로서 보험가입자인 사업주와 함께 직·간접적으로 재해 근로자와 산업재해보상보험관계가 없는 자로 피해 근로자에 대하여 불법행위책임 내지 자동차손해배상 보장법이나 민법 또는 국가배상법의 규정에 의하여 손해배상책임을 지는 자를 말한다.

(3) 제3자에 행위에 따른 재해로 볼 수 없는 경우
① 사업주의 행위로 인하여 업무상 재해를 입은 경우
② 동일한 사업주에 의하여 고용된 동료 근로자의 행위로 업무상 재해를 입은 경우
③ 사회적 비난가능성이 매우 큰 동료 근로자의 가해행위로 업무상 재해를 입은 경우
④ 보험가입자인 2 이상의 사업주가 같은 장소에서 하나의 사업을 분할하여 각각 행하다가 그중 사업주를 달리하는 근로자의 행위로 재해를 입은 경우

(4) 대위할 수 있는 손해배상청구권
① 근로복지공단이 대위할 수 있는 수급권자의 제3자에 대한 손해배상청구권은 근로복지공단이 지급한 보험급여와 동일한 성질의 것에 한하므로, 유족보상일시금에 기하여 일실수입에 대한 손해배상청구권을 대위할 수 있으나, 장례비에 기하여 일실수입에 대한 손해배상청구권을 대위할 수는 없다.
② 정신적 손해에 대한 위자료는 산재보험급여가 지급되지 않으므로 구상할 수 있는 대상채권에 포함되지 않는다.

(5) 보험가입와 제3자의 공동불법행위로 인한 경우의 구상권의 범위

　　보험가입자의 과실비율 상당액은 구상할 수 없지만, 피재 근로자가 배상받을 손해액 중 보험가입자의 과실비율 상당액을 보험급여액에서 공제하고 차액이 있는 경우에 그 차액에 대해서는 제3자로부터 구상할 수 있다.

(6) 제3자로부터 손해배상을 받은 경우

　　제3자의 행위에 따른 재해로 수급권자가 그 제3자로부터 동일한 사유로 산재보험급여에 상당하는 손해배상을 받으면 공단은 그 배상액을 대통령령으로 정하는 방법에 따라 환산한 금액의 한도 안에서 보험급여를 지급하지 아니한다.

(7) 제3자의 행위로 인한 재해의 신고

　　수급권자 및 보험가입자는 제3자의 행위로 재해가 발생하면 지체 없이 공단에 신고하여야 한다.

9. 보험가입자의 수급권의 대위

(1) 대위의 요건

　① 보험가입자(보험료징수법에 따른 하수급인을 포함)가 소속 근로자의 업무상의 재해에 관하여 이 법에 따른 보험급여의 지급 사유와 동일한 사유로 민법이나 그 밖의 법령에 따라 보험급여에 상당하는 금품을 수급권자에게 미리 지급한 경우일 것

　② 지급한 금품이 보험급여에 대체하여 지급한 것으로 인정될 것

　③ 보험급여의 지급사유와 같은 사유로 보험급여에 상당하는 금품을 수급권자에게 지급한 사실을 증명하는 서류를 첨부하여 공단에 청구할 것

(2) 공단의 확인

　　공단은 보험가입자가 보험급여 수급권을 대위하여 청구하면 그 보험급여 수급권자가 해당 보험급여에 상당하는 금품을 받았는지를 확인하여야 한다.

(3) 권리의 대위

　① 보험가입자는 그 수급권자의 보험급여를 받을 권리를 대위한다.

　② 보험가입자가 그 수급권자에게 장해급여 또는 유족급여에 상당하는 금품을 지급한 경우에는 각각 장해보상일시금 또는 유족보상일시금에 상당하는 금품을 지급한 것으로 본다.

10. 수급권의 보호

(1) 불가변성

　　근로자의 보험급여를 받을 권리는 퇴직하여도 소멸되지 아니한다.

(2) 양도·압류 및 담보제공의 금지

　① 보험급여를 받을 권리는 양도 또는 압류하거나 담보로 제공할 수 없다.

　② 보험급여수급계좌의 예금 중 대통령령으로 정하는 액수 이하의 금액(보험수급계좌에 입금된 금액 전액)에 관한 채권은 압류할 수 없다.

11. 요양급여 비용의 정산

(1) 근로복지공단은 국민건강보험공단 등이 요양급여의 수급권자에게 건강보험 요양급여 등을 우선 지급하고 그 비용을 청구하는 경우에는 그 건강보험 요양급여 등이 산재보험법상 요양급여에 상당한 것으로 인정되면 그 요양급여에 해당하는 금액을 지급할 수 있다.

(2) 근로복지공단이 수급권자에게 요양급여를 지급한 후 그 지급결정이 취소된 경우로서 그 지급한 요양급여가 국민건강보험법 또는 의료급여법에 따라 지급할 수 있는 건강보험 요양급여 등에 상당한 것으로 인정되면 근로복지공단은 그 건강보험 요양급여 등에 해당하는 금액을 국민건강보험공단등에 청구할 수 있다.

(3) 요양급여나 재요양을 받은 사람이 요양이 종결된 후 2년 이내에 국민건강보험법에 따른 요양급여를 받은 경우(종결된 요양의 대상이 되었던 업무상의 부상 또는 질병의 증상으로 요양급여를 받은 경우로 한정)에는 근로복지공단은 그 요양급여 비용 중 국민건강보험공단이 부담한 금액을 지급할 수 있다.

12. 공과금의 면제

보험급여로서 지급된 금품에 대하여는 국가나 지방자치단체의 공과금을 부과하지 아니한다.

13. 소멸시효

(1) 3년의 소멸시효

① 보험급여를 받을 권리(소멸시효가 5년인 급여는 제외)

② 산재보험 의료기관의 권리

③ 약국의 권리

④ (수급권을 대위한) 보험가입자의 권리

⑤ (요양급여 비용의 정산에 대한) 국민건강보험공단등의 권리

(2) 5년의 소멸시효

① 장해급여, 유족급여, 장례비를 받을 권리

② 진폐보상연금 및 진폐유족연금을 받을 권리

(3) 시효의 중단사유

① 청구, 압류 또는 가압류, 가처분, 승인

② 근로복지공단에 대한 보험급여 지급의 청구

I 근로복지사업

1. 고용노동부장관의 근로복지사업

(1) 근로복지 사업의 종류
① 업무상의 재해를 입은 근로자의 원활한 사회 복귀를 촉진하기 위한 ㉠ 요양이나 외과 후 처치에 관한 시설, ㉡ 의료재활이나 직업재활에 관한 시설의 설치 · 운영
② 장학사업 등 재해근로자와 그 유족의 복지 증진을 위한 사업
③ 그 밖에 근로자의 복지 증진을 위한 시설의 설치 · 운영 사업

(2) 보험시설의 운영 위탁
고용노동부장관은 공단 또는 재해근로자의 복지증진을 위하여 설립된 법인 중 고용노동부장관의 지정을 받은 법인에 근로복지사업을 하게 하거나 보험시설의 운영을 위탁할 수 있다.

2. 국민건강보험 요양급여 비용의 본인 일부 부담금의 대부

(1) 의의
근로복지공단은 업무상 질병에 대하여 요양신청을 한 경우로서 요양급여의 결정에 걸리는 기간 등을 고려하여 「국민건강보험법」에 따른 요양급여 비용의 본인 일부 부담금에 대한 대부사업을 할 수 있다.

(2) 본인 일부 부담금의 대부 대상(요건 모두 갖춘 사람)
① 근로자가 요양급여를 신청한 날부터 30일이 지날 때까지 공단이 요양급여에 관한 결정을 하지 아니하였을 것
② 그 근로자의 업무와 요양급여의 신청을 한 질병 간에 상당인과관계가 있을 것으로 추정된다는 의학적 소견이 있을 것

(3) 대부금의 충당
공단은 본인 일부 부담금 대부를 받은 사람에게 지급할 산재보험 요양급여가 있으면 그 요양급여를 대부금의 상환에 충당할 수 있다.

(4) 대부금의 충당 한도 및 절차
① 공단이 대부금을 충당할 때 그 충당한도는 그 대부를 받은 사람에게 지급할 요양급여의 전액으로 한다.
② 공단은 대부금 충당을 하려면 해당 요양급여 수급권자의 의견을 들어야 하며, 충당결정을 하면 지체 없이 그 사실을 요양급여 수급권자에게 알려야 한다.

3. 장해급여자의 고용촉진

고용노동부장관은 보험가입자에 대하여 장해급여 또는 진폐보상연금을 받은 사람을 그 적성에 맞는 업무에 고용하도록 권고할 수 있다.

▌II ▌ 산업재해보상보험 및 예방기금

1. 기금의 설치 및 조성

(1) 고용노동부 장관은 보험사업, 산업재해 예방 사업에 필요한 재원을 확보하고, 보험급여에 충당하기 위하여 산업재해보상보험 및 예방기금을 설치한다.

(2) 기금은 보험료, 기금운용 수익금, 적립금, 기금의 결산상 잉여금, 정부 또는 정부 아닌 자의 출연금 및 기부금, 차입금, 그 밖의 수입금을 재원으로 하여 조성한다.

(3) 정부는 산업재해 예방 사인을 수행하기 위하여 회계연도마다 기금지출예산 총액의 100분의 3의 범위에서 정부의 출연금으로 세출예산에 계상하여야 한다.

2. 기금의 관리 · 운용(산재보험법 제97조)

(1) 기금은 고용노동부장관이 관리 · 운용한다.

(2) 기금의 관리 · 운용 방법(산재보험법 제97조 및 시행령 제86조)
① 금융기관 또는 체신관서의 예입 및 금전신탁
② 재정자금에의 예탁
③ 투자신탁 등의 수익증권 매입
④ 국가 · 지방자치단체 또는 금융기관이 직접 발행하거나 채무이행을 보증하는 유가증권의 매입
⑤ 근로자 후생복지 사업을 위한 융자
⑥ 「자본시장과 금융투자업에 관한 법률」에 따른 증권의 매입
⑦ 기금의 증식을 위한 부동산의 취득 및 처분

(3) 기금의 용도(산재보험법 제96조)
① 보험급여의 지급 및 반환금의 반환
② 차입금 및 이자의 상환
③ 공단에의 출연
④ 재해예방 관련 시설과 그 운영에 필요한 비용
⑤ 재해예방 관련 사업, 비영리법인에 위탁하는 업무 및 기금 운용 · 관리에 필요한 비용
⑥ 재해예방에 필요한 사업으로서 고용노동부장관이 인정하는 사업의 사업비
⑦ 재해근로자의 복지 증진
⑧ 한국산업안전보건공단에 대한 출연
⑨ 근로복지공단과 건강보험공단에의 출연
⑩ 그 밖에 보험사업 및 기금의 관리와 운용

(4) 기금운용 계획(산재보험법 제98조)

고용노동부장관은 회계연도마다 위원회의 심의를 거쳐 기금운용계획을 세워야 한다.

3. 기금계정

(1) 기금계정의 설치

① 고용노동부장관은 한국은행에 기금계정을 설치하여야 한다(시행령 제87조).

② 기금은 국가회계법 제11조(국가회계기준)에 따라 회계처리를 한다(산재보험법 제97조 제4항).

(2) 기금의 출납(산재보험법 제102조)

기금을 관리·운용을 할 때의 출납 절차 등에 관한 사항은 대통령령으로 정한다.

(3) 책임준비금의 적립(산재보험법 제99조)

① 고용노동부장관은 보험급여에 충당하기 위하여 책임준비금을 적립하여야 한다.

② 고용노동부장관은 회계연도마다 책임준비금을 산정하여 적립금 보유액이 책임준비금의 금액을 초과하면 그 초과액을 장래의 보험급여 지급, 재원으로 사용하고, 부족하면 그 부족액을 보험료 수입에서 적립하여야 한다.

(4) 잉여금과 손실금의 처리(산재보험법 제100조)

① 기금의 결산상 잉여금이 생기면 이를 적립금으로 적립하여야 한다.

② 기금의 결산상 손실금이 생기면 적립금을 사용할 수 있다.

(5) 차입금(산재보험법 제101조)

① 기금에 속하는 경비를 지급하기 위하여 필요하면 기금의 부담으로 차입할 수 있다.

② 기금에서 지급할 현금이 부족하면 기금의 부담으로 일시차입을 할 수 있다.

③ 일시차입금은 그 회계연도 안에 상환하여야 한다.

Ⅲ 벌칙

1. 벌칙

(1) 3년 이하의 징역 또는 3천만원 이하의 벌금(산재보험법 제127조 제1항 및 제2항)

① 공동이용하는 전산정보자료를 목적 외의 용도로 이용하거나 활용한 자

② 산재보험 의료기관이나 약국의 종사자로서 거짓이나 그 밖의 부정한 방법으로 진료비나 약제비를 지급받은 자(법인의 대표자나 법인 또는 개인의 대리인, 사용인, 그 밖의 종업원이 그 법인 또는 개인의 업무에 관하여 위반행위를 하면 그 행위자를 벌하는 외에 그 법인 또는 개인에게도 해당 조문의 벌금형을 과한다. 다만, 법인 또는 개인이 그 위반행위를 방지하기 위하여 해당 업무에 관하여 상당한 주의와 감독을 게을리하지 아니한 경우에는 그러하지 아니하다.)

(2) 2년 이하의 징역 또는 2천만원 이하의 벌금(산재보험법 제127조 제3항)

① 거짓이나 그 밖의 부정한 방법으로 보험급여를 받은 자

② 거짓이나 그 밖의 부정한 방법으로 보험급여를 받도록 시키거나 도와준 자

③ 근로자가 보험급여를 신청한 것을 이유로 근로자를 해고하거나 그 밖에 근로자에게 불이익한 처우를 한 사업주

(3) 2년 이하의 징역 또는 1천만원 이하의 벌금(산재보험법 제127조 제4항)

공단의 임직원이나 그 직에 있었던 사람이 그 직무상 알게 된 비밀을 누설한 자

2. 과태료

(1) 200만원 이하의 과태료(산재보험법 제129조 제2항)

① 근로복지공단이 아닌 자가 근로복지공단 또는 이와 비슷한 명칭을 사용한 자

② 산재보험 의료기관이 요양을 실시하고 그 진료비를 공단이 아닌 자에게 진료비를 청구한 자

(2) 100만원 이하의 과태료(산재보험법 제129조 제3항)

① 제47조 제1항(요양기간의 연장)에 따른 진료계획을 정당한 사유 없이 제출하지 아니하는 자

② 제105조 제4항(심사청구에 대한 심리)에 따른 질문에 답변하지 아니하거나 거짓된 답변을 하거나 검사를 거부·방해 또는 기피한 자

③ 제114조 제1항(사업주, 근로자, 보험사무대행기관의 보고 등) 또는 제118조(산재보험 의료기관에 대한 조사)에 따른 보고를 하지 아니하거나 거짓된 보고를 한 자 또는 서류나 물건의 제출 명령에 따르지 아니한 자

④ 제117조(사업장 등에 대한 조사) 또는 제118조(산재보험 의료기관에 대한 조사)에 따른 공단의 소속 직원의 질문에 답변을 거부하거나 조사를 거부·방해 또는 기피한 자

(3) 과태료의 부과·징수(산재보험법 제129조 제4항 및 시행령 제128조)

① 과태료는 대통령령으로 정하는 바에 따라 고용노동부장관이 부과·징수한다.

② 고용노동부장관은 위반행위의 정도, 위반 횟수, 위반행위의 동기와 그 결과 등을 고려하여 해당 금액의 2분의 1의 범위에서 가중하거나 감경할 수 있되, 가중하는 경우에는 법 제129조 제1항 및 제3항에 따른 과태료의 상한을 초과할 수 없다.

06 | 산재보험 심사 및 재심사 청구

Ⅰ 근로복지공단의 심사

1. 심사 청구의 제기

(1) 다음 각 호의 어느 하나에 해당하는 공단의 결정 등(이하 "보험급여 결정 등"이라 한다)에 불복하는 자는 공단에 심사 청구를 할 수 있다.
① 보험급여에 관한 결정
② 진료비에 관한 결정
③ 약제비에 관한 결정
④ 진료계획 변경 조치 등
⑤ 보험급여의 일시지급에 관한 결정
⑥ 합병증 등 예방관리에 관한 조치
⑦ 부당이득의 징수에 관한 결정
⑧ 수급권의 대위에 관한 결정

(2) 심사 청구는 그 보험급여 결정 등을 한 공단의 소속 기관을 거쳐 공단에 제기하여야 한다.

(3) 심사 청구는 보험급여 결정 등이 있음을 안 날부터 90일 이내에 하여야 한다.

(4) 심사 청구서를 받은 공단의 소속 기관은 5일 이내에 의견서를 첨부하여 공단에 보내야 한다.

(5) 보험급여 결정 등에 대하여는 「행정심판법」에 따른 행정심판을 제기할 수 없다.

2. 보정 및 각하

(1) 공단은 심사 청구가 기간이 지나 제기되었거나 법령의 방식을 위반하여 보정(補正)할 수 없는 경우 또는 기간에 보정하지 아니한 경우에는 각하결정을 하여야 한다.

(2) 심사 청구가 법령의 방식을 위반한 것이라도 보정할 수 있는 경우에는 공단은 상당한 기간을 정하여 심사 청구인에게 보정할 것을 요구할 수 있다. 다만, 보정할 사항이 경미한 경우에는 공단이 직권으로 보정할 수 있다.

(3) 공단은 제2항 단서에 따라 직권으로 심사 청구를 보정한 경우에는 그 사실을 심사 청구인에게 알려야 한다.

3. 보험급여 결정 등의 집행정지

(1) 심사 청구는 해당 보험급여 결정 등의 집행을 정지시키지 않는다. 다만, 공단은 그 집행으로 발생할 중대한 손실을 피하기 위하여 긴급한 필요가 있다고 인정하면 그 집행을 정지시킬 수 있다.

(2) 공단은 제1항 단서에 따라 집행을 정지시킨 경우에는 지체 없이 심사 청구인 및 해당 보험급여 결정 등을 한 공단의 소속 기관에 문서로 알려야 한다.

(3) 제2항에 따른 문서에는 다음 각 호의 사항을 적어야 한다.

① 심사 청구 사건명

② 집행정지 대상인 보험급여 결정 등 및 집행정지의 내용

③ 심사 청구인의 이름 및 주소

④ 집행정지의 이유

4. 산업재해보상보험심사위원회

심사 청구를 심의하기 위하여 근로복지공단에 관계 전문가 등으로 구성되는 산업재해보상보험심사위원회(위원장 1명을 포함하여 150명 이내의 위원으로 구성하되, 위원 중 2명은 상임)를 둔다.

5. 심사 청구에 대한 심리 · 결정

(1) 공단은 심사 청구서를 받은 날부터 60일 이내에 심사위원회의 심의를 거쳐 심사 청구에 대한 결정을 하여야 한다. 다만, 부득이한 사유로 그 기간 이내에 결정을 할 수 없으면 한 차례만 20일을 넘지 아니하는 범위에서 그 기간을 연장할 수 있다.

(2) 제1항 본문에도 불구하고 심사 청구 기간이 지난 후에 제기된 심사 청구 등 대통령령으로 정하는 사유에 해당하는 경우에는 심사위원회의 심의를 거치지 아니할 수 있다.

(3) 제1항 단서에 따라 결정기간을 연장할 때에는 최초의 결정기간이 끝나기 7일 전까지 심사 청구인 및 보험급여 결정 등을 한 공단의 소속 기관에 알려야 한다.

(4) 공단은 심사 청구의 심리를 위하여 필요하면 청구인의 신청 또는 직권으로 다음 각 호의 행위를 할 수 있다.

① 청구인 또는 관계인을 지정 장소에 출석하게 하여 질문하거나 의견을 진술하게 하는 것

② 청구인 또는 관계인에게 증거가 될 수 있는 문서나 그 밖의 물건을 제출하게 하는 것

③ 전문적인 지식이나 경험을 가진 제3자에게 감정하게 하는 것

④ 소속 직원에게 사건에 관계가 있는 사업장이나 그 밖의 장소에 출입하여 사업주 · 근로자, 그 밖의 관계인에게 질문하게 하거나, 문서나 그 밖의 물건을 검사하게 하는 것

⑤ 심사 청구와 관계가 있는 근로자에게 공단이 지정하는 의사 · 치과의사 또는 한의사(이하 "의사 등"이라 한다)의 진단을 받게 하는 것

(5) 질문이나 검사를 하는 공단의 소속 직원은 그 권한을 표시하는 증표를 지니고 이를 관계인에게 내보여야 한다.

6. 결정에 대한 통지

(1) 심사 청구에 대한 결정은 문서로 하여야 한다.

(2) 결정서에는 다음 각 사항을 적어야 한다.

① 사건번호 및 사건명

② 심사 청구인의 이름 및 주소(심사 청구인이 법인인 경우에는 그 명칭·소재지 및 대표자의 이름)

③ 선정대표자 또는 대리인의 이름 및 주소

④ 심사 청구인이 재해를 입은 근로자가 아닌 경우에는 재해를 입은 근로자의 이름 및 주소

⑤ 주문

⑥ 심사 청구의 취지

⑦ 이유

⑧ 결정연월일

(3) 공단은 심사 청구에 대한 결정을 하면 심사 청구인에게 심사 결정서 정본을 보내야 한다.

(4) 공단이 보험급여 결정 등을 하거나 심사 청구에 대한 결정을 할 때에는 그 상대방 또는 심사 청구인에게 그 보험급여 결정 등 또는 심사 청구에 대한 결정에 관하여 심사 청구 또는 재심사 청구를 제기할 수 있는지 여부, 제기하는 경우의 절차 및 청구기간을 알려야 한다.

Ⅱ 산업재해보상보험재심사위원회의 재심사

1. 재심사 청구의 제기

(1) 심사 청구에 대한 결정에 불복하는 자는 산업재해보상보험재심사위원회에 재심사 청구를 할 수 있다. 다만, 판정위원회의 심의를 거친 보험급여에 관한 결정에 불복하는 자는 심사 청구를 하지 아니하고 재심사 청구를 할 수 있다.

(2) 제1항에 따른 재심사 청구는 그 보험급여 결정 등을 한 공단의 소속 기관을 거쳐 산업재해보상보험재심사위원회에 제기하여야 한다.

(3) 제1항에 따른 재심사 청구는 심사 청구에 대한 결정이 있음을 안 날부터 90일 이내에 제기하여야 한다. 다만, 제1항 단서에 따라 심사 청구를 거치지 아니하고 재심사 청구를 하는 경우에는 보험급여에 관한 결정이 있음을 안 날부터 90일 이내에 제기하여야 한다.

(4) 재심사 청구의 경우 "심사 청구서"는 "재심사 청구서"로, "공단"은 "산업재해보상보험재심사위원회"로 본다.

2. 산업재해보상보험재심사위원회

(1) 재심사 청구를 심리·재결하기 위하여 고용노동부에 산업재해보상보험재심사위원회(이하 "재심사위원회"라 한다)를 둔다.

(2) 재심사위원회는 위원장 1명을 포함한 90명 이내의 위원으로 구성하되, 위원 중 2명은 상임위원으로, 1명은 당연직위원으로 한다.

(3) 재심사위원회의 위원 중 5분의 2에 해당하는 위원은 제5항 제2호부터 제5호까지에 해당하는 사람 중에서 근로자 단체 및 사용자 단체가 각각 추천하는 사람으로 구성한다. 이 경우 근로자 단체 및 사용자 단체가 추천한 사람은 같은 수로 하여야 한다.

(4) 제3항에도 불구하고 근로자단체나 사용자단체가 각각 추천하는 사람이 위촉하려는 전체 위원 수의 5분의 1보다 적은 경우에는 제3항 후단을 적용하지 아니하고 근로자단체와 사용자단체가 추천하는 위원 수를 전체 위원 수의 5분의 2 미만으로 할 수 있다.

(5) 재심사위원회의 위원장 및 위원은 다음 각 호의 어느 하나에 해당하는 사람 중에서 고용노동부장관의 제청으로 대통령이 임명한다. 다만, 당연직위원은 고용노동부장관이 소속 3급의 일반직 공무원 또는 고위공무원단에 속하는 일반직 공무원 중에서 지명하는 사람으로 한다.

① 3급 이상의 공무원 또는 고위공무원단에 속하는 일반직 공무원으로 재직하고 있거나 재직하였던 사람

② 판사·검사·변호사 또는 경력 10년 이상의 공인노무사

③「고등교육법」제2조에 따른 학교에서 부교수 이상으로 재직하고 있거나 재직하였던 사람

④ 노동 관계 업무 또는 산업재해보상보험 관련 업무에 15년 이상 종사한 사람

⑤ 사회보험이나 산업의학에 관한 학식과 경험이 풍부한 사람

(6) 다음 각 호의 어느 하나에 해당하는 사람은 위원에 임명될 수 없다.

① 피성년후견인·피한정후견인 또는 파산선고를 받고 복권되지 아니한 사람

② 금고 이상의 실형을 선고받고 그 집행이 끝나거나(집행이 끝난 것으로 보는 경우를 포함한다) 집행이 면제된 날부터 3년이 지나지 아니한 사람

③ 금고 이상의 형의 집행유예를 선고받고 그 유예기간 중에 있는 사람

④ 심신 상실자·심신 박약자

(7) 재심사위원회 위원(당연직위원은 제외한다)의 임기는 3년으로 하되 연임할 수 있고, 위원장이나 위원의 임기가 끝난 경우 그 후임자가 임명될 때까지 그 직무를 수행한다.

(8) 재심사위원회의 위원은 다음 각 호의 어느 하나에 해당하는 경우 외에는 그 의사에 반하여 면직되지 아니한다.

① 금고 이상의 형을 선고받은 경우

② 오랜 심신 쇠약으로 직무를 수행할 수 없게 된 경우

③ 직무와 관련된 비위사실이 있거나 재심사위원회 위원직을 유지하기에 적합하지 아니하다고 인정되는 비위사실이 있는 경우

(9) 재심사위원회에 사무국을 둔다.

(10) 재심사위원회의 조직·운영 등에 필요한 사항은 대통령령으로 정한다.

3. 제척·기피·회피

(1) 재심사위원회의 위원은 다음 각 호의 어느 하나에 해당하는 경우에는 그 사건의 심리(審理)·재결(裁決)에서 제척(除斥)된다.

① 위원 또는 그 배우자나 배우자였던 사람이 그 사건의 당사자가 되거나 그 사건에 관하여 공동권리자 또는 의무자의 관계에 있는 경우

② 위원이 그 사건의 당사자와「민법」제777조에 따른 친족이거나 친족이었던 경우

③ 위원이 그 사건에 관하여 증언이나 감정을 한 경우

④ 위원이 그 사건에 관하여 당사자의 대리인으로서 관여하거나 관여하였던 경우
⑤ 위원이 그 사건의 대상이 된 보험급여 결정 등에 관여한 경우

(2) 당사자는 위원에게 심리·재결의 공정을 기대하기 어려운 사정이 있는 경우에는 기피신청을 할 수 있다.

(3) 위원은 제1항이나 제2항의 사유에 해당하면 스스로 그 사건의 심리·재결을 회피할 수 있다.

(4) 사건의 심리·재결에 관한 사무에 관여하는 위원 아닌 직원에게도 해당 규정을 준용한다.

(5) 벌칙 적용에서 공무원의 의제

재심사위원회 위원 중 공무원이 아닌 위원은 형법 제129조부터 제132조까지의 규정(수뢰죄, 제3자뇌물제공죄 등)을 적용할 때에는 공무원으로 본다.

4. 재심사 청구에 대한 심리와 재결

재심사 청구에 대한 심리·재결에 관하여는 "공단"은 "재심사위원회"로, "심사위원회의 심의를 거쳐 심사 청구"는 "재심사 청구"로, "결정"은 "재결"로, "소속 직원"은 "재심사위원회의 위원"으로 보며 재심사위원회의 재결은 공단을 기속(羈束)한다.

5. 심사 청구와 행정소송

둘 중 아무거나 제기할 수 있다. 순서 상관없음(대법원)

6. 지위승계

심사 청구인 또는 재심사 청구인이 사망한 경우 그 청구인이 보험급여의 수급권자이면 유족이, 그 밖의 자이면 상속인 또는 심사 청구나 재심사 청구의 대상인 보험급여에 관련된 권리·이익을 승계한 자가 각각 청구인의 지위를 승계한다.

7. 다른 법률과의 관계

(1) 심사 청구 및 재심사 청구의 제기는 시효의 중단에 관하여 민법 제168조에 따른 재판상의 청구로 본다.
(2) 재심사 청구에 대한 재결은 행정소송법 제18조를 적용할 때 행정심판에 대한 재결로 본다.
(3) 심사 청구 및 재심사 청구에 관하여 이 법에서 정하고 있지 아니한 사항에 대하여는 행정심판법에 따른다.

국민연금법

01 | 총칙

1. 법의 목적

이 법은 국민의 노령, 장애 또는 사망에 대하여 연금급여를 실시함으로써 국민의 생활 안정과 복지 증진에 이바지하는 것을 목적으로 한다.

2. 용어의 정의

(1) 이 법에서 사용하는 용어의 뜻은 다음과 같다.

1. "근로자"란 직업의 종류가 무엇이든 사업장에서 노무를 제공하고 그 대가로 임금을 받아 생활하는 자(법인의 이사와 그 밖의 임원을 포함한다)를 말한다. 다만, 대통령령으로 정하는 자는 제외한다.
2. "사용자(使用者)"란 해당 근로자가 소속되어 있는 사업장의 사업주를 말한다(근로기준법상 사업경영담당자와 근로자에 관한 사항에 대하여 사업주를 위하여 해위하는 자는 포함되지 않는다).
3. "소득"이란 일정한 기간 근로를 제공하여 얻은 수입에서 대통령령으로 정하는 비과세소득을 제외한 금액 또는 사업 및 자산을 운영하여 얻는 수입에서 필요경비를 제외한 금액을 말한다.
4. "평균소득월액"이란 매년 **12월 31일 현재의** 사업장가입자 및 지역가입자 전원(全員)의 기준소득월액을 평균한 금액을 말한다.
5. "기준소득월액"이란
   1) 연금보험료와 급여를 산정하기 위하여 가입자의 소득월액을 기준으로 하여 정하는 금액을 말한다.
   2) 기준소득월액은 하한액과 상한액의 범위에서 사업장가입자는 사용자가, 지역가입자는 가입자가 신고한 소득월액에서 천원 미만을 버린 금액으로 한다.
   3) 보건복지부장관은 국민의 생활수준, 임금, 물가, 그밖에 경제사정에 뚜렷한 변동이 생긴 경우에는 국민연금심의위원회의 심의를 거쳐 하한액과 상한액을 조정할 수 있다.
   4) 보건복지부장관은 하한액과 상한액을 국민연금심의위원회의 심의를 거쳐 매년 3월 31일까지 고시하여야 한다.
   5) 고시된 하한액과 상한액의 적용기간은 해당 연도 7월부터 다음 연도 6월까지로 한다.
6. "사업장가입자"란 사업장에 고용된 근로자 및 사용자로서 제8조에 따라 국민연금에 가입된 자를 말한다.
7. "지역가입자"란 사업장가입자가 아닌 자로서 제9조에 따라 국민연금에 가입된 자를 말한다.
8. "임의가입자"란 사업장가입자 및 지역가입자 외의 자로서 제10조에 따라 국민연금에 가입된 자를 말한다.
9. "임의계속가입자"란 국민연금 가입자 또는 가입자였던 자가 제13조 제1항에 따라 가입자로 된 자를 말한다.
10. "연금보험료"란 국민연금사업에 필요한 비용으로서 사업장가입자의 경우에는 부담금 및 기여금의 합계액을, 지역가입자 · 임의가입자 및 임의계속가입자의 경우에는 본인이 내는 금액을 말한다.
11. "부담금"이란 사업장가입자의 사용자가 부담하는 금액을 말한다.
12. "기여금"이란 사업장가입자가 부담하는 금액을 말한다.

13. "사업장"이란 근로자를 사용하는 사업소 및 사무소를 말한다.

14. "수급권"이란 이 법에 따른 급여를 받을 권리를 말한다.

15. "수급권자"란 수급권을 가진 자를 말한다.

16. "수급자"란 이 법에 따른 급여를 받고 있는 자를 말한다.

17. "초진일"이란 장애의 주된 원인이 되는 질병이나 부상에 대하여 처음으로 의사의 진찰을 받은 날을 말한다. 이 경우 질병이나 부상의 초진일에 대한 구체적인 판단기준은 보건복지부장관이 정하여 고시한다.

18. "완치일"이란 장애의 주된 원인이 되는 질병이나 부상이 다음 각 목 중 어느 하나에 해당하는 날을 말한다. 이 경우 증상의 종류별 완치일에 대한 구체적인 판단기준은 보건복지부장관이 정하여 고시한다.

    가. 해당 질병이나 부상이 의학적으로 치유된 날

    나. 더 이상 치료효과를 기대할 수 없는 경우로서 그 증상이 고정되었다고 인정되는 날

    다. 증상의 고정성은 인정되지 아니하나, 증상의 정도를 고려할 때 완치된 것으로 볼 수 있는 날

19. "가입대상기간"이란 18세부터 초진일 혹은 사망일까지의 기간으로서, 다음의 각 목에 해당하는 기간을 제외한 기간을 말한다. 다만, 18세 미만에 가입자가 된 경우에는 18세 미만인 기간 중 보험료 납부기간(초진일이나 사망일 이전에 제92조 제1항 제1호의2에 해당하는 기간에 대하여 같은 조에 따라 보험료를 추후 납부하였을 경우에는 그 추후 납부한 기간을 포함한다)을 가입대상기간에 포함하고, 초진일이나 사망일 이전에 나목과 다목에 해당되는 기간에 대하여 제92조에 따라 보험료를 추후 납부하였을 경우에는 그 추후 납부한 기간을 가입대상기간에 포함한다.

    가. 제6조 단서에 따라 가입 대상에서 제외되는 기간(공무원 연금 등 가입기간)

    나. 18세 이상 27세 미만인 기간 중 제9조 제3호에 따라 지역가입자에서 제외되는 기간(학생이거나 군복무 등의 이유로 소득이 없는 자)

    다. 18세 이상 27세 미만인 기간 중 제91조 제1항 각 호에 따라 연금보험료를 내지 아니한 기간[제91조 제1항 제2호(병역의무를 수행하는 경우)의 경우는 27세 이상인 기간도 포함]

(2) 이 법을 적용할 때 배우자, 남편 또는 아내에는 사실상의 혼인관계에 있는 자를 포함한다.

(3) 수급권을 취득할 당시 가입자 또는 가입자였던 자의 태아가 출생하면 그 자녀는 가입자 또는 가입자였던 자에 의하여 생계를 유지하고 있던 자녀로 본다.

(4) 가입자의 종류에 따른 소득 범위, 평균소득월액의 산정 방법, 기준소득월액의 결정 방법 및 적용 기간 등은 대통령령으로 정한다.

3. 근로자에서 제외되는 자

(1) 일용근로자나 1개월 미만의 기한을 정하여 근로를 제공하는 사람. 다만, 1개월 이상 계속하여 근로를 제공하는 사람으로서 다음 각 목의 어느 하나에 해당하는 사람은 근로자에 포함된다.

    ① 「건설산업기본법」 제2조 제4호 각 목 외의 부분 본문에 따른 건설공사의 사업장 등 보건복지부장관이 정하여 고시하는 사업장에서 근로를 제공하는 경우 : 1개월 동안의 근로일수가 8일 이상이거나 1개월 동안의 소득(제3조 제1항 제2호에 따른 소득만 해당한다. 이하 이 조에서 같다)이 보건복지부장관이 정하여 고시하는 금액 이상인 사람

② 가목 외의 사업장에서 근로를 제공하는 경우 : 1개월 동안의 근로일수가 8일 이상 또는 1개월 동안의 근로시간이 60시간 이상이거나 1개월 동안의 소득이 보건복지부장관이 정하여 고시하는 금액 이상인 사람

(2) 소재지가 일정하지 아니한 사업장에 종사하는 근로자

(3) 법인의 이사 중 소득이 없는 사람

(4) 1개월 동안의 소정근로시간이 60시간 미만인 단시간근로자. 다만, 해당 단시간근로자 중 다음 각 목의 어느 하나에 해당하는 사람은 근로자에 포함된다.

① 3개월 이상 계속하여 근로를 제공하는 사람으로서 「고등교육법」에 따른 강사

② 3개월 이상 계속하여 근로를 제공하는 사람으로서 사용자의 동의를 받아 근로자로 적용되기를 희망하는 사람

③ 둘 이상 사업장에 근로를 제공하면서 각 사업장의 1개월 소정근로시간의 합이 60시간 이상인 사람으로서 1개월 소정근로시간이 60시간 미만인 사업장에서 근로자로 적용되기를 희망하는 사람

④ 1개월 이상 계속하여 근로를 제공하는 사람으로서 1개월 동안의 소득이 보건복지부장관이 정하여 고시하는 금액 이상인 사람

4. 국민연금 재정 계산 및 장기재정균형 유지

(1) 이 법에 따른 급여 수준과 연금보험료는 국민연금 재정이 장기적으로 균형을 유지할 수 있도록 조정(調整)되어야 한다.

(2) 보건복지부장관은 대통령령으로 정하는 바에 따라 5년마다 국민연금 재정 수지를 계산하고, 국민연금의 재정 전망과 연금보험료의 조정 및 국민연금기금의 운용 계획 등이 포함된 국민연금 운영 전반에 관한 계획을 수립하여 국무회의의 심의를 거쳐 대통령의 승인을 받아야 하며, 승인받은 계획을 해당 연도 10월 말까지 국회에 제출하여 소관 상임위원회에 보고하고, 대통령령으로 정하는 바에 따라 공시하여야 한다. 다만, 급격한 경기변동 등으로 인하여 필요한 경우에는 5년이 지나지 아니하더라도 새로 국민연금 재정 수지를 계산하고 국민연금 운영 전반에 관한 계획을 수립할 수 있다.

(3) 이 법에 따른 연금보험료, 급여액, 급여의 수급 요건 등은 국민연금의 장기재정 균형 유지, 인구구조의 변화, 국민의 생활수준, 임금, 물가, 그 밖에 경제사정에 뚜렷한 변동이 생기면 그 사정에 맞게 조정되어야 한다.

5. 국민연금심의위원회

(1) 국민연금사업에 관한 다음 사항을 심의하기 위하여 보건복지부에 국민연금심의위원회를 둔다.

① 국민연금제도 및 재정 계산에 관한 사항

② 급여에 관한 사항

③ 연금보험료에 관한 사항

④ 국민연금기금에 관한 사항

⑤ 그 밖에 국민연금제도의 운영과 관련하여 보건복지부장관이 회의에 부치는 사항

(2) 국민연금심의위원회는 위원장·부위원장 및 위원으로 구성하되, 위원장은 보건복지부차관이 되고, 부위원장은 공익을 대표하는 위원 중에서 호선(互選)하며, 위원은 다음 구분에 따라 보건복지부장관이 지명하거나 위촉한다.

① 사용자를 대표하는 위원으로서 사용자 단체가 추천하는 자 4명

② 근로자를 대표하는 위원으로서 근로자 단체가 추천하는 자 4명

③ 지역가입자를 대표하는 위원으로서 다음의 자

　가. 농어업인 단체가 추천하는 자 2명

　나. 농어업인 단체 외의 자영자(自營者) 관련 단체가 추천하는 자 2명

　다. 소비자단체와 시민단체가 추천하는 자 2명

④ 수급자를 대표하는 위원 4명

⑤ 공익을 대표하는 위원으로서 국민연금에 관한 전문가 5명

(3) 국민연금심의위원회의 구성 및 운영 등에 필요한 사항은 대통령령으로 정한다.

6. 국민연금공단

(1) 설립

보건복지부장관의 위탁을 받아 제1조의 목적을 달성하기 위한 사업을 효율적으로 수행하기 위하여 국민연금공단(이하 "공단"이라 한다)을 설립한다.

(2) 업무

① 가입자에 대한 기록의 관리 및 유지

② 연금보험료의 부과

③ 급여의 결정 및 지급

④ 가입자, 가입자였던 자, 수급권자 및 수급자를 위한 자금의 대여와 복지시설의 설치·운영 등 복지사업

⑤ 가입자 및 가입자였던 자에 대한 기금증식을 위한 자금 대여사업

⑥ 제6조의 가입 대상(이하 "가입대상"이라 한다)과 수급권자 등을 위한 노후준비서비스 사업

⑦ 국민연금제도·재정계산·기금운용에 관한 조사연구

⑧ 국민연금기금 운용 전문인력 양성

⑨ 국민연금에 관한 국제협력

⑩ 그 밖에 이 법 또는 다른 법령에 따라 위탁받은 사항

⑪ 그 밖에 국민연금사업에 관하여 보건복지부장관이 위탁하는 사항

(3) 임원

① 공단에 임원으로 이사장 1명, 상임이사 4명 이내, 이사 9명, 감사 1명을 두되, 이사에는 사용자 대표, 근로자 대표, 지역가입자 대표, 수급자 대표 각 1명 이상과 당연직 이사로서 보건복지부에서 국민연금 업무를 담당하는 3급 국가공무원 또는 고위공무원단에 속하는 일반직 공무원 1명이 포함되어야 한다.

② 이사장은 보건복지부장관의 제청으로 대통령이 임면(任免)하고, 상임이사·이사(당연직 이사는 제외한다) 및 감사는 이사장의 제청으로 보건복지부장관이 임면한다.

③ 이사에게는 보수를 지급하지 아니한다. 다만, 실비(實費)는 지급할 수 있다.

02 | 가입자

1. 가입대상

국내에 거주하는 국민으로서 18세 이상 60세 미만인 자는 국민연금 가입 대상이 된다. 다만, 「공무원연금법」, 「군인연금법」, 「사립학교교직원 연금법」 및 「별정우체국법」을 적용받는 공무원, 군인, 교직원 및 별정우체국 직원, 그 밖에 대통령령으로 정하는 자는 제외한다.

2. 가입자의 종류

사업장 가입자(직장인), 지역가입자, 임의가입자, 임의계속가입자

(1) 사업장 가입자

① 사업의 종류, 근로자의 수 등을 고려하여 대통령령으로 정하는 사업장(이하 "당연적용사업장"이라 한다)의 18세 이상 60세 미만인 근로자와 사용자는 당연히 사업장가입자가 된다. 다만, 아래에 해당하는 자는 제외한다.
「공무원연금법」, 「공무원 재해보상법」, 「사립학교교직원 연금법」 또는 「별정우체국법」에 따른 퇴직연금, 장해연금 또는 퇴직연금일시금이나 「군인연금법」에 따른 퇴역연금, 퇴역연금일시금, 「군인 재해보상법」에 따른 상이연금을 받을 권리를 얻은 자(이하 "퇴직연금등수급권자"라 한다). 다만, 퇴직연금등수급권자가 「국민연금과 직역연금의 연계에 관한 법률」 제8조에 따라 연계 신청을 한 경우에는 그러하지 아니하다.

② 국민연금에 가입된 사업장에 종사하는 18세 미만 근로자는 사업장가입자가 되는 것으로 본다. 다만, 본인이 원하지 아니하면 사업장가입자가 되지 아니할 수 있다.

③ 「국민기초생활 보장법」 제7조 제1항 재1호에 따른 생계급여 수급자 또는 같은 항 제3호에 따른 의료급여 수급자는 본인의 희망에 따라 사업장가입자가 되지 아니할 수 있다. → 원칙적으로 가입대상

(2) 지역가입자

사업장가입자가 아닌 자로서 18세 이상 60세 미만인 자는 당연히 지역가입자가 된다. 다만, 다음 각 호의 어느 하나에 해당하는 자는 제외한다.

① 다음 각 목의 어느 하나에 해당하는 자의 배우자로서 별도의 소득이 없는 자
　㉠ 국민연금 가입 대상에서 제외되는 자
　㉡ 사업장가입자, 지역가입자 및 임의계속가입자
　㉢ 노령연금 수급권자 및 퇴직연금등수급권자

② 퇴직연금등수급권자. 다만, 퇴직연금등수급권자가 「국민연금과 직역연금의 연계에 관한 법률」 제8조에 따라 연계 신청을 한 경우에는 그러하지 아니하다.

③ 18세 이상 27세 미만인 자로서 학생이거나 군 복무 등의 이유로 소득이 없는 자(연금보험료를 납부한 사실이 있는 자는 제외한다)

④ 「국민기초생활 보장법」 제7조 제1항 제1호에 따른 생계급여 수급자 또는 같은 항 제3호에 따른 의료급여 수급자

⑤ 1년 이상 행방불명된 자

(3) 임의가입자

① 다음 각 호의 어느 하나에 해당하는 자 외의 자로서 18세 이상 60세 미만인 자는 보건복지부령으로 정하는 바에 따라 국민연금공단에 가입을 신청하면 임의가입자가 될 수 있다.

    ㉠ 사업장가입자

    ㉡ 지역가입자

② 임의가입자는 보건복지부령으로 정하는 바에 따라 국민연금공단에 신청하여 탈퇴할 수 있다.

(4) 임의계속가입자

① 다음 각 호의 어느 하나에 해당하는 자는 제6조 본문에도 불구하고 65세가 될 때까지 보건복지부령으로 정하는 바에 따라 국민연금공단에 가입을 신청하면 임의계속가입자가 될 수 있다. 이 경우 가입 신청이 수리된 날에 그 자격을 취득한다.

    ㉠ 국민연금 가입자 또는 가입자였던 자로서 60세가 된 자. 다만, 다음 각 목의 어느 하나에 해당하는 자는 제외한다.

        ⅰ) 연금보험료를 납부한 사실이 없는 자

        ⅱ) 노령연금 수급권자로서 급여를 지급받고 있는 자

        ⅲ) 가입기간이 10년 미만인 자가 60세가 되어 반환일시금을 지급받은 자

    ㉡ 전체 국민연금 가입기간의 5분의 3 이상을 대통령령으로 정하는 직종의 근로자로 국민연금에 가입하거나 가입하였던 사람(이하 "특수직종근로자(어부, 광부)"라 한다)으로서 다음 각 목의 어느 하나에 해당하는 사람 중 노령연금 급여를 지급받지 않는 사람

        ⅰ) 노령연금 수급권을 취득한 사람

        ⅱ) 특례노령연금 수급권을 취득한 사람

② 임의계속가입자는 보건복지부령으로 정하는 바에 따라 국민연금공단에 신청하면 탈퇴할 수 있다.

③ 임의계속가입자는 다음 각 호의 어느 하나에 해당하게 된 날의 다음 날에 그 자격을 상실한다. 다만, 제3호의 경우 임의계속가입자가 납부한 마지막 연금보험료에 해당하는 달의 말일이 탈퇴 신청이 수리된 날보다 같거나 빠르고 임의계속가입자가 희망하는 경우에는 임의계속가입자가 납부한 마지막 연금보험료에 해당하는 달의 말일에 그 자격을 상실한다.

    ㉠ 사망한 때

    ㉡ 국적을 상실하거나 국외로 이주한 때

    ㉢ 탈퇴 신청이 수리된 때

    ㉣ 대통령령으로 정하는 기간 이상 계속하여 연금보험료를 체납한 때

(5) 외국인가입자

① 이 법의 적용을 받는 사업장에 사용되고 있거나 국내에 거주하는 외국인으로서 대통령령으로 정하는 자 외의 외국인은 당연히 사업장가입자 또는 지역가입자가 된다. 다만, 이 법에 따른 국민연금에 상응하는 연금에 관하여 그 외국인의 본국 법이 대한민국 국민에게 적용되지 아니하면 그러하지 아니하다(상호주의).

② 가입대상 제외자

당연히 사업장가입자나 지역가입자가 되는 외국인에서 제외되는 자는 다음 각 호와 같다.

㉠ 「출입국관리법」 제25조에 따라 체류기간연장허가를 받지 아니하고 체류하는 자

㉡ 「출입국관리법」 제31조에 따른 외국인등록을 하지 아니하거나 같은 법에 따라 강제퇴거명령서가 발급된 자

㉢ 「출입국관리법 시행령」에 따른 외국인의 체류자격이 있는 자로서 보건복지부령으로 정하는 자

PART
05

03 | 가입자격의 취득 및 상실

I 가입자 자격의 취득시기와 가입자의 상실시기

1. 가입자 자격의 취득시기

(1) 사업장가입자는 다음 각 호의 어느 하나에 해당하게 된 날에 그 자격을 취득한다.

① 사업장에 고용된 때 또는 그 사업장의 사용자가 된 때

② 당연적용사업장으로 된 때

(2) 지역가입자는 다음 각 호의 어느 하나에 해당하게 된 날에 그 자격을 취득한다. ③ 또는 ④의 경우 소득이 있게 된 때를 알 수 없는 경우에는 가입 신고를 한 날에 그 자격을 취득한다.

① 사업장가입자의 자격을 상실한 때

② 국민연금 가입 대상 제외자에 해당하지 아니하게 된 때

③ 배우자가 별도의 소득이 있게 된 때

④ 18세 이상 27세 미만인 자가 소득이 있게 된 때

(3) 임의가입자는 가입 신청이 수리된 날에 자격을 취득한다.

2. 가입자의 상실시기

(1) 사업장가입자는 다음 각 호의 어느 하나에 해당하게 된 날의 다음 날에 자격을 상실한다. 다만, ⑤의 경우에는 그에 해당하게 된 날에 자격을 상실한다.

① 사망한 때

② 국적을 상실하거나 국외로 이주한 때

③ 사용관계가 끝난 때

④ 60세가 된 때

⑤ 국민연금 가입 대상 제외자에 해당하게 된 때

(2) 지역가입자는 다음 각 호의 어느 하나에 해당하게 된 날의 다음 날에 자격을 상실한다. 다만, ③과 ④의 경우에는 그에 해당하게 된 날에 그 자격을 상실한다.

① 사망한 때

② 국적을 상실하거나 국외로 이주한 때

③ 국민연금 가입 대상 제외자에 해당하게 된 때

④ 사업장가입자의 자격을 취득한 때

⑤ 배우자로서 별도의 소득이 없게 된 때

⑥ 60세가 된 때

(3) 임의가입자는 다음 각 호의 어느 하나에 해당하게 된 날의 다음 날에 자격을 상실한다. 다만, ⑥과 ⑦의 경우에는 그에 해당하게 된 날에 그 자격을 상실한다.
  ① 사망한 때
  ② 국적을 상실하거나 국외로 이주한 때
  ③ 제10조 제2항에 따른 탈퇴 신청이 수리된 때
  ④ 60세가 된 때
  ⑤ 6개월 이상 계속하여 연금보험료를 체납한 때
  ⑥ 사업장가입자 또는 지역가입자의 자격을 취득한 때
  ⑦ 국민연금 가입 대상 제외자에 해당하게 된 때

(4) 임의계속가입자의 상실시기는 다음 각 호의 어느 하나에 해당하게 된 날의 다음 날에 자격을 상실한다.
  ① 사망한 때
  ② 국적을 상실하거나 국외로 이주한 때
  ③ 탈퇴 신청이 수리된 때
  ④ 6개월 이상 계속하여 연금보험료를 체납한 때

Ⅱ 신고 및 자격 등의 확인

1. 신고

(1) 사업장가입자의 사용자는 보건복지부령으로 정하는 바에 따라 당연적용사업장에 해당된 사실, 사업장의 내용 변경 및 휴업·폐업 등에 관한 사항과 가입자 자격의 취득·상실, 가입자의 소득월액 등에 관한 사항을 국민연금공단에 신고하여야 한다.

(2) 지역가입자, 임의가입자 및 임의계속가입자는 보건복지부령으로 정하는 바에 따라 자격의 취득·상실, 이름 또는 주소의 변경 및 소득에 관한 사항 등을 국민연금공단에 신고하여야 한다.

(3) 지역가입자, 임의가입자 또는 임의계속가입자가 부득이한 사유로 신고를 할 수 없는 경우에는 배우자나 그 밖의 가족이 신고를 대리(代理)할 수 있다.

2. 자격 등의 확인

(1) 국민연금공단은 가입자의 자격 취득·상실 및 기준소득월액에 관한 확인을 하여야 한다.

(2) 가입자 자격의 취득 및 상실은 공단에서 확인한 날이 아닌 규정에 따른 자격의 취득 및 상실 시기에 그 효력이 생긴다.

(3) 확인은 가입자의 청구, 제21조에 따른 신고 또는 직권으로 한다.

(4) 가입자 또는 가입자였던 자는 언제든지 보건복지부령으로 정하는 바에 따라 자격의 취득·상실, 가입자 종류의 변동 및 기준소득월액의 변동에 관한 확인을 청구할 수 있다.

(5) 국민연금공단은 가입자가 희망하는 경우 가입자에게 국민연금가입자 증명서를 내주어야 한다.

Ⅲ 공단의 통지

1. 신고인에 대한 통지

국민연금공단은 자격의 취득·상실 등의 신고를 받으면 그 내용을 확인하고, 신고 내용이 사실과 다르다고 인정되면 그 뜻을 신고인에게 통지하여야 한다.

2. 가입자에 대한 통지

(1) 국민연금공단은 사업장가입자의 자격 취득·상실에 관한 확인을 한 때와 기준소득월액이 결정되거나 변경된 때에는 이를 그 사업장의 사용자에게 통지하여야 하며, 지역가입자, 임의가입자 또는 임의계속가입자의 자격 취득·상실에 관한 확인을 한 때와 기준소득월액이 결정되거나 변경된 때에는 이를 그 지역가입자, 임의가입자 또는 임의계속가입자에게 통지하여야 한다.

(2) 통지를 받은 사용자는 이를 해당 사업장가입자 또는 그 자격을 상실한 자에게 통지하되, 그 통지를 받을 자의 소재를 알 수 없어 통지할 수 없는 경우에는 그 뜻을 국민연금공단에 통지하여야 한다.

(3) 사용자는 사업장가입자 또는 그 자격을 상실한 사람에게 통지를 한 경우에는 그 사실을 확인할 수 있는 서류를 작성하고, 보건복지부령으로 정하는 기간 동안 이를 보관하여야 한다.

(4) 국민연금공단은 다음 각 호의 어느 하나에 해당하면 보건복지부령으로 정하는 바에 따라 공고하는 것으로 통지를 갈음할 수 있다.

① 사업장이 폐지된 경우

② 통지를 받을 지역가입자, 임의가입자 또는 임의계속가입자의 소재를 알 수 없는 경우

③ 사용자로부터 통지를 받은 경우

④ 그 밖에 통지할 수 없는 불가피한 사정이 있는 경우로서 대통령령으로 정하는 경우

Ⅳ 사망의 추정

1. 사망의 추정

사고가 발생한 선박 또는 항공기에 탔던 자로서 생사를 알 수 없거나 그 밖의 사유로 생사를 알 수 없게 된 사람은 가입자의 자격 확인 및 연금의 지급과 관련하여 대통령령으로 정하는 바에 따라 사망한 것으로 추정한다.

2. 사망으로 추정되는 경우

(1) 사망으로 추정되는 경우는 다음과 같다.

 ① 선박이 침몰, 전복, 멸실 또는 행방불명되거나 항공기가 추락, 멸실 또는 행방불명된 경우에 그 선박이나 항공기에 탔던 자가 그 사고의 발생일부터 3개월 동안 생사를 알 수 없을 때

 ② 항행 중의 선박이나 항공기에 탔던 자가 행방불명되어 3개월 동안 생사를 알 수 없을 때

 ③ 천재지변이나 그 밖에 이에 준하는 사유로 3개월 동안 생사를 알 수 없을 때

(2) 사망으로 추정되는 자는 그 사고가 발생한 날이나 행방불명된 날에 사망한 것으로 추정한다.

(3) (1)의 각 호의 사유로 생사를 알 수 없었던 자가 사망한 것이 사고가 발생한 날이나 행방불명된 날부터 3개월 이내에 확인되었으나 그 사망의 시기가 분명하지 아니하면 그 사고가 발생한 날이나 행방불명된 날에 사망한 것으로 추정한다.

*간주(본다), 추정(반증 가능성)

04 | 가입기간

Ⅰ 국민연금 가입기간의 계산

(1) 국민연금 가입기간(이하 "가입기간"이라 한다)은 월 단위로 계산하되, 가입자의 자격을 취득한 날이 속하는 달의 다음 달부터 자격을 상실한 날의 전날이 속하는 달까지로 한다. 다만, 다음 각 호의 어느 하나에 해당하는 경우 자격을 취득한 날이 속하는 달은 가입기간에 산입하되, 가입자가 그 자격을 상실한 날의 전날이 속하는 달에 자격을 다시 취득하면 다시 취득한 달을 중복하여 가입기간에 산입하지 아니한다.

① 가입자가 자격을 취득한 날이 그 속하는 달의 초일인 경우(자격 취득일이 속하는 달에 다시 그 자격을 상실하는 경우는 제외한다)

② 임의계속가입자의 자격을 취득한 경우

③ 가입자가 희망하는 경우

(2) 가입기간을 계산할 때 연금보험료를 내지 아니한 기간은 가입기간에 산입하지 아니한다. 다만, 사용자가 근로자의 임금에서 기여금을 공제하고 연금보험료를 내지 아니한 경우에는 그 내지 아니한 기간의 2분의 1에 해당하는 기간을 근로자의 가입기간으로 산입한다. 이 경우 1개월 미만의 기간은 1개월로 한다.

(3) 「국민건강보험법」 제13조에 따른 국민건강보험공단(이하 "건강보험공단"이라 한다)이 제90조 제4항에 따라 근로자에게 그 사업장의 체납 사실을 통지한 경우에는 제2항 단서에도 불구하고 통지된 체납월(滯納月)의 다음 달부터 체납 기간은 가입기간에 산입하지 아니한다. 이 경우 그 근로자는 제90조 제1항에도 불구하고 가입기간에 산입되지 아니한 체납기간에 해당하는 기여금 및 부담금을 건강보험공단에 낼 수 있으며, 다음 각 호에 따른 기간을 가입기간에 산입한다.

① 기여금 납부 : 체납기간의 2분의 1에 해당하는 기간(이 경우 1개월 미만의 기간은 1개월로 한다.)

② 기여금과 부담금 납부 : 체납기간에 해당하는 기간

(4) (3)의 후단에 따라 기여금 및 부담금을 납부할 때 월별 납부 기한으로부터 10년이 지난 경우에는 대통령령으로 정하는 이자를 더하여 납부하여야 한다.

(5) 건강보험공단이 사용자가 체납한 연금보험료를 사용자로부터 납부받거나 징수한 경우에는 (3)의 후단에 따라 근로자가 중복하여 낸 기여금 및 부담금을 해당 근로자에게 대통령령으로 정하는 이자를 더하여 돌려주어야 한다.

(6) 반환일시금이 환수할 급여에 해당하는 경우 이를 반납하지 아니하는 때에는 그에 상응하는 기간을 가입기간에 산입하지 아니한다.

Ⅱ 연금보험료 일부 납부 월의 가입기간 계산

(1) 가입기간을 계산할 때 연금보험료의 일부가 납부된 경우에는 그 일부 납부된 보험료를 다른 일부 납부된 월의 미납 연금보험료와 연체금 등에 충당하고, 충당 후 완납된 월은 가입기간에 산입한다. 이 경우 충당의 대상 및 방법, 가입기간의 계산 및 급여의 지급 등에 필요한 사항은 대통령령으로 정한다.

(2) (1)에 따라 충당한 후에도 일부 납부된 연금보험료가 있는 경우에는 이를 최초 연금 지급월에 반환한다. 다만, 가입자 또는 가입자였던 자의 청구가 있는 경우에는 제99조에도 불구하고 일부 납부된 월의 미납된 연금보험료와 연체금 등을 납부받아 해당 월을 가입기간에 산입할 수 있다.

(3) (2)에 따라 연금보험료 또는 연체금 등을 반환하거나 납부받는 때에는 대통령령으로 정하는 이자를 더하여야 한다.

Ⅲ 군 복무기간에 대한 가입기간 추가 산입

(1) 다음 각 호의 어느 하나에 해당하는 자가 노령연금 수급권을 취득한 때(이 조에 따라 가입기간이 추가 산입되면 노령연금 수급권을 취득할 수 있는 경우를 포함한다)에는 6개월을 가입기간에 추가로 산입한다. 다만, 「병역법」에 따른 병역의무를 수행한 기간이 6개월 미만인 경우에는 그러하지 아니한다.
 ① 현역병
 ② 전환복무를 한 사람(현역병으로 복무 중인 사람이 교정시설경비교도, 전투경찰대원 또는 의무소방원의 임무에 종사하도록 군인으로서의 신분을 다른 신분으로 전환하는 것)
 ③ 상근예비역
 ④ 사회복무요원

(2) (1)에도 불구하고 「병역법」에 따른 병역의무를 수행한 기간의 전부 또는 일부가 다음 각 호의 어느 하나에 해당하는 기간에 산입된 경우에는 제1항을 적용하지 아니한다.
 ① 「공무원연금법」, 「사립학교교직원 연금법」 또는 「별정우체국법」에 따른 재직기간
 ② 「군인연금법」에 따른 복무기간

(3) (1)에 따라 가입기간을 추가로 산입하는데 필요한 재원은 국가가 전부를 부담한다.

Ⅳ 출산에 대한 가입기간 추가 산입

(1) 2 이상의 자녀가 있는 가입자 또는 가입자였던 자가 노령연금수급권을 취득한 때(이 조에 따라 가입기간이 추가 산입되면 노령연금수급권을 취득할 수 있는 경우를 포함한다)에는 다음 각 호에 따른 기간을 가입기간에 추가로 산입한다. 다만, 추가로 산입하는 기간은 50개월을 초과할 수 없으며, 자녀 수의 인정방법 등에 관하여 필요한 사항은 대통령령으로 정한다.
 ① 자녀가 2명인 경우 : 12개월

② 자녀가 3명 이상인 경우 : 둘째 자녀에 대하여 인정되는 12개월에 2자녀를 초과하는 자녀 1명마다 18개월을 더한 개월 수

6자녀수	2자녀	3자녀	4자녀	5자녀 이상
추가 인정기간	12개월	30개월	48개월	50개월

> ✏ 자녀의 인정 범위
> 법에 따라 가입기간이 추가 산입되는 자녀는 다음 각 호에 정하는 자(가입기간에 추가 산입하는 때에 이미 사망한 자를 포함한다)로 한다.
>   가. 「민법」에 따른 친생자, 인지된 출생자, 양자 및 친양자
>   나. 「입양특례법」에 따라 입양된 자녀
> 자녀의 부 또는 모(양부모의 경우를 포함한다. 이하 이 항에서 같다)가 노령연금 수급권을 취득한 때에 자녀가 다음 각 호의 어느 하나에 해당하면 해당 부 또는 모의 가입기간을 추가 산입할 수 없다.
>   가. 다른 사람의 양자로 된 경우
>   나. 파양(罷養)된 경우
> 가입자 또는 가입자였던 자가 가입기간에 추가 산입한 자녀에 대하여는 다른 사람이 가입기간에 추가 산입을 할 수 없다.

(2) (1)에 따른 추가 가입기간은 부모가 모두 가입자 또는 가입자였던 자인 경우에는 부와 모의 합의에 따라 2명 중 1명의 가입기간에만 산입하되, 합의하지 아니한 경우에는 균등 배분하여 각각의 가입기간에 산입한다. 이 경우 합의의 절차 등에 관하여 필요한 사항은 보건복지부령으로 정한다.

(3) (1)에 따라 가입기간을 추가로 산입하는데 필요한 재원은 국가가 전부 또는 일부를 부담한다.

Ⅴ 실업에 대한 가입기간 추가 산입

(1) 「고용보험법」에 따른 구직급여를 받는 기간을 가입기간으로 산입하려는 사람은 보건복지부령으로 정하는 바에 따라 공단(제25조의6에 따라 공단의 업무를 위탁받은 직업안정기관을 포함한다)에 신청하여야 한다. 다만, 구직급여를 지급받을 수 있는 마지막 날(「고용보험법」 제51조부터 제53조까지의 규정에 따라 연장하여 지급하는 구직급여를 받는 경우에는 「고용보험법」 제54조에 따른 수급기간의 마지막 날을 말한다. 이하 "구직급여종료일"이라 한다)이 속하는 달의 다음 달 15일이 지나면 신청할 수 없다.

(2) 공단은 (1)에 따른 신청(직업안정기관에 한 신청을 포함한다)을 한 신청인의 구직급여 수급일수(「고용보험법」 제63조 제1항 및 제2항에 따라 구직급여를 갈음하여 지급하는 상병급여의 수급일수는 제외한다)가 누적하여 30일이 되는 경우에 해당 월(이하 "보험료부담 구직급여월"이라 한다)에 대하여 보건복지부령으로 정하는 바에 따라 본인부담 연금보험료(신청인이 법 제19조의2 제3항 전단에 따라 납부하여야 하는 연금보험료에서 같은 항 후단에 따라 지원받은 금액을 뺀 연금보험료를 말한다. 이하 같다), 납부기한 등을 적은 문서로써 납부의 고지를 하여야 한다.

(3) 신청인이 (2)에 따라 고지 받은 본인부담 연금보험료를 구직급여종료일부터 3개월이 지난 후에도 납부하지 아니한 경우에는 (1)에 따른 신청은 철회된 것으로 본다.

(4) 공단은 신청인이 법 제19조의2 제1항에 따른 요건을 갖추지 못하였음에도 가입기간이 추가 산입된 경우에 해당 가입기간의 추가 산입을 취소하고 그 기간에 대하여 납부한 본인부담 연금보험료를 반환하여야 한다. 이 경우 본인부담 연금보험료를 납부한 날의 다음 날부터 반환하는 날까지의 기간에 대하여 전단에 따른 본인부담 연금보험료에 「국세기본법 시행령」제43조의3 제2항에 따른 국세환급가산금의 이자율을 곱하여 산정한 금액을 신청인이 납부한 본인부담 연금보험료에 더하여 반환한다.

(5) 공단은 제73조에도 불구하고 신청인이 요청하는 경우에는 신청인이 (2)에 따른 고지를 받아 납부한 본인부담 연금보험료 중 과오납부한 금액을 미납된 본인부담 연금보험료에 충당해야 한다. 이 경우 충당하고 남은 금액의 반환에 관하여는 (4)의 후단을 준용한다.

(6) 추가 산입기간

구직급여를 받는 기간으로 하되, 1년을 초과할 수 없으며 구직급여의 산정 기초가 되는 임금일액을 월액으로 환산한 금액의 절반에 해당하는 소득(=인정소득)으로 가입한 것으로 본다.

(7) 추가산입기간의 반영

① 노령연금 : 추가산입기간을 기본연금액에 반영한다.

② 장애연금 : 추가산입기간을 기본연금액에 반영하지 아니한다.

③ 유족연금 : 추가산입기간을 기본연금액에 반영하지 아니하되, 유족연금액 결정을 위한 가입기간에는 반영한다.

Ⅵ 가입기간의 합산

(1) 가입자의 자격을 상실한 후 다시 그 자격을 취득한 자에 대하여는 전후(前後)의 가입기간을 합산한다.

(2) 가입자의 가입 종류가 변동되면 그 가입자의 가입기간은 각 종류별 가입기간을 합산한 기간으로 한다.

05 | 연금급여

I 통칙

1. 급여의 종류

연금	노령연금	국민연금의 기초가 되는 급여로서 노후 소득보장을 위한 급여
	장애연금	장애로 인한 소득감소에 대비한 급여
	유족연금	가입자의 사망으로 인한 유족의 생계 보호를 위한 급여
일시금	반환일시금	연금을 받지 못하거나 더 이상 가입할 수 없는 경우 청산적 성격으로 지급하는 급여

* 사망일시금 : 유족연금 및 반환일시금을 받지 못할 경우 장제비적 성격으로 지급하는 급여

2. 급여의 지급

(1) 급여는 수급권자의 청구에 따라 공단이 지급한다.

(2) 연금액은 지급사유에 따라 기본연금액과 부양가족연금액을 기초로 산정한다.

3. 연금급여액의 산정 : 연금급여액 = 기본연금액 + 부양가족연금액

(1) 기본연금액 = $1.2(A + B) \times (1 + 0.05n/12)$

① 기본연금액 : [연금수급 전 3년간의 각 연도별 평균소득월액의 평균액](A)과 [가입자 개인의 가입기간 중 기준소득월액의 평균액](B)을 합한 금액에 1천분의 1천200을 곱한 금액으로 한다.

② 가입기간이 20년을 초과한 경우 : 그 초과하는 1년[1년 미만이면 매 1개월(n)을 12분의 1년으로 계산한다]마다 앞에서 계산한 금액에 1천분의 50을 곱한 금액을 더한다.

(2) 부양가족 연금

① 의의

수급권자(유족연금의 경우에는 사망한 가입자 또는 가입자였던 자)에 의하여 생계를 유지하고 있는 자에 대하여 부가적으로 지급하는 급여

② 부양가족연금액

계산 대상	요건	부양 가족 연금액	
		법규정	24년 1월~23년 12월
배우자 (사실혼 포함)		연 150,000원	연 293,580원
자녀 (배우자가 혼인 전에 얻은 자녀 포함)	19세 미만이거나 장애등급 2급 이상 또는 중증장애인 의 자녀	연 100,000원	연 195,660원/1명당
부모 (부 또는 모의 배우자, 배우자의 부모 포함)	60세 이상이거나 장애등급 2급 이상 또는 중증장애인 의 부모		

③ 부양가족연금액 계산에서 제외되는 경우

㉠ 연금 수급권자(「국민연금과 직역연금의 연계에 관한 법률」에 따른 연계급여 수급권자를 포함한다), 퇴직연금등수급권자, 「공무원연금법」, 「공무원 재해보상법」, 「사립학교 교직원 연금법」, 「별정우체국법」, 「군인연금법」 또는 「군인 재해보상법」에 따른 퇴직유족연금, 장해유족연금, 상이유족연금, 순직유족연금, 직무상유족연금, 위험직무순직 유족연금 또는 유족연금 수급권자

㉡ 부양가족에 해당하는자는 부양가족연금액을 계산할 때 2명 이상의 연금 수급권자의 부양가족 연금 계산 대상이 될 수 없음

㉢ 부양가족이 다음에 해당하게 되면 부양가족연금액의 계산에서 제외

  ⅰ) 사망한 때

  ⅱ) 수급권자에 의한 생계유지의 상태가 끝난 때

  ⅲ) 배우자가 이혼한 때

  ⅳ) 자녀가 다른 사람의 양자가 되거나 파양(罷養)된 때

  ⅴ) 자녀가 19세가 된 때. 다만, 제52조의2에 따른 장애상태에 있는 자녀는 제외한다.

  ⅵ) 장애상태에 있던 자녀 또는 부모가 그 장애상태에 해당하지 아니하게 된 때

  ⅶ) 배우자가 혼인 전에 얻은 자녀와의 관계가 이혼으로 인하여 종료된 때

  ⅷ) 재혼한 부 또는 모의 배우자와 수급자의 관계가 부모와 그 배우자의 이혼으로 인하여 종료된 경우

4. 산정된 금액의 적용

(1) 산정된 금액의 조정

산정된 금액을 수습권자에게 적용할 때에는 연금 수급 2년 전 연도와 대비한 전년도의 전국소비자물가변동률을 기준으로 그 변동률에 해당하는 금액을 더하거나 빼되, 미리 국민연금심의 위원회의 심의를 거쳐야 함

(2) 조정금액의 적용기간

조정된 금액을 수급권자에게 적용할 때 그 적용 기간은 해당 <u>조정연도 1월부터 12월까지</u>

5. 연금액의 최고한도

연금의 월별 지급액은 다음의 금액 중에서 많은 금액을 넘지 못함

(1) 가입자였던 최종 5년 동안의 기준소득월액(연도별 재평가율에 의해서 환산한 금액)을 평균한 금액을 전국 소비자물가변동률에 따라 조정한 금액

(2) 가입기간 동안의 기준소득월액(연도별 재평가율에 의해서 환산한 금액)을 평균한 금액을 전국 소비자물가변동률에 따라 조정한 금액

▌II▐ 노령연금

1. 의의

완전노령연금	가입기간이 10년 이상인 가입자 또는 가입자였던 자가 60세에 도달하면 지급
조기노령연금	가입기간이 10년 이상으로 55세 이상인 가입자가 소득이 있는 업무에 종사하지 아니하는 경우에 지급
소득활동에 따른 노령연금	가입기간이 10년 이상으로 60세 이상 65세 미만인 가입자가 소득이 있는 업무에 종사하고 있는 경우에 지급
특례노령연금	1988년 기준으로 45세 이상 60세 이하인 가입자에게만 적용 가입기간이 5년 이상으로 60세에 도달하면 지급
분할연금	혼인 기간이 5년 이상인 자가 이혼한 후 배우자였던 자의 노령연금을 분할하여 지급받는 급여

*기초노령연금은 국민연금법상 연금이 아니다.

2. 완전노령연금

(1) 수급요건

① 가입기간이 10년 이상일 것

② 60세(특수직종근로자는 55세)에 도달할 것

*65세 이전까지는 소득이 있으면 소득활동에 따른 노령연금으로 전환

(2) 급여수준

① 가입기간이 20년 이상인 경우 : 노령연금액 = 기본연금액 + 부양가족연금액

② 가입기간이 10년 이상 20년 미만인 경우

노령연금액 = 기본연금액 × (0.5 + 0.05n/12) + 부양가족연금액

㉠ 기본연금액의 1천분의 500에 해당하는 금액에 부양가족연금액을 더한 금액

㉡ 가입기간이 10년을 초과하면 그 초과하는 1년(1년 미만이면 매 1개월을 12분의 1년으로 계산)마다 기본연금액의 1천분의 50에 해당하는 금액을 더한 금액(n = 10년 초과월수)

(3) 연금의 전부 또는 일부의 지급연기에 따른 가산

① 신청대상 : 노령연금의 수급권자로서 60세 이상 65세 미만인 사람

(특수직종근로자는 55세 이상 60세 미만인 사람)

② 연기기간 : 65세(특수직종근로자는 60세) 전까지의 기간

③ 연금의 가산지급 : 연기한 노령연금액(부양가족연금액을 제외)에 연기되는 매 1개월마다 그 금액의 1천분의 6을 더한 금액

*연금수급기간을 연기하여 1년 덜 받는 대신 1년당 7.2%(1개월당 1천분의 6)씩 많이 수령

3. 조기노령연금

(1) 수급요건

① 가입기간이 10년 이상일 것

② 55세 이상인 자가 대통령령으로 정하는 소득(3년간의 평균소득월액을 초과하는 소득)이 있는 업무에 종사하지 아니할 것

③ 본인이 희망할 것

④ 60세 도달 전에 청구할 것

(2) 급여수준

조기노령연금(액) = (노령연금 - 부양가족연금) × 수급연령비율 + 부양가족연금액

조기노령연금액은 가입기간에 따라 노령연금액 중 부양가족연금액을 제외한 금액에 수급연령별로 다음의 구분에 따른 비율을 곱한 금액에 부양가족연금액을 더한 금액으로 함

① 55세부터 지급받는 경우에는 1천분의 700

② 56세부터 지급받는 경우에는 1천분의 760

③ 57세부터 지급받는 경우에는 1천분의 820

④ 58세부터 지급받는 경우에는 1천분의 880

⑤ 59세부터 지급받는 경우에는 1천분의 940

(3) 조기노령연금의 지급 정지

① 소득이 있는 업무에 종사하는 경우

② 소득이 있는 업무에 종사하지는 아니하나 조기노령연금을 받고 있는 본인이 조기노령연금 지급 정지를 신청하는 경우

4. 소득활동에 따른 노령연금액

(1) 수급요건

① 노령연금수급권자일 것

② 60세 이상 65세 미만(특수직종근로자는 55세 이상 60세 미만)인 기간에 대통령령으로 정하는 소득(3년간의 평균소득월액을 초과하는 소득)이 있는 업무에 종사할 것

(2) 급여수준

노령연금액(부양가족연금액은 제외)에서 다음의 구분에 따른 금액을 뺀 금액을 지급. 이 경우 빼는 금액은 노령연금액의 2분의 1을 초과할 수 없음

① 초과소득월액이 100만원 미만 : 초과소득월액의 1천분의 50

② 초과소득월액이 100만원 이상 200만원 미만 : 5만원 + (초과소득월액 − 100만원) × 1천분의 100

③ 초과소득월액이 200만원 이상 300만원 미만 : 15만원 + (초과소득월액 − 200만원) × 1천분의 150

④ 초과소득월액이 300만원 이상 400만원 미만 : 30만원 + (초과소득월액 − 300만원) × 1천분의 200

⑤ 초과소득월액이 400만원 이상 : 50만원 + (초과소득월액 − 400만원) × 1천분의 250

　*초과소득월액 = 수급권자의 소득월액(사업소득 + 근로소득) − 3년간의 평균소득월액의 평균액

5. 분할연금

(1) 수급요건

① 혼인 기간(배우자의 가입기간 중의 혼인 기간으로서 별거, 가출 등의 사유로 인하여 실질적인 혼인관계가 존재하지 아니하였던 기간을 제외한 기간)이 5년 이상인 자가 다음의 요건을 모두 갖출 것

　㉠ 배우자와 이혼하였을 것

　㉡ 배우자였던 사람이 노령연금 수급권자일 것

　㉢ 60세가 되었을 것

② 수급요건을 갖춘 때부터 5년 이내에 신청할 것

③ 60세에 도달하기 이전에 이혼하는 경우에는 이혼의 효력이 발생하는 때부터 3년 이내에 분할연금을 미리 청구할 수 있음(분할연금 선청구)

④ 60세에 도달하기 이전에 분할연금 선청구를 취소할 수 있으며, 이 경우 분할연금 선청구 및 선청구의 취소는 1회로 한정

⑤ 분할연금 선청구의 경우에도 수급요건을 모두 갖추게 된 때에 분할연금을 지급

(2) 급여수준

① 분할연금액은 배우자였던 자의 노령연금액(부양가족연금액은 제외) 중 혼인 기간에 해당하는 연금액을 균등하게 나눈 금액

② 민법상 재산분할청구제도에 따라 연금의 분할에 관하여 별도로 결정된 경우에는 그를 따름

(3) 분할연금 수급권의 포기

① 분할연금 수급권자가 배우자였던 사람과 재혼한 경우에는 분할연금 수급권의 포기를 신청할 수 있으며, 포기를 신청한 경우에는 그 분할연금 수급권은 신청한 날부터 소멸

② 분할연금 수급권이 소멸된 경우에는 분할연금 수급권을 포기한 사람의 배우자에게 분할연금이 발생하기 전의 노령연금을 지급

(4) 분할연금과 노령연금의 관계

① 분할연금 수급권은 그 수급권을 취득한 후에 배우자였던 자에게 생긴 사유로 노령연금 수급권이 소멸·정지되어도 영향을 받지 않음

② 수급권자에게 2 이상의 분할연금 수급권이 생기면 분할연금액을 합산하여 지급

③ 2 이상의 분할연금 수급권과 다른 급여(노령연금을 제외)의 수급권이 생기면 그 2 이상의 분할연금 수급권을 하나의 분할연금 수급권으로 보고 본인의 선택에 따라 분할연금과 다른 급여 중 하나만 지급하고 선택하지 아니한 분할연금 또는 다른 급여의 지급은 정지

④ 분할연금 수급권자는 사망하더라도 그에 따른 유족연금을 지급하지 않음

⑤ 분할연금 수급권자에게 노령연금 수급권이 발생한 경우에는 분할연금액과 노령연금액을 합산하여 지급

Ⅲ 장애연금 및 유족연금

1. 장애연금

(1) 의의

가입자의 장애로 인한 소득 감소부분을 보전함으로써 가입자와 부양가족의 안정된 생활을 보장하기 위한 급여. 가입자의 장애가 계속되는 동안 장애 정도에 따라 장애연금을 지급

(2) 수급요건

① 가입자 또는 가입자였던 자가 질병이나 부상으로 신체상 또는 정신상의 장애가 있을 것

② 해당 질병 또는 부상의 초진일 당시 연령이 18세(18세 전에 가입한 경우에는 가입자가 된 날) 이상이고 노령연금의 지급 연령 미만일 것

③ 다음의 어느 하나에 해당할 것

  ㉠ 해당 질병 또는 부상의 초진일 당시 연금보험료를 낸 기간이 가입대상기간의 3분의 1 이상일 것

  ㉡ 해당 질병 또는 부상의 초진일 5년 전부터 초진일까지의 기간 중 연금보험료를 낸 기간이 3년 이상일 것. 다만, 가입대상기간 중 체납기간이 3년 이상인 경우는 제외

  ㉢ 해당 질병 또는 부상의 초진일 당시 가입기간이 10년 이상일 것

(3) 장애연금의 지급

장애결정 기준일부터 그 장애가 계속되는 기간 동안 장애 정도에 따라 장애연금을 지급

(4) 장애결정 기준일

① 초진일부터 1년 6개월이 지나기 전에 완치일이 있는 경우 : 완치일

② 초진일부터 1년 6개월이 지날 때까지 완치일이 없는 경우 : 초진일부터 1년 6개월이 되는 날의 다음 날

③ 초진일부터 1년 6개월이 되는 날의 다음 날에 장애연금의 지급 대상이 되지 아니하였으나, 그 후 그 질병이나 부상이 악화된 경우 : 장애연금의 지급을 청구한 날(노령연금 지급연령 전에 청구한 경우만 해당)과 완치일 중 빠른 날

④ 장애연금의 수급권이 소멸된 사람이 장애연금 수급권을 취득할 당시의 질병이나 부상이 악화된 경우 : 청구일과 완치일 중 빠른 날

(5) 장애연금의 지급 제외
① 초진일이 가입 대상에서 제외된 기간 중에 있는 경우
② 초진일이 국외이주·국적상실 기간 중에 있는 경우
③ 반환일시금을 지급받은 경우

(6) 장애연금액

장애등급	장애연금액 또는 일시보장금	비고
장애 1급	기본연금액 + 부양가족연금액	연금
장애 2급	기본연금액의 80% + 부양가족연금액	
장애 3급	기본연금액의 60% + 부양가족연금액	
장애 4급	기본연금액의 225%(일시보상금)	일시금

* 장애연금의 지급대상이 되는 자가 반환일시금을 지급받았으면 장애연금 지급 ×

(7) 장애의 중복 조정
① 장애연금 수급권자에게 다시 장애연금을 지급하여야 할 장애가 발생한 때에는 전후의 장애를 병합(併合)한 장애 정도에 따라 장애연금을 지급
② 전후의 장애를 병합한 장애 정도에 따른 장애연금이 전의 장애연금보다 적으면 전의 장애연금을 지급

(8) 장애연금액의 변경
① 공단은 장애연금 수급권자의 장애 정도를 심사하여 장애등급이 다르게 되면 그 등급에 따라 장애연금액을 변경하고, <u>장애등급에 해당되지 아니하면 장애연금 수급권을 소멸</u>
② 장애연금의 수급권자는 그 장애가 악화되면 공단에 장애연금액의 변경을 청구 ○
③ 60세 이상인 장애연금 수급권자에 대하여는 장애연금액 변경 ×

(9) 일시보상금에 대한 평가
일시보상금 수급권자에게 중복급여의 조정, 장애의 중복 조정, 장애연금액의 변경 및 소멸시효를 적용할 때에는 일시보상금 지급 사유 발생일이 속하는 달의 다음 달부터 기본연금액의 1천분의 400을 12로 나눈 금액이 67개월 동안 지급된 것으로 봄

2. 유족연금

(1) 의의

국민연금 수급권자나 가입자(또는 가입자였던 자)가 사망할 경우 그에 의해 생계를 유지하던 유족의 생계를 보호하기 위하여 지급하는 급여)

(2) 수급요건 – 다음의 사람이 사망하면 그 유족에게 유족연금을 지급

① 노령연금 수급권자

② 가입기간이 10년 이상인 가입자 또는 가입자였던 자

③ 연금보험료를 낸 기간이 가입대상기간의 3분의 1 이상인 가입자 또는 가입자였던 자

④ 사망일 5년 전부터 사망일까지의 기간 중 연금보험료를 낸 기간이 3년 이상인 가입자 또는 가입자였던 자. 다만, 가입대상기간 중 체납기간이 3년 이상인 사람은 제외

⑤ 장애등급이 2급 이상이거나 「장애인복지법」에 따른 중증장애인인 장애연금 수급권자

**③, ④에 해당하는 자가 [가입 대상에서 제외되는 기간]과 [국외이주·국적상실기간] 중 사망하는 경우에는 유족연금을 지급 ✕

(3) 수급권자인 유족의 범위

① 가입자 또는 가입자였던 자가 사망할 당시 그에 의하여 생계를 유지하고 있던 자로서 다음의 요건을 갖춘 자

순위	범위	요건
1	배우자(사실혼관계 있는 자 포함)	
2	자녀	25세 미만 or 장애등급 2급 이상 or 중증장애인
3	부모(배우자의 부모 포함)	60세 이상 or 장애등급 2급 이상 or 중증장애인
4	손자녀	19세 미만 or 장애등급 2급 이상 or 중증장애인
5	조부모(배우자의 부모 포함)	60세 이상 or 장애등급 2급 이상 or 중증장애인

② 급여를 받을 권리를 취득할 당시 가입자 또는 가입자였던 자의 태아가 출생하면 그 자녀는 가입자 또는 가입자였던 자에 의하여 생계를 유지하고 있던 자녀로 봄

(4) 수급권자의 순위

① 유족연금은 순위에 따라 최우선 순위자에게만 지급하나, 배우자인 유족의 수급권이 소멸되거나 정지되면 자녀(25세 미만이거나 장애등급 2급 이상 또는 중증장애인)인 유족에게 지급

② 같은 순위의 유족이 2명 이상이면 그 유족연금액을 똑같이 나누어 지급

(5) 유족연금액

① 유족연금액 = 가입기간에 따른 기본연금액의 일정률 + 부양가족연금액

② 노령연금 수급권자가 사망한 경우의 유족연금액은 사망한 자가 지급받던 노령연금액을 초과할 수 없음

가입기간	유족연금액	비고
10년 미만	기본연금액의 40% + 부양가족연금액	사망한 자가 지급받던 노령연금액 초과 ×
10년 이상 20년 미만	기본연금액의 50% + 부양가족연금액	
20년 이상	기본연금액의 60% + 부양가족연금액	

(6) 유족연금 수급권의 소멸사유

① 수급권의 소멸사유

㉠ 수급권자가 사망한 때

㉡ 배우자인 수급권자가 재혼한 때

㉢ 자녀나 손자녀인 수급권자가 파양된 때

㉣ 장애등급 2급 이상 또는 중증장애인에 해당하지 아니한 자녀인 수급권자가 25세가 된 때 또는 장애등급 2급 이상 또는 중증장애인에 해당하지 아니한 손자녀인 수급권자가 19세가 된 때

② 유족연금 수급권자가 부모, 손자녀 또는 조부모인 경우에만 적용되는 소멸사유 : 가입자 또는 가입자였던 자의 사망 당시의 태아가 출생하여 수급권을 갖게 된 때

(7) 유족연금의 지급 정지

① 배우자가 55세 미만인 때

유족연금의 수급권자인 배우자에 대하여는 다음의 어느 하나에 해당하는 경우 제외하고는 수급권이 발생한 때부터 3년 동안 유족연금을 지급한 후 55세가 될 때까지 지급을 정지함

㉠ 장애등급 2급 이상 또는 중증장애인인 경우

㉡ 가입자 또는 가입자였던 자의 25세 미만인 자녀 또는 장애등급 2급 이상 또는 중증장애인인 자녀의 생계를 유지한 경우

㉢ 소득이 있는 업무에 종사하지 아니하는 경우

② 수급권자가 1년 이상 행방불명된 때

㉠ 배우자 : 배우자의 소재를 1년 이상 알 수 없는 때에는 유족인 자녀의 신청에 따라 그 소재 불명(不明)의 기간 동안 그에게 지급하여야 할 유족연금은 지급을 정지

㉡ 배우자 외의 자 : 배우자 외의 자에 대한 유족연금의 수급권자가 2명 이상인 경우 그 수급권자 중에서 1년 이상 소재를 알 수 없는 자가 있으면 다른 수급권자의 신청에 따라 그 소재 불명의 기간에 해당하는 그에 대한 유족연금의 지급을 정지

㉢ 지급정지의 해제 : 유족연금의 지급이 정지된 자의 소재가 확인된 경우에는 본인의 신청에 의하여 지급 정지를 해제

③ 자녀나 손자녀인 수급권자가 다른 사람에게 입양된 때

㉠ 그에 해당하게 된 때부터 유족연금의 지급을 정지

ⓛ 지급정지의 해제 : 유족연금의 지급이 정지된 자가 파양된 경우에는 본인의 신청에 의하여 파양된 때부터 지급 정지를 해제

④ 장애로 수급권을 취득한 자가 장애등급 2급 이상 또는 중증장애인에 해당하지 않게 된 때

    ㉠ 그에 해당하게 된 때부터 유족연금의 지급을 정지

    ⓛ 지급정지의 해제 : 유족연금의 지급이 정지된 자가 질병이나 부상이 악화되어 장애등급 2급 이상 또는 중증장애인에 해당하게 된 경우에는 본인의 신청에 의하여 장애등급 2급 이상 또는 중증장애인에 해당하게 된 때부터 지급 정지를 해제

⑤ 유족연금 수급권자가 1년 이상 소재불명이고 지급 정지의 신청을 할 사람이 존재하지 않을 때

    ㉠ 지급정지의 취소 : 소재불명이었던 수급권자의 소재가 확인되거나 사망한 사실이 확인된 경우에 지급 정지를 취소해야 함

    ⓛ 미지급 급여의 지급 : 지급 정지를 취소한 경우 지급 정지 기간 동안 지급되지 아니한 급여를 수급권자에게 지급해야 함

Ⅳ 일시금

1. 반환일시금

(1) 의의

연금급여를 받을 수 있는 요건을 충족하지 못하였거나 국외이주 등으로 더 이상 국민연금에 가입할 수 없는 경우 납부한 연금보험료에 이자를 더해 일시에 지급하는 것으로 청산적 성격으로 지급하는 급여

(2) 수급요건

① 가입자 또는 가입자였던 자가 다음의 어느 하나에 해당할 것

    ㉠ 가입기간이 10년 미만인 자가 60세가 된 때(특례노령연금수급권자는 해당되지 않음)

    ⓛ 가입자 또는 가입자였던 자가 사망한 때(다만, 유족연금이 지급되는 경우에는 ×)

    ⓒ 국적을 상실하거나 국외로 이주한 때

② 본인이나 그 유족의 청구가 있을 것

(3) 유족의 범위와 청구의 우선순위 : 유족연금과 같음

(4) 반환일시금 액수

① 반환일시금의 액수 : 가입자 또는 가입자였던 자가 납부한 연금보험료(사업장가입자 또는 사업장가입자였던 자의 경우에는 사용자의 부담금을 포함)에 이자를 더한 금액

② 이자는 연금보험료를 낸 날이 속하는 달의 다음 달부터 해당 지급사유가 발생한 날이 속하는 달까지의 기간에 대하여 만기 정기예금이자율을 곱하여 산정

(5) 반환일시금 수급권의 소멸사유

① 수급권자가 다시 가입자로 된 때

② 수급권자가 노령연금의 수급권을 취득한 때

③ 수급권자가 장애연금의 수급권을 취득한 때

④ 수급권자의 유족이 유족연금의 수급권을 취득한 때

(6) 반납금 납부와 가입기간

① 반납금의 납부

반환일시금을 받은 자로서 다시 가입자의 자격을 취득한 경우 : 지급받은 반환일시금에 1년 만기 정기예금 이자율로 정하는 이자를 더한 금액을 반납금으로 공단에 낼 수 있음

② 분할납부 : 반납금은 납부할 자의 신청에 따라 분할납부 가능

③ 가입기간에 포함 : 반납금을 낸 경우 그에 상응하는 기간을 가입기간에 포함해서 계산

2. 사망일시금

(1) 의의

유족연금 및 반환일시금을 받지 못할 경우 장제비적 성격으로 지급하는 급여

(2) 수급요건

① 가입자 또는 가입자였던 사람

② 노령연금 수급권자

③ 장애등급이 3급 이상인 장애연금 수급권자 등이 사망한 때에 유족연금을 지급받을 수 있는 유족이 없을 것

(3) 수급권자 : 배우자·자녀·부모·손자녀·조부모·형제자매 및 4촌 이내의 방계혈족

＊ 단 가출·실종 등 대통령령으로 정하는 경우에 해당하는 사람에게는 지급하지 아니하며, 4촌 이내 방계혈족의 경우에는 가입자 또는 가입자였던 사람의 사망 당시 가입자 또는 가입자였던 사람에 의하여 생계를 유지하고 있던 사람에게만 지급

(4) 수급권자의 순위

사망일시금을 받을 자의 순위는 배우자·자녀·부모·손자녀·조부모·형제자매 및 4촌 이내의 방계혈족 순으로 한다. 이 경우 순위가 같은 사람이 2명 이상이면 똑같이 나누어 지급

(5) 사망일시금의 액수

① 가입자 또는 가입자였던 사람 : 반환일시금에 상당하는 금액(현재가치로 환산한, 가입자 또는 가입자였던 사람의 최종 기준소득월액과 가입기간 중 기준소득월액의 평균액 중에서 많은 금액의 4배를 초과하지 못한다.)

② 노령연금 수급권자 또는 장애등급이 3급 이상인 장애연금 수급권자 : 수급권자가 사망할 때까지 지급받은 연금액이 산정한 금액보다 적은 경우에 그 차액에 해당하는 금액

3. 유족연금과 사망일시금의 관계

자녀 또는 손자녀인 유족연금 수급권자에 대하여는 유족연금수급권이 소멸할 때(자녀가 25세가 된 때 또는 손자녀인 수급권자가 19세가 된 때)까지 지급받은 유족연금액이 사망일시금액보다 적을 때에는 그 차액을 일시금으로 지급

V 수급권

1. 연금의 지급

(1) 지급 기간

연금을 지급하여야 할 사유가 생긴 날이 속하는 달의 다음 달부터 수급권이 소멸한 날이 속하는 달까지 지급

(2) 지급일

① 연금은 매월 25일에 그 달의 금액을 지급
② 지급일이 토요일이나 공휴일이면 그 전날에 지급
③ 수급권이 소멸하거나 연금 지급이 정지된 경우에는 그 지급일 전에 지급
④ 반환일시금(사망일시금)의 경우에는 수급요건이 확인되면 청구 즉시 지급하며, 외국인이 귀국(국외이주)을 사유로 출국 전 반환일시금 청구한 경우에는 출국이 확인되면 반환일시금 지급

(3) 지급정지

연금은 지급을 정지하여야 할 사유가 생기면 그 사유가 생긴 날이 속하는 달의 다음 달부터 그 사유가 소멸한 날이 속하는 달까지는 지급 ×

2. 급여수급전용계좌

(1) 수급자는 대통령령으로 정하는 금액(185만원) 이하의 급여를 본인 명의의 지정된 급여수급전용계좌로 입금하도록 신청할 수 있으며, 이 경우 공단은 급여를 급여수급전용계좌로 입금하여야 함
(2) 급여수급전용 계좌가 개설된 금융기관은 급여만이 급여수급전용계좌에 입금되도록 하고, 이를 관리하여야 함

3. 미지급 급여

(1) 의의

수급권자가 사망한 경우 그 수급권자에게 지급하여야 할 급여 중 아직 지급되지 아니한 것이 있으면 그 배우자 등의 청구에 따라 그 미지급 급여를 지급

(2) 미지급 급여의 순위

① 배우자, 자녀, 부모, 손자녀, 조부모, 형제자매의 순으로 한다(단, 가출·실종 등 대통령령으로 정하는 경우에 해당하는 사람에게는 지급 ×, 형제자매의 경우에는 가입자 또는 가입

자였던 사람의 사망 당시 가입자 또는 가입자였던 사람에 의하여 생계를 유지하고 있던
사람에게만 지급).

② 순위가 같은 사람이 2명 이상이면 똑같이 나누어 지급

(3) 미지급 급여의 청구기한

수급권자가 사망한 날부터 5년 이내에 청구해야 함

4. 중복급여의 조정

(1) 의의

중복급여의 조정이란 한 사람에게 국민연금 또는 다른 사회보험에 의한 급여가 중복 지급되는
것을 제한하거나 조정하는 것으로, 한정된 재원으로 보다 많은 사람들이 혜택을 누리도록 하
기 위한 사회보험의 원리에 따른 제도

(2) 국민연금 중복급여의 조정

① 원칙

수급권자에게 국민연금법에 따른 2 이상의 급여 수급권이 생기면 수급권자의 선택에 따라
그중 하나만 지급하고 다른 급여는 지급을 정지

② 예외 : 중복급여조정의 완화

ㄱ 선택하지 아니한 급여가 유족연금일 때

유족연금액의 100분의 30에 해당하는 금액을 추가로 지급(선택한 급여가 반환일시금일
때를 제외)

ㄴ 선택하지 아니한 급여가 반환일시금일 때

사망일시금에 상당하는 금액을 추가로 지급(선택한 급여가 장애연금이고, 선택하지 아
니한 급여가 본인의 연금보험료 납부로 인한 반환일시금일 때를 제외)

✎ CASE

원칙) 장애연금을 받고 있던 수급권자가 60세가 된 경우
• 장애연금과 노령연금 가운데 수급권자가 선택한 하나의 급여가 지급되고 다른 급여의 지급은 정지
예외1) 노령연금을 받고 있던 수급권자가 다른 가입자의 사망으로 유족연금의 수급권자가 된 경우
• 노령연금을 선택한 경우 유족연금액의 30%에 해당하는 금액을 추가로 지급
예외2) 장애연금을 받고 있는 수급권자가 다른 가입자의 사망으로 반환일시금의 수급권자가 된 경우
• 장애연금을 선택한 경우 사망일시금에 상당하는 금액을 추가로 지급

---

(3) 다른 법률에 의한 중복급여의 조정

수급권자가 장애연금 또는 유족연금의 지급 사유와 같은 사유로 다른 법에 의한 급여를 지급
받을 수 있는 경우에는 연금액을 조정하여 지급

① 중복급여 조정사유 : 같은 사유로 다른 법에 의한 다음의 급여를 지급받은 경우

ㄱ 「근로기준법」 : 장해보상, 유족보상, 일시보상

ㄴ 「산업재해보상보험법」 : 장해급여, 유족급여, 진폐보상연금 또는 진폐유족연금

  ⓒ「선원법」: 장해보상, 일시보상, 유족보상

  ⓔ「어선원 및 어선 재해보상보험법」: 장해급여, 일시보상급여, 유족급여

 ② 조정 후 지급금액

  장애연금액이나 유족연금액은 2분의 1에 해당하는 금액을 지급

5. 급여의 환수

(1) 급여의 환수 사유

 ① 거짓이나 그 밖의 부정한 방법으로 급여를 받은 경우

 ② 수급권 소멸사유를 공단에 신고하지 아니하거나 늦게 신고하여 급여가 잘못 지급 받은 경우

 ③ 사망한 것으로 추정된 자의 생존이 확인된 경우

 ④ 그 밖의 사유로 급여가 잘못 지급된 경우

(2) 환수금의 충당

환수금 및 연체금의 납부의무자에게 다른 급여의 수급권이 있거나 과오납금 등 반환받을 금액이 있으면 공단은 이를 환수할 금액 및 연체금에 충당 가능

(3) 환수금 징수 제외

환수할 금액 및 연체금이 3천원 미만인 경우에는 징수하지 아니할 수 있음

(4) 환수금의 고지

공단은 환수금을 징수하려면 20일 이상의 기한을 정하여 환수할 금액, 납부 기한 등을 적은 문서로써 납입의 고지를 하여야 함

(5) 납부 독촉

많은 고지를 받은 자가 그 기한까지 환수금을 내지 아니하면 20일 이상의 기한을 정하여 독촉하여야 함

(6) 체납처분

공단은 독촉을 받은 자가 그 기한까지 환수금을 내지 아니하면 보건복지부장관의 승인을 받아 국세 체납처분의 예에 따라 이를 징수할 수 있음

6. 수급권 보호

(1) 양도·압류 및 담보제공의 금지

 ① 급여를 받을 권리는 양도·압류하거나 담보로 제공할 수 없음

 ② 수급권자에게 지급된 급여는 민사집행법의 절차에 따라 압류할 수 있으나, 이 경우에도 185만원 이하의 급여는 압류할 수 없음

 ③ 급여수급전용계좌에 입금된 급여와 이에 관한 채권은 압류할 수 없음

(2) 미납금의 공제 지급

① 가입자 또는 가입자였던 자가 수급권을 취득하거나 사망한 경우 공단이 대여한 자금(국민연금법 제4조 참조)의 상환금에 관한 채무가 있으면 급여(사망일시금을 포함하고 지급이 정지된 급여는 제외)에서 공제할 수 있음.

   ㉠ 다만, 연금급여의 수급권자에 대하여는 해당 연금월액의 2분의 1을 초과하여 공제할 수 없음.

   ㉡ 장애등급 4급에게 일시보상금으로 지급되는 장애연금에서는 공제할 수 있음

② 해당 상환금에 관한 채무를 공제하려면 20일 이상의 기한을 정하여 문서로 그 채무의 변제를 최고(催告)하여야 하며, 그 기한까지 채무를 변제하지 아니하면 해당 급여에서 공제할 것임을 미리 수급권자에게 통지하여야 함

③ 공제한 금액은 그 액수만큼 수급권자에게 지급된 것으로 봄

(3) 조세와 그 밖의 공과금 감면

급여로 지급된 금액에 대하여는 「조세특례제한법」이나 그 밖의 법률 또는 지방자치단체가 조례로 정하는 바에 따라 조세, 그 밖에 국가 또는 지방자치단체의 공과금을 감면

7. 급여의 제한

(1) 장애연금을 지급하지 아니할 수 있음

가입자 또는 가입자였던 자가 고의로 질병·부상 또는 그 원인이 되는 사고를 일으켜 그로 인하여 장애를 입은 경우

(2) 제한사유를 원인으로 하는 급여의 전부 또는 일부를 지급하지 아니할 수 있음

① 제한사유

가입자 또는 가입자였던 자가 고의나 중대한 과실로 요양 지시에 따르지 아니하거나 정당한 사유 없이 요양 지시에 따르지 아니하여 ㉠ 장애를 입거나 사망한 경우, ㉡ 장애나 사망의 원인이 되는 사고를 일으킨 경우, ㉢ 장애를 악화시키거나 회복을 방해한 경우

② 제한되는 급여의 범위

   ㉠ 고의 또는 중대한 과실로 요양 지시에 따르지 아니한 경우 : 급여의 1천분의 800 ~ 1천분의 1,000

   ㉡ 정당한 사유 없이 요양 지시에 따르지 아니한 경우 : 급여의 1천분의 500 ~ 1천분의 800

③ 다음에 해당하는 사람에게는 사망에 따라 발생되는 유족연금, 미지급 급여, 반환일시금 및 사망일시금을 지급 ×

   ㉠ 가입자 또는 가입자였던 자를 고의로 사망하게 한 유족

   ㉡ 유족연금 등의 수급권자가 될 수 있는 자를 고의로 사망하게 한 유족

   ㉢ 다른 유족연금 등의 수급권자를 고의로 사망하게 한 유족연금등의 수급권자

8. 장애연금액의 변경 제한

장애연금의 수급권자가 고의나 중대한 과실로 요양 지시에 따르지 아니하거나 정당한 사유 없이 요양 지시에 따르지 아니하여 장애를 악화시키거나 회복을 방해한 경우에는 장애연금액을 변경하지 아니할 수 있음

9. 지급의 정지

(1) 의의

공단은 일정한 사유가 있으면 급여의 전부 또는 일부의 지급을 정지할 수 있으며, 급여의 지급을 정지하려는 경우에는 지급을 정지하기 전에 급여의 지급을 일시 중지할 수 있음

(2) 지급정지 사유

① 수급권자가 정당한 사유 없이 공단의 서류, 그 밖의 자료 제출 요구에 따르지 아니한 때
② 장애연금 또는 유족연금의 수급권자가 정당한 사유 없이 공단의 진단 요구 또는 확인에 응하지 아니한 때
③ 장애연금 수급권자가 고의나 중대한 과실로 요양 지시에 따르지 아니하거나 정당한 사유 없이 요양 지시에 따르지 아니하여 회복을 방해한 때
④ 수급권자가 정당한 사유 없이 가입자자격 · 연금보험료 · 수급권의 발생과 변경 등에 관련된 신고를 하지 아니한 때
⑤ 수급권자(유족연금 수급권자는 제외)가 1년 이상 소재불명인 경우
  ㉠ 급여의 지급을 정지할 수 있음
  ㉡ 지급정지의 취소 : 소재불명이었던 수급권자의 소재가 확인되거나 사망한 사실이 확인된 경우에는 지급 정지를 취소하여야 함
  ㉢ 미지급 급여의 지급 : 지급 정지를 취소한 경우 지급 정지 기간 동안 지급되지 아니한 급여를 수급권자에게 지급하여야 함. 수급권자가 사망한 경우 그 수급권자에게 지급하여야 할 급여 중 아직 지급되지 아니한 것이 있으면 그 배우자 · 자녀 · 부모 · 손자녀 · 조부모 또는 형제자매의 청구에 따라 그 미지급 급여를 지급

06 | 연금보험료

I 비용부담 및 보험료의 징수

1. 국가의 비용부담
국가는 매년 공단 및 건강보험공단이 국민연금사업을 관리·운영하는 데에 필요한 비용의 전부 또는 일부를 부담

2. 부과 및 징수 등
(1) 보험료의 부과 : 국민연금공단이 부과

    가입자와 사용자에게 가입기간 동안 매월 연금보험료를 부과

(2) 보험료

구분	납부의무자	금액
사업장 가입자	기여금: 가입자 본인 부담금: 사용자	각각 기준소득월액의 1천분의 45
지역가입자 임의가입자 임의계속가입자	가입자 본인이 전부 부담	기준소득월액의 1천분의 90

(3) 보험료의 징수 : 건강보험공단이 징수

3. 납입의 고지
(1) 건강보험공단은 공단이 연금보험료를 부과한 때에는 그 납부의무자에게 연금보험료의 금액, 납부기한, 납부장소 등을 적은 문서로써 납입의 고지를 하여야 함. 다만, 연금보험료를 자동이체의 방법으로 내는 기간 동안에는 이를 생략할 수 있음
(2) 건강보험공단은 납부의무자의 신청이 있는 경우에는 납입의 고지를 전자문서교환방식 등에 의하여 전자문서로 할 수 있으며 이 경우 전자문서를 정보통신망에 저장하거나 납부의무자가 지정한 전자우편주소에 입력된 때에 그 납부의무자에게 도달된 것으로 봄
(3) 연금보험료를 연대하여 납부하여야 하는 자 중 1명에게 한 고지는 다른 연대 납부의무자에게도 효력이 있음

4. 연금보험료의 납부 기한
(1) 연금보험료는 납부의무자가 다음 달 10일까지 내야 함
(2) 대통령령으로 정하는 농업·임업·축산업 또는 수산업을 경영하거나 이에 종사하는 자는 본인의 신청에 의하여 분기별 연금보험료를 해당 분기의 다음 달 10일까지 낼 수 있음

(3) 연금보험료를 납부 기한의 1개월 이전에 미리 낸 경우에는 그 전달의 연금보험료 납부 기한이 속하는 날의 다음 날에 낸 것으로 봄

5. 연금보험료의 원천공제 납부

(1) 사용자는 사업장가입자가 부담할 기여금을 그에게 지급할 매달의 임금에서 공제하여 내야 함

(2) 사용자는 임금에서 기여금을 공제하면 공제계산서를 작성하여 사업장가입자에게 내주어야 함. 이 경우 기여금 공제 내용을 알 수 있는 급여명세서 등은 공제계산서로 봄

6. 제2차 납부의무

(1) 법인재산으로 연금보험료와 그에 따른 연체금 및 체납처분비를 충당하여도 부족한 경우 해당 법인에게 연금보험료의 납부의무가 부과된 날 현재의 무한책임사원 또는 과점주주가 그 부족한 금액에 대하여 제2차 납부의무를 짐. 다만, 과점주주의 경우에는 그 부족한 금액을 그 법인의 발행주식 총수(의결권이 없는 주식은 제외) 또는 출자총액으로 나눈 금액에 해당 과점 주주가 실질적으로 권리를 행사하는 주식 수(의결권이 없는 주식은 제외) 또는 출자액을 곱하여 산출한 금액을 한도로 함

(2) 사업이 양도·양수된 경우

양도일 이전에 양도인에게 납부의무가 부과된 연금보험료와 그에 따른 연체금 및 체납처분비를 양도인의 재산으로 충당하여도 부족한 경우에는 사업의 양수인이 그 부족한 금액에 대하여 양수한 재산의 가액을 한도로 제2차 납부의무를 짐

7. 신용카드 등으로 하는 연금보험료 등의 납부

(1) 납부의무자는 대통령령으로 정하는 금액(1천만원) 이하의 연금보험료, 연체금, 체납처분비, 그 밖의 징수금을 연금보험료 등 납부대행기관을 통하여 신용카드, 직불카드 등으로 납부할 수 있음

(2) 신용카드 등으로 연금보험료 등을 납부하는 경우에는 연금보험료 등 납부대행기관의 승인일을 납부일로 봄

(3) 연금보험료 등 납부대행기관은 납부의무자로부터 연금보험료 등의 납부를 대행하는 대가로 수수료를 받을 수 있음

8. 연금보험료 납부의 예외

(1) 적용대상 납부의무자

사업장가입자 또는 지역가입자

(2) 납부예외사유

① 사업 중단, 실직 또는 휴직 중인 경우

② 「병역법」 제3조에 따른 병역의무를 수행하는 경우

③ 「초·중등교육법」 제2조나 「고등교육법」 제2조에 따른 학교에 재학 중인 경우

PART
05

④ 「형의 집행 및 수용자의 처우에 관한 법률」 제11조에 따라 교정시설에 수용 중인 경우

⑤ 종전의 「사회보호법」에 따른 보호감호시설이나 「치료감호법」에 따른 치료감호시설에 수용 중인 경우

⑥ 1년 미만 행방불명된 경우

⑦ 질병이나 부상으로 3개월 이상 입원한 경우

⑧ 「농어업재해대책법」, 「자연재해대책법」 또는 「재해구호법」에 따른 보조나 지원의 대상이 된 경우

⑨ 재해·사고 등으로, 연금보험료를 낼 경우 보건복지부장관이 정하는 기초생활을 유지하는 것이 곤란하다고 인정될 정도로 소득이 감소된 경우

(3) 납부예외기간 : 납부예외사유가 계속되는 기간

(4) 가입기간 불산입 : 연금보험료를 내지 아니한 기간은 가입기간에 산입 ×

9. 추납보험료의 납부

(1) 추납보험료의 납부신청

가입자는 추납대상 기간의 전부 또는 일부에 상응하는 추납보험료의 납부신청 가능

(2) 추납보험료 납부대상 기간 : 10년 미만 범위에서 다음에 해당하는 기간

① 연금보험료를 최초로 납부한 이후에 배우자로서 제9조 제1호(별도의 소득이 없는 자), 제4호(생계급여 수급자 또는 의료급여 수급자) 또는 제5호(1년 이상 행방불명된 자)에 따라 연금보험료를 내지 아니한 기간

② 18세 미만 근로자가 최초로 납부한 이후에 본인의 희망에 따라 사업장가입자가 되지 아니함에 따라 연금보험료를 내지 아니한 기간

③ 연금보험료 납부예외사유에 따라 연금보험료를 내지 아니한 기간

④ 병역의무를 마친 후 가입자의 자격을 취득한 경우로서 해당 병역의무를 수행한 기간

(3) 추납보험료

추후 납부를 신청한 날이 속하는 달의 연금보험료에 추후 납부하려는 기간의 개월 수를 곱한 금액

(4) 분할납부

가입자의 신청에 따라 60회의 범위에서 분할하여 월 1회씩 납부할 수 있으며, 매 회당 납부할 금액은 개월 단위로 산정하여야 함

(5) 가입기간 산입

추납보험료를 낸 경우 그에 상응하는 기간은 가입기간에 넣어 산입

10. 연금보험료의 납기 전 징수

(1) 사업장가입자의 연금보험료 납부의무자 및 지역가입자에게 납기 전 징수사유가 발생한 때에는 연금보험료를 징수 가능

(2) 납기 전 징수사유
① 국세, 지방세, 그 밖의 공과금이 체납되어 체납처분을 받은 때
② 강제집행을 받은 때
③ 파산 선고를 받은 때
④ 경매가 개시된 때
⑤ 법인이 해산한 때

11. 연금보험료의 독촉 및 체납처분

(1) 건강보험공단은 사업장가입자와 지역가입자가 연금보험료와 그에 따른 징수금을 기한까지 내지 아니하거나 제2차 납부의무자가 연금보험료, 연체금, 체납처분비를 기한까지 내지 아니하면 납부 기한이 지난 후 20일(2차 납부의무자 경우에는 3개월) 이내에 납부의무자에게 독촉장을 발급해야 함

(2) 건강보험공단은 연금보험료 등을 독촉할 경우에는 10일 이상의 납부기한을 정하여 독촉장을 발부하여야 함

(3) 연금보험료를 연대하여 내야 하는 자 중 1명에게 한 독촉은 다른 연대 납부의무자에게도 효력이 있음

(4) 건강보험공단은 체납처분을 하기 전에 연금보험료 등의 체납내역, 압류 가능한 재산의 종류, 압류 예정 사실 및 「국세징수법」에 따른 소액금융재산에 대한 압류 금지 사실 등이 포함된 통보서를 발송하여야 함. 다만, 법인 해산 등 긴급히 체납처분을 할 필요가 있는 경우로서 대통령령으로 정하는 경우에는 그러하지 아니함

(5) 건강보험공단은 압류한 재산을 매각할 때 전문지식이 필요하거나 그 밖에 특수한 사정이 있어 직접 매각하는 것이 적당하지 아니하다고 인정되면 한국자산관리공사에 매각을 대행 가능

12. 연금보험료 등의 납부증명

연금보험료의 납부의무자가 국가, 지방자치단체 또는 공공기관으로부터 공사·제조·구매·용역 등 대통령령으로 정하는 계약의 대가를 지급받는 경우에는 연금보험료와 그에 따른 연체금 및 체납처분비의 납부사실을 증명하여야 함

13. 체납보험료의 보험료 분할납부

(1) 건강보험공단은 연금보험료를 2회 이상 체납한 지역가입자에 대하여 보건복지부령으로 정하는 바에 따라 분할납부 승인 가능

(2) 건강보험공단은 제1항에 따라 분할납부 승인을 받은 사람이 정당한 사유 없이 2회 이상 그 승인된 보험료를 납부하지 아니하면 분할납부의 승인을 취소함

14. 체납자료의 제공

(1) 건강보험공단은 보험료징수 또는 공익목적을 위하여 필요한 경우 종합신용정보집중기관에 납부기한의 다음 날부터 1년이 지난 보험료와 그에 따른 연체금 및 체납처분비의 총액이 5백만원 이상인 사용자의 인적사항과 체납액에 관한 자료를 제공 가능. 다만, 체납된 보험료와 관련하여 행정심판, 행정소송, 이 법에 따른 심사 청구 또는 재심사 청구가 계류 중이거나 그 밖에 대통령령으로 정하는 사유가 있는 경우에는 ×

(2) 체납된 보험료와 관련하여 행정심판, 행정소송, 이 법에 따른 심사 청구 또는 재심사 청구가 계류 중이거나 그 밖에 대통령령으로 정하는 사유가 있는 경우에는 ×

(3) 건강보험공단은 체납자료를 제공한 후 체납액의 납부 등으로 체납자료에 해당하지 않게 되거나 체납자료 제공예외사유가 발생한 경우 해당 사실을 그 사유 발생한 날부터 15일 이내에 체납자료를 제공한 종합신용정보집중기관에 알려야 함

15. 고액·상습 체납자 인적사항 공개

(1) 건강보험공단은 납부기한의 다음 날부터 1년이 지난 연금보험료, 연체금 및 체납처분비의 총액이 2천만원 이상인 체납자(사업장가입자에 한한다)가 납부능력이 있음에도 불구하고 체납한 경우 체납자의 인적사항(사용자의 인적사항) 및 체납액 등을 공개할 수 있다. 다만, 체납된 연금보험료 등과 관련하여 행정심판 또는 행정소송이 계류 중인 경우나 그 밖에 체납된 금액의 일부 납부 등 대통령령으로 정하는 사유가 있는 경우에는 ×

(2) 인적사항 등에 대한 공개 여부를 심의하기 위하여 건강보험공단에 보험료정보공개심의위원회를 두며, 건강보험공단은 보험료정보공개심의위원회의 심의를 거친 인적사항 등의 공개대상자에게 공개대상자임을 서면으로 통지하여 소명의 기회를 부여하여야 하며, 통지일부터 6개월이 경과한 후 체납액의 납부 이행 등을 고려하여 공개대상자를 선정

(3) 건강보험공단은 인적사항 등의 공개대상자에게 공개대상자임을 통지할 때 체납액 납부를 촉구하고, 인적사항 등의 공개 제외 사유가 있는 경우 그에 관한 소명자료를 제출하도록 안내해야 함

16. 연체금

(1) 연체금의 액수

① 건강보험공단은 연금보험료의 납부의무자가 납부기한까지 연금보험료를 내지 아니한 경우 그 납부 기한이 경과한 날부터 매 1일이 경과할 때마다 체납된 연금보험료의 1천500분의 1에 해당하는 금액

② 이 경우 연체금은 체납된 연금보험료의 1천분의 20을 초과 ×

(2) 연체금의 가산

① 체납된 연금보험료를 내지 아니하면 납부 기한 후 30일이 경과한 날부터 매 1일이 경과할 때마다 체납된 연금보험료의 6천분의 1에 해당하는 연체금을 제1항에 따른 연체금에 가산하여 징수

② 이 경우 연체금은 체납된 연금보험료의 1천분의 50을 초과 ×

17. 연금보험료의 징수권 우선 순위

(1) 보험료 등은 국세와 지방세를 제외한 다른 채권에 우선하여 징수

(2) 다만, 보험료 등의 납부기한 전에 전세권·질권·저당권 또는 「동산·채권 등의 담보에 관한 법률」에 따른 담보권의 설정을 등기 또는 등록한 사실이 증명되는 재산을 매각할 때에 그 매각대금 중에서 보험료 등을 징수하는 경우 그 전세권·질권·저당권 또는 「동산·채권 등의 담보에 관한 법률」에 따른 담보권으로 담보된 채권에 대하여는 ×

18. 연금보험료 징수권 소멸

지역가입자, 임의가입자 및 임의계속가입자의 연금보험료 및 연체금을 징수할 권리는 다음의 어느 하나에 해당하는 때에 소멸

(1) 가입자 또는 가입자였던 자가 사망한 때

(2) 본인이 노령연금을 받거나 반환일시금을 받은 때

(3) 소멸시효(3년)가 완성된 때

Ⅱ 기타

1. 과오납금의 충당과 반환

(1) 국민연금공단은 연금보험료, 연체금, 체납처분비에서 발생한 과오납금이 있으면 그 과오납금을 연금보험료나 그 밖의 이 법에 따른 징수금에 충당하여야 함

(2) 충당하고 남은 금액이 있는 경우 공단은 이를 반환결정하여야 하고, 건강보험공단은 과오납금에 이자를 더하여 반환 지급하여야 함

2. 지역가입자 보험료 납부 의제 적용

당연적용사업장이 그 기준에 미달하게 된 경우 사용자가 가입자자격의 상실신고할 때까지 납부한 보험료는 지역가입자로서 납부한 보험료로 봄

3. 연금보험료의 지원

(1) 사업장가입자에 대한 지원

국가는 사업장가입자로서 국민인 근로자가 10명 미만인 사업장에 고용되어 대통령령으로 정하는 금액의 소득을 얻는 자로서 재산 및 종합소득이 대통령령으로 정하는 기준 미만인 경우 : 연금보험료 중 기여금 및 부담금의 일부를 예산의 범위에서 지원 가능

(2) 지역가입자에 대한 지원

국가는 사업 중단, 실직, 휴직 등의 사유로 연금보험료를 내지 아니하고 있는 자로서 재산 및 종합소득이 대통령령으로 정하는 기준 미만인 국민인 지역가입자가 연금보험료 납부를 재개하는 경우 : 연금보험료 중 일부를 지원 가능(이 경우 지원기간은 12개월을 초과 ×)

4. 국민연금기금

(1) 기금의 관리 및 운용

① 국민연금기금은 연금보험료, 국민연금기금 운용 수익금, 적립금, 국민연금공단의 수입 지출 결산상의 잉여금을 재원으로 조성

② 기금은 보건복지부장관이 관리·운용

③ 보건복지부장관은 국민연금 재정의 장기적인 안정을 유지하기 위하여 그 수익을 최대로 증대시킬 수 있도록 국민연금기금운용위원회에서 의결한 바에 따라 기금을 관리·운용하되, 가입자, 가입자였던 자 및 수급권자의 복지증진을 위한 사업에 대한 투자는 국민연금 재정의 안정을 해치지 아니하는 범위에서 하여야 함

④ 보건복지부장관은 공공사업을 위한 공공부문에 대한 투자할 때는 기획재정부장관과 협의하여 국채를 매입

⑤ 보건복지부장관은 연금보험료 등의 징수에 소요되는 비용을 국민연금기금운용위원회의 의결을 거쳐 기금에서 건강보험공단에 출연 가능

(2) 국민연금기금운용위원회

① 기금의 운용에 관한 다음 사항을 심의·의결하기 위하여 보건복지부에 둠

   ㉠ 기금운용지침에 관한 사항

   ㉡ 기금을 관리기금에 위탁할 경우 예탁 이자율의 협의에 관한 사항

   ㉢ 기금 운용 계획에 관한 사항

   ㉣ 기금의 운용 내용과 사용 내용에 관한 사항

   ㉤ 그 밖에 기금의 운용에 관하여 중요한 사항으로서 운용위원회 위원장이 회의에 부치는 사항

② 운용위원회의 구성

   ㉠ 위원장 : 보건복지부장관

   ㉡ 당연직 위원 : 기획재정부차관·농림축산식품부차관·산업통상자원부차관·고용노동부차관

   ㉢ 공단 이사장 및 위원장이 위촉 : 사용자를 대표하는 위원 3명, 근로자를 대표하는 위원 3명, 지역가입자를 대표하는 위원 6명, 관계 전문가로서 국민연금에 관한 학식과 경험이 풍부한 자 2명

③ 위원의 임기 : 2년, 1차만 연임 가능

④ 위원장은 운용위원회의 회의를 소집하고 그 의장이 됨

⑤ 운용위원회의 회의는 연 4회 이상 개최하여야 하며, 재적 위원 과반수의 출석으로 개회하고, 출석 위원 과반수의 찬성으로 의결. 이 경우 출석하지 아니한 위원은 의결권을 행사하지 아니한 것으로 봄

(3) 운용위원회의 회의록

① 위원장은 회의의 일시·장소·토의내용·의결사항 및 각 참석자의 발언내용이 전부 기록된 회의록(이하 "회의록"이라 한다)을 작성하여 보관하고, 회의록의 주요 내용을 요약하여 공개하여야 함

② 위원장은 회의의 개최일부터 1년이 지난 후에 회의록을 공개하여야 함. 다만, 기금운용 업무의 공정한 수행에 지장을 초래하거나 금융시장 안정에 영향을 미칠 우려가 있는 안건의 경우에는 운용위원회의 의결을 거쳐 회의의 개최일부터 4년이 지난 후에 해당 안건의 회의록을 공개하여야 함

③ 위원장은 국회 소관 상임위원회가 요구할 경우에는 회의록을 비공개로 제출하여야 함

(4) 국민연금기금운용전문위원회 및 국민연금기금운용실무평가위원회

① 국민연금기금운용전문위원회 : 운용의원회의 심의·의결 사항을 사전에 전문적으로 검토·심의하기 위하여 운용위원회에 분야별 국민연금기금운용전문위원회(투자정책전문위원회, 수탁자책임전문위원회, 위험관리·성과보상전문위원회)를 둠

② 국민연금기금운용실무평가위원회 : 기금의 운용에 관한 사항을 심의·평가하기 위하여 운용위원회에 국민연금기금운용실무평가위원회를 둠

(5) 기금운용계획

① 보건복지부장관은 매년 기금운용계획을 세워서 운용위원회 및 국무회의의 심의를 거쳐 대통령의 승인을 받아야 함

② 보건복지부장관은 기금의 운용 내용을, 기획재정부장관은 관리기금에 예탁된 기금의 사용 내용을 각각 다음 연도 6월 말까지 운용위원회에 제출해야 함

③ 운용위원회는 기금운용지침안을 5월 말일까지 심의·의결해야 함

④ 정부는 기금운용계획을 전년도 10월 말까지 국회에 보고해야 함

⑤ 실무평가위원회는 기금운용에 관한 평가 결과를 다음 연도 6월 말까지 운용위원회에 제출해야 함

⑥ 운용위원회의 위원장은 기금의 운용 내용과 사용 내용을 운용위원회의 심의를 거쳐 국회에 제출하고 대통령령으로 정하는 바에 따라 공시해야 함

5. 대위권 등

(1) 대위권

공단은 제3자의 행위로 장애연금이나 유족연금의 지급사유가 발생하여 장애연금이나 유족연금을 지급한 때에는 그 급여액의 범위에서 제3자에 대한 수급권자의 손해배상청구권에 관하여 수급권자를 대위(代位)

PART
05

(2) 제3자로부터 손해배상을 받은 경우

제3자의 행위로 장애연금이나 유족연금의 지급사유가 발생하여 그로부터 손해배상을 받은 경우 : 공단은 제3자로부터 지급받은 배상액의 범위에서 장애연금이나 유족연금을 지급 ×

6. 시효

(1) 소멸시효기간

① 연금보험료, 환수금, 그 밖의 이 법에 따른 징수금을 징수하거나 환수할 권리 : 3년

② 급여(제77조 제1항 제1호에 따른 반환일시금은 제외)를 받거나 과오납금을 반환받을 수급권자 또는 가입자 등의 권리 : 5년

→ 매월 지급되는 연금 급여(노령연금, 장애연금, 유족연금)는 신청일로부터 역산하여 최근 5년 이내의 급여분은 지급받을 수 있음

(2) 소멸시효기간의 계산

급여의 지급이나 과오납금 등의 반환청구에 관한 기간을 계산할 때 그 서류의 송달에 들어간 일수는 그 기간에 산입 ×

(3) 시효의 중단

① 급여 지급받을 권리는 그 급여 전액에 대하여 지급이 정지되어 있는 동안은 시효 진행 ×

② 연금보험료나 징수금, 환수금 등의 납입고지, 독촉 및 체납처분, 급여의 지급 또는 과오납금 등의 반환청구는 소멸시효 중단의 효력 ○

③ 중단된 소멸시효는 납입고지나 독촉에 따른 납입기간이 지난 때부터 새로 진행

07 | 심사 및 재심사 청구

I 심사 청구

1. 심사 청구

가입자의 자격, 기준소득월액, 연금보험료, 그 밖의 이 법에 따른 징수금과 급여에 관한 공단 또는 건강보험공단의 처분에 이의가 있는 자는 그 처분을 한 공단 또는 건강보험공단에 심사 청구 가능
→ 제3자에 대한 구상금에 관련되는 사항은 심사 청구의 대상 ×

2. 심사 청구 기간

(1) 처분이 있음을 안 날부터 90일 이내에 문서(전자문서를 포함)로 하여야 하며, 처분이 있은 날부터 180일을 경과하면 제기 ×

(2) 정당한 사유로 그 기간에 심사 청구를 할 수 없었음을 증명하면 그 기간이 지난 후에도 심사 청구 가능

3. 국민연금심사위원회 및 징수심사위원회

(1) 심사 청구 사항을 심사하기 위하여 국민연금공단에 국민연금심사위원회를 두고, 건강보험공단에 징수심사위원회를 둠

(2) 국민연금심사위원회의 구성
  ① 위원장 1명을 포함한 26명 이내의 위원으로 구성
  ② 위원장 : 공단의 상임이사 중 공단 이사장이 임명하는 자
    → 위원장이 부득이한 사유로 직무를 수행할 수 없을 때에는 위원장이 지명하는 위원이 그 직무를 대행
  ③ 위원 : 다음에 해당하는 자 중 국민연금공단 이사장이 임명하거나 위촉
    ㉠ 공단의 실장급 이상의 임직원
    ㉡ 사용자단체가 추천하는 자
    ㉢ 근로자단체가 추천하는 자
    ㉣ 지역가입자를 대표하는 단체가 추천하는 자
    ㉤ 법률이나 의료 또는 사회보험 분야에 관한 학식과 경험이 있는 사람
  ④ 심사위원회 위원 임기 : 2년, 2차례만 연임 가능
    공단의 임직원인 위원의 임기 : 그 직위의 재임기간

(3) 징수심사위원회의 구성
  ① 위원장 1명을 포함한 25명의 위원으로 구성
  ② 위원장 : 건강보험공단의 상임이사 중 공단 이사장이 임명하는 자

③ 위원 : 다음에 해당하는 자 중 건강보험공단 이사장이 임명하거나 위촉
   ㉠ 건강보험공단의 직원 1명
   ㉡ 사용자단체 및 근로자단체가 각각 4명씩 추천하는 8명
   ㉢ 시민단체, 소비자단체, 농어업인단체 및 지역가입자를 대표하는 단체가 각각 2명씩 추천하는 8명
   ㉣ 변호사, 사회보험 및 의료에 관한 학식과 경험이 풍부한 사람 7명
④ 위촉된 위원의 임기 : 3년

4. 보정

(1) 심사위원회는 심사 청구가 적법하지 아니하나 보충하여 바로잡을 수 있다고 인정되면 적절한 기간을 정하여 그 보정을 요구하여야 함. 다만, 보충하여 바로잡을 사항이 경미한 경우에는 직권으로 바로잡을 수 있음

(2) 보정은 서면으로 하여야 하며, 보충하여 바로잡으면 처음부터 적법한 심사 청구가 있는 것으로 봄

5. 심사

(1) **증거제출**

청구인은 심사 청구에 대한 결정이 있기 전까지 심사위원회에 문서, 장부, 물건, 그 밖의 증거자료를 제출할 수 있으며 심사위원회에 출석하여 의견 진술 가능

(2) **감정의뢰**

심사위원회는 심사를 위하여 필요하다고 인정하면 청구인의 신청이나 직권으로 특별한 학식과 경험이 있는 자에게 감정 의뢰 가능

(3) **심사 청구의 취하**

청구인은 결정이 있기 전까지는 언제든지 심사 청구를 문서로 취하 가능

6. 결정

(1) **결정기관**

심사위원회 및 징수심사위원회의 심사 의결을 거쳐 공단이 결정

(2) **결정의 종류**

① 각하 : 심사 청구가 적법하지 아니한 경우 그 심사 청구를 각하하는 결정
② 기각 : 심사 청구가 이유 없다고 인정한 경우 그 심사 청구를 기각하는 결정
③ 인용 : 심사 청구가 이유 있다고 인정한 경우에는 처분을 취소하거나 변경하는 결정

(3) **결정기간**

① 공단은 심사 청구를 받은 날부터 60일 이내에 결정을 하여야 함. 다만, 부득이한 사정이 있는 경우에는 위원장이 직권으로 30일 연장 가능

② 보정기간은 심사 청구의 결정기간에 산입 ×

③ 결정기간을 연장하면 결정기간이 끝나기 7일 전까지 청구인에게 이를 알려야 함

(4) 통지

공단은 심사 청구에 대한 결정을 하면 지체 없이 청구인에게 결정서의 정본을 보내야 함

Ⅱ 재심사 청구

1. 재심사의 청구

(1) 심사 청구에 대한 결정에 불복하는 자 : 결정통지를 받은 날부터 90일 이내, 국민연금재심사위원회에 재심사를 청구 가능

(2) 재심사 청구는 처분이 있은 날로부터 180일을 경과하면 제기 ×. 다만, 정당한 사유가 있는 경우에는 가능

2. 재심사 청구에 대한 심리 및 재결

(1) 재심사 기간

① 재심사위원회는 재심사 청구를 받은 날부터 60일 이내에 결정해야 함. 다만, 부득이한 사정이 있는 경우에는 위원장이 직권으로 30일 연장 가능

② 결정 기간을 연장하려면 결정 기간이 끝나기 7일 전까지 당사자에게 알려야 함

(2) 기속력 재심사위원회의 재결은 공단을 기속

3. 국민연금재심사위원회 구성

(1) 재심사 청구 사항을 심사하기 위하여 보건복지부에 국민연금재심사위원회를 둠

(2) 재심사위원회는 위원장 1명을 포함한 20명 이내의 위원으로 구성. 이 경우 공무원이 아닌 위원이 전체 위원의 과반수가 되도록 하여야 함

(3) 위원장 : 보건복지부 연금정책국장. 다만, 위원장에게 사고가 있을 시 위원장이 지명하는 위원 직무 대행

(4) 위원 : 다음에 해당하는 자 중에서 보건복지부장관이 임명하거나 위촉하는 자

① 보건복지부 소속 3급 또는 4급 공무원이나 고위공무원단에 속하는 일반직 공무원

② 판사나 검사 또는 변호사의 자격이 있는 자

③ 「고등교육법」 제2조에 따른 대학에서 부교수 이상의 직에 재직하고 있는 자

④ 사회보험 또는 의료에 관한 학식과 경험이 있는 자 중에서 보건복지부장관이 자격이 있다고 인정하는 자

(5) 임기

① 재심사위원회의 위원의 임기 : 2년, 2차례만 연임

② 공무원인 위원의 임기 : 그 직위의 재임기간

4. 행정소송의 제기

(1) 재심사위원회의 재심사와 재결에 관한 절차에 관하여는 「행정심판법」을 준용

(2) 심사위원회의 재결에 불복하는 자는 행정소송을 제기 가능

(3) 공단의 처분에 불복이 있는 자는 심사 청구 및 재심사 청구의 절차를 거치지 아니하고 곧바로 행정소송을 제기 가능

(4) 재심사 청구사항에 대한 재심사위원회의 재심사는 행정소송법 제18조를 적용할 때 행정심판법에 따른 행정심판으로 봄

(5) 행정소송은 재심사위원회의 재결 또는 공단의 처분이 있음을 안 날로부터 90일 이내에 제기하여야 하며, 재결 또는 처분이 있은 날부터 1년을 경과하면 이를 제기 ×

08 | 벌칙 및 과태료

Ⅰ 벌금

1. 3년 이하의 징역이나 3천만원 이하의 벌금
거짓이나 그 밖의 부정한 방법으로 급여를 받은 자

2. 3년 이하의 징역 또는 1천만원 이하의 벌금
공동이용하는 전산정보자료를 국민연금사업을 수행하기 위한 목적 외의 용도로 이용하거나 활용한 자

3. 1년 이하의 징역이나 1천만원 이하의 벌금
(1) 부담금의 전부 또는 일부를 사업장가입자에게 부담하게 하거나 임금에서 기여금을 공제할 때 기여금을 초과하는 금액을 사업장가입자의 임금에서 공제한 사용자
(2) 납부 기한까지 정당한 사유 없이 연금보험료를 내지 아니한 사용자
(3) 근로자가 가입자로 되는 것을 방해하거나 부담금의 증가를 기피할 목적으로 정당한 사유 없이 근로자의 승급 또는 임금 인상을 하지 아니하거나 해고나 그 밖의 불리한 대우를 한 사용자
(4) 업무를 수행하면서 알게 된 비밀을 누설한 자

Ⅱ 과태료

1. 50만원 이하의 과태료
(1) 제21조 제1항을 위반하여 신고를 하지 아니하거나 거짓으로 신고한 사용자
(2) 제122조에 따라 공단 또는 공단의 직원이 서류나 그 밖의 자료 제출을 요구하거나 조사·질문을 할 때 이를 거부·기피·방해하거나 거짓으로 답변한 사용자

2. 10만원 이하의 과태료
(1) 제21조 제2항·제121조 제1항 또는 제2항에 따른 신고를 하지 아니한 자
(2) 제23조 제2항에 따른 통지를 하지 아니한 자
(3) 제122조에 따라 공단 또는 공단의 직원이 서류나 그 밖의 소득·재산 등에 관한 자료의 제출을 요구하거나 조사·질문할 때 이를 거부·기피·방해하거나 거짓으로 답변한 가입자, 가입자였던 자 또는 수급권자

3. 과태료의 부과·징수
과태료는 대통령령으로 정하는 바에 따라 보건복지부장관이 부과·징수한다.

PART

06

국민건강보험법

01 | 국민건강보험의 가입

I 총칙

1. 목적

이 법은 국민의 질병·부상에 대한 예방·진단·치료·재활과 출산·사망 및 건강증진에 대하여 보험급여를 실시함으로써 국민보건 향상과 사회보장 증진에 이바지함을 목적

2. 관장

보건복지부장관이 관장 → (위탁) 국민건강보험공단

3. 용어의 정의

(1) 근로자

직업의 종류와 관계없이 근로의 대가로 보수를 받아 생활하는 사람(법인의 이사와 그 밖의 임원을 포함)으로서 공무원 및 교직원을 제외한 자

(2) 사용자

① 근로자가 소속되어 있는 사업장의 사업주
② 공무원이 소속되어 있는 기관의 장으로서 대통령령으로 정하는 사람
③ 교직원이 소속되어 있는 사립학교를 설립·운영하는 자

*국민건강보험법 제3조 제2호 나목의 규정에 의한 기관장

구분	기관장
입법부	국회사무총장·국회도서관장
행정부	가. 감사원장, 대통령실장, 국가정보원장, 방송통신위원회 위원장 나. 국무조정실장, 공정거래위원회 위원장, 금융위원회 위원장, 국민권익위원회 위원장 다. 중앙행정기관의 장 라. 특별시장, 광역시장, 도지사, 특별자치도지사, 시장, 군수, 구청장(자치구 구청장에 한함) 마. 대학교 및 대학의 장, 전문대학의 장 바. 교육감, 교육장
사법부	법원행정처장, 각급 법원 및 법원지원의 장
헌법재판소	사무처장
선거관리위원회	중앙선거관리위원회 사무총장, 특별시·광역시·도선거관리위원회, 선거관리위원회 사무처장

(3) 사업장

사업소나 사무소

(4) 공무원

국가나 지방자치단체에서 상시 공무에 종사하는 사람

(5) 교직원

사립학교나 사립학교의 경영기관에서 근무하는 교원과 직원

4. 국민건강보험종합계획의 수립

(1) 보건복지부장관은 건강보험의 건전한 운영을 위하여 건강보험정책심의위원회의 심의를 거쳐 5년마다 국민건강보험종합계획을 수립해야 함. 수립된 종합계획을 변경할 때도 또한 같음

(2) 종합계획에는 다음의 사항이 포함되어야 한다.

① 건강보험정책의 기본목표 및 추진방향

② 건강보험 보장성 강화의 추진계획 및 추진방법

③ 건강보험의 중장기 재정 전망 및 운영

④ 보험료 부과체계에 관한 사항

⑤ 요양급여비용에 관한 사항

⑥ 건강증진 사업에 관한 사항

⑦ 취약계층 지원에 관한 사항

⑧ 건강보험에 관한 통계 및 정보의 관리에 관한 사항

⑨ 그 밖에 건강보험의 개선을 위하여 필요한 사항으로 대통령령으로 정하는 사항

(3) 보건복지부장관은 종합계획에 따라 매년 연도별 시행계획을 건강보험정책심의위원회의 심의를 거쳐 수립·시행하여야 함

(4) 보건복지부장관은 매년 시행계획에 따른 추진실적을 평가하여야 함

(5) 보건복지부장관은 다음의 사유가 발생한 경우 관련 사항에 대한 보고서를 작성하여 지체 없이 국회 소관 상임위원회에 보고하여야 함

① 종합계획의 수립 및 변경

② 시행계획의 수립

③ 시행계획에 따른 추진실적의 평가

(6) 보건복지부장관은 종합계획의 수립, 시행계획의 수립·시행 및 시행계획에 따른 추진실적의 평가를 위하여 필요하다고 인정하는 경우 관계 기관의 장에게 자료의 제출을 요구 가능. 이 경우 자료의 제출을 요구받은 자는 특별한 사유가 없으면 이에 따라야 함

(7) 그 밖에 종합계획의 수립 및 변경, 시행계획의 수립·시행 및 시행계획에 따른 추진실적의 평가 등에 필요한 사항은 대통령령으로 정함

5. 건강보험정책심의위원회

(1) 심의위원회 구성 : 위원장 1명과 부위원장 1명을 포함하여 25명의 위원으로 구성

   ① 위원장 : 보건복지부 차관

   ② 부위원장 : 부위원장은 ㉣, ㉤, ㉥의 위원 중에서 위원장이 지명하는 자

   ③ 위원 : 다음에 해당하는 사람들 가운데 보건복지부장관이 임명 또는 위촉

     ㉠ 근로자단체 및 사용자단체가 추천하는 각 2명

     ㉡ 시민단체(「비영리민간단체지원법」 제2조에 따른 비영리민간단체), 소비자단체, 농어업
　　　　인단체 및 자영업자단체가 추천하는 각 1명

     ㉢ 의료계를 대표하는 단체 및 약업계를 대표하는 단체가 추천하는 8명

     ㉣ 대통령령으로 정하는 중앙행정기관 소속 공무원 2명

     ㉤ 국민건강보험공단의 이사장 및 건강보험심사평가원의 원장이 추천하는 각 1명

     ㉥ 건강보험에 관한 학식과 경험이 풍부한 4명

(2) 심의·의결사항

   ① 요양급여의 기준

   ② 요양급여비용에 관한 사항

   ③ 직장가입자의 보험료율

   ④ 지역가입자의 보험료율과 재산보험료부과점수당 금액

   ⑤ 요양급여의 상대가치점수

   ⑥ 약제·치료재료에 대한 비용의 상한금액 및 한약제에 대한 비용

   ⑦ 그 밖에 건강보험에 관한 주요사항으로서 건강보험정책심의위원회의 위원장이 회의에 부
　　　치는 사항

II 국민건강보험공단

1. 보험자

(1) 보험자

건강보험의 운영 주체로서 보험료를 징수하고 보험급여를 실시하는 등 건강보험업무를 행하
는 자. 우리나라의 건강보험사업은 사회보험방식으로 행해지기 때문에 정부가 보험자

(2) 현행법은 건강보험사업의 효율적인 운영을 위하여 보험자를 국민건강보험공단으로 함. 다만,
보건복지부장관에게 건강보험사업을 관장하도록 함으로써 정부의 감독하에 공단이 보험사업
을 행하도록 하고 있음

2. 공단의 설립 및 해산

(1) 법인격 등

공단은 법인으로 하며, 주된 사무소의 소재지에서 설립등기를 함으로써 성립

(2) 사무소

공단의 주된 사무소의 소재지는 정관으로 정하며, 필요하면 정관으로 정하는 바에 따라 분사
무소를 둘 수 있음

(3) 정관 : 정관에는 아래 사항을 기재해야 하며 정관 변경 시 보건복지부장관의 인가를 받아야 함

① 목적

② 명칭

③ 사무소의 소재지

④ 임직원에 관한 사항

⑤ 이사회의 운영

⑥ 재정운영위원회에 관한 사항

⑦ 보험료 및 보험급여에 관한 사항

⑧ 예산 및 결산에 관한 사항

⑨ 자산 및 회계에 관한 사항

⑩ 업무와 그 집행

⑪ 정관의 변경에 관한 사항

⑫ 공고에 관한 사항

(4) 등기 : 공단의 설립등기에는 다음의 사항을 포함하여야 함

① 목적

② 명칭

③ 주된 사무소 및 분사무소의 소재지

④ 이사장의 성명·주소 및 주민등록번호

(5) 해산

공단의 해산에 관하여는 법률로 정함

3. 공단의 업무 등

(1) 공단은 다음의 업무를 관장

① 가입자 및 피부양자의 자격 관리

② 보험료와 그 밖에 이 법에 따른 징수금의 부과·징수

③ 보험급여의 관리

④ 가입자 및 피부양자의 질병의 조기발견·예방 및 건강관리를 위하여 요양급여 실시 현황
과 건강검진 결과 등을 활용하여 실시하는 예방사업으로서 대통령령으로 정하는 사업

⑤ 보험급여 비용의 지급

⑥ 자산의 관리·운영 및 증식사업

⑦ 의료시설의 운영

⑧ 건강보험에 관한 교육훈련 및 홍보

PART
06

⑨ 건강보험에 관한 조사연구 및 국제협력

⑩ 이 법에서 공단의 업무로 정하고 있는 사항

⑪ 「국민연금법」, 「고용보험 및 산업재해보상보험의 보험료징수 등에 관한 법률」, 「임금채권보장법」 및 「석면피해구제법」에 따라 위탁받은 업무

⑫ 그 밖에 이 법 또는 다른 법령에 따라 위탁받은 업무

⑬ 그 밖에 건강보험과 관련하여 보건복지부장관이 필요하다고 인정한 업무

(2) 자산의 관리·운영 및 증식사업은 안정성과 수익성을 고려하여 다음의 방법에 따라야 함

① 체신관서 또는 「은행법」에 따른 은행에의 예입 또는 신탁

② 국가·지방자치단체 또는 「은행법」에 따른 은행이 직접 발행하거나 채무이행을 보증하는 유가증권의 매입

③ 특별법에 따라 설립된 법인이 발행하는 유가증권의 매입

④ 「자본시장과 금융투자업에 관한 법률」에 따른 신탁업자가 발행하거나 같은 법에 따른 집합투자업자가 발행하는 수익증권의 매입

⑤ 공단의 업무에 사용되는 부동산의 취득 및 일부 임대

⑥ 그 밖에 공단 자산의 증식을 위하여 대통령령으로 정하는 사업

(3) 수수료 징수

공단은 특정인을 위하여 업무를 제공하거나 공단 시설을 이용하게 할 경우 공단의 정관으로 정하는 바에 따라 그 업무의 제공 또는 시설의 이용에 대한 수수료와 사용료 징수 가능

(4) 정보 공개

공단은 「공공기관의 정보공개에 관한 법률」에 따라 건강보험과 관련하여 보유·관리하고 있는 정보를 공개

4. 공단의 조직

(1) 임원

① 임원의 구성 : 이사장 1명, 이사 14명 및 감사 1명(이사장, 이사 중 5명 및 감사는 상임)

② 이사장(상임)

임원추천위원회가 복수로 추천한 사람 중에서 보건복지부장관의 제청으로 대통령이 임명

③ 상임이사(5명) : 보건복지부령으로 정하는 추천 절차를 거쳐 이사장이 임명

④ 비상임이사(9명) : 다음의 사람을 보건복지부장관이 임명

㉠ 노동조합·사용자단체·시민단체·소비자단체·농어업인단체 및 노인단체가 추천하는 각 1명

㉡ 대통령령으로 정하는 바에 따라 추천하는 관계 공무원 3명

⑤ 감사(상임)

임원추천위원회가 복수로 추천한 사람 중에서 기획재정부장관의 제청으로 대통령이 임명

⑥ 임원의 임기
  ㉠ 이사장 : 3년
  ㉡ 이사(공무원인 이사는 제외)와 감사 : 각각 2년

(2) 징수이사

① 선임
  ㉠ 상임이사 중 보험료와 징수관련 업무를 담당하는 징수이사는 경영, 경제 및 사회보험에 관한 학식과 경험이 풍부한 사람으로서 보건복지부령으로 정하는 자격을 갖춘 사람 중에서 선임
  ㉡ 징수이사 후보를 추천하기 위하여 공단에 이사를 위원으로 하는 징수이사추천위원회를 둠. 추천위원회의 위원장 : 이사장이 지명하는 이사
  ㉢ 추천위원회는 주요 일간신문에 징수이사 후보의 모집 공고를 하여야 하며, 이와 별도로 적임자로 판단되는 징수이사 후보를 조사하거나 전문단체에 조사를 의뢰 가능
  ㉣ 추천위원회는 모집한 사람을 보건복지부령으로 정하는 징수이사 후보 심사기준에 따라 심사하여야 하며, 징수이사 후보로 추천될 사람과 계약 조건에 관하여 협의하여야 함
  ㉤ 이사장은 심사와 협의 결과에 따라 징수이사 후보와 계약을 체결하여야 하며, 이 경우 보건복지부령으로 정하는 추천절차 따른 상임이사의 임명으로 봄
  ㉥ 계약조건에 관한 협의, 계약 체결 등에 필요한 사항은 보건복지부령으로 정함
② 담당업무
  ㉠ 보험료와 그 밖에 징수금의 부과·징수
  ㉡ 국민연금법, 고용산재보험료징수법, 임금채권보장법 및 석면피해구제법에 따라 위탁받은 업무

(3) 이사회

① 이사회의 구성 : 이사장과 이사로 구성
② 감사의 출석 : 감사는 이사회에 출석하여 발언 가능
③ 이사회의 의결사항
  ㉠ 사업운영계획 기타 공단운영의 기본방침에 관한 사항
  ㉡ 예산 및 결산에 관한 사항
  ㉢ 정관변경에 관한 사항
  ㉣ 보험료 등에 관한 사항
  ㉤ 준비금 기타 중요재산의 취득·관리 및 처분에 관한 사항
  ㉥ 규정의 제정·개정 및 폐지에 관한 사항
  ㉦ 차입금에 관한 사항
  ㉧ 보험급여에 관한 사항
  ㉨ 기타 공단운영에 관한 중요사항
    * 건강보험정책심의위원회의 심의·의결사항 및 재정운영위원회의 심의·의결사항은 이사회의 의결사항에서 제외

(4) 임원의 결격사유

① 다음의 어느 하나에 해당하는 사람은 공단의 임원이 될 수 ×

  ㉠ 대한민국 국민이 아닌 사람

  ㉡ 「공공기관의 운영에 관한 법률」 제34조 제1항 각 호의 어느 하나에 해당하는 사람

* 「공공기관의 운영에 관한 법률」 제34조 제1항

제1호	「국가공무원법」 제33조(결격사유) 각 호의 어느 하나에 해당하는 사람

	「국가공무원법」 제33조(결격사유)
	다음 각 호의 어느 하나에 해당하는 자는 공무원으로 임용될 수 없다.
	1. 피성년후견인
	2. 파산선고를 받고 복권되지 아니한 자
	3. 금고 이상의 실형을 선고받고 그 집행이 끝나거나(집행이 끝난 것으로 보는 경우를 포함한다) 집행이 면제된 날부터 5년이 지나지 아니한 자
	4. 금고 이상의 형의 집행유예를 선고받고 그 유예기간이 끝난 날부터 2년이 지나지 아니한 자
	5. 금고 이상의 형의 선고유예를 받은 경우에 그 선고유예 기간 중에 있는 자
	6. 법원의 판결 또는 다른 법률에 따라 자격이 상실되거나 정지된 자
	6의2. 공무원으로 재직기간 중 직무와 관련하여 「형법」 제355조 및 제356조에 규정된 죄를 범한 자로서 300만원 이상의 벌금형을 선고받고 그 형이 확정된 후 2년이 지나지 아니한 자
	6의3. 다음 각 목의 어느 하나에 해당하는 죄를 범한 사람으로서 100만원 이상의 벌금형을 선고받고 그 형이 확정된 후 3년이 지나지 아니한 사람
	  가. 「성폭력범죄의 처벌 등에 관한 특례법」 제2조에 따른 성폭력범죄
	  나. 「정보통신망 이용촉진 및 정보보호 등에 관한 법률」 제74조 제1항 제2호 및 제3호에 규정된 죄
	  다. 「스토킹범죄의 처벌 등에 관한 법률」 제2조 제2호에 따른 스토킹범죄

제2호	해임된 날부터 3년이 지나지 아니한 사람

(5) 임원의 당연퇴임 및 해임

① 임원이 결격사유 어느 하나에 해당하게 되거나 임명 당시 그에 해당하는 사람으로 확인되면 그 임원은 당연퇴임

② 임명권자는 임원이 다음의 어느 하나에 해당하면 그 임원을 해임 가능

  ㉠ 신체장애나 정신장애로 직무를 수행할 수 없다고 인정되는 경우

  ㉡ 직무상 의무를 위반한 경우

  ㉢ 고의나 중대한 과실로 공단에 손실이 생기게 한 경우

  ㉣ 직무 여부와 관계없이 품위를 손상하는 행위를 한 경우

  ㉤ 이 법에 따른 보건복지부장관의 명령을 위반한 경우

(6) 겸직금지

① 공단의 상임임원과 직원은 그 직무 외에 영리를 목적으로 하는 사업에 종사 ×

② 공단의 상임임원이 임명권자 또는 제청권자의 허가를 받거나 공단의 직원이 이사장의 허가를 받은 경우에는 비영리 목적의 업무를 겸할 수 ○

(7) 재정운영위원회

① 위원장 : 공익을 대표하는 위원 중에서 호선(互選)

② 재정운영위원회의 구성

  ㉠ 직장가입자를 대표하는 위원 10명

  ㉡ 지역가입자를 대표하는 위원 10명

  ㉢ 공익을 대표하는 위원 10명

③ 위원 : 다음의 사람을 보건복지부장관이 임명하거나 위촉

  ㉠ 직장가입자를 대표하는 위원 : 노동조합과 사용자단체에서 추천하는 각 5명

  ㉡ 지역가입자를 대표하는 위원 : 대통령령으로 정하는 바에 따라 농어업인단체 · 도시자영업자단체 및 시민단체에서 추천하는 사람

  ㉢ 공익을 대표하는 위원 : 대통령령으로 정하는 관계 공무원 및 건강보험에 관한 학식과 경험이 풍부한 사람

④ 재정운영위원회 위원(공무원인 위원은 제외)의 임기 : 2년

  위원의 사임 등으로 새로 위촉된 위원의 임기 : 전임위원 임기의 남은 기간

⑤ 재정운영위원회의 운영 등에 필요한 사항은 대통령령으로 정한다.

5. 회계

(1) 공단의 회계연도는 정부의 회계연도에 따름

(2) 공단은 직장가입자와 지역가입자의 재정을 통합하여 운영

(3) 공단은 건강보험사업 및 징수위탁근거법의 위탁에 따른 국민연금사업 · 고용보험사업 · 산업재해보상보험사업 · 임금채권보장사업에 관한 회계를 공단의 다른 회계와 구분하여 각각 회계처리하여야 함

6. 예산과 결산

(1) 예산

공단은 회계연도마다 예산안을 편성하여 이사회의 의결을 거친 후 보건복지부장관의 승인을 받아야 함. 예산을 변경할 때에도 또한 같음

(2) 결산

① 공단은 회계연도마다 결산보고서와 사업보고서를 작성하여 다음 해 2월 말일까지 보건복지부장관에게 보고하여야 함

② 공단은 결산보고서와 사업보고서를 보건복지부장관에게 보고하였을 때에는 보건복지부령으로 정하는 바에 따라 그 내용을 공고하여야 함

7. 차입금

공단은 지출할 현금이 부족한 경우에는 차입 가능. 다만, 1년 이상 장기로 차입하려면 보건복지부장관의 승인을 받아야 함

8. 준비금

(1) 공단은 회계연도마다 결산상의 잉여금 중에서 그 연도의 보험급여에 든 비용의 100분의 5 이상에 상당하는 금액을 그 연도에 든 비용의 100분의 50에 이를 때까지 준비금으로 적립하여야 함

(2) 준비금은 부족한 보험급여 비용에 충당하거나 지출할 현금이 부족할 때 외에는 사용할 수 없으며, 현금 지출에 준비금을 사용한 경우에는 해당 회계연도 중에 이를 보전(補塡)하여야 함

(3) 준비금의 관리 및 운영 방법 등에 필요한 사항은 보건복지부장관이 정함

Ⅲ 가입자와 피부양자

1. 가입자

(1) 국내에 거주하는 국민

① 국내에 거주하는 모든 국민은 원칙적으로 건강보험의 가입자 또는 피부양자

② 건강보험 적용제외자

㉠ 「의료급여법」에 따라 의료급여를 받는 사람

㉡ 유공자 등 의료보호대상자(다만, 유공자 등 의료보호대상자 중 건강보험의 적용을 보험자에게 신청한 자와 유공자 등 의료보호대상자로 되었으나 건강보험의 적용배제 신청을 보험자에게 하지 아니한 자는 건강보험 적용)

(2) 국내에 체류하고 있는 재외국민 또는 외국인

① 직장가입자가 되는 국내체류 외국인 등

주민등록, 국내거소신고, 외국인등록을 한 사람으로서 적용대상사업장의 근로자, 공무원 또는 교직원인 경우

② 지역가입자가 되는 국내체류 외국인 등(아래 요건 모두 갖춘 사람)

㉠ 6개월 동안 국내에 거주하였거나 해당 기간 동안 국내에 지속적으로 거주할 것으로 예상할 수 있는 사유로서 보건복지부령으로 정하는 사유에 해당될 것(영주자격, 비전문취업·결혼이민·유학 또는 일반연수의 체류자격을 받은 경우)

㉡ 주민등록 또는 국내거소신고를 하거나 외국인등록을 한 사람으로서 보건복지부령으로 정하는 체류자격이 있는 사람

③ 피부양자가 될 수 있는 국내체류 외국인 등

주민등록, 국내거소신고, 외국인 등록을 한 사람으로서 다음 각 호의 요건을 모두 갖춘 경우에는 공단에 신청하면 피부양자가 될 수 있음

 ㉠ 직장가입자의 배우자, 직장가입자의 직계존속(배우자의 직계존속을 포함), 직장가입자의 직계비속(배우자의 직계비속 포함)과 그 배우자 및 형제·자매

 ㉡ 피부양자 자격의 인정 기준에 해당할 것

 ㉢ 6개월 동안 국내에 거주하였거나 해당 기간 동안 국내에 지속적으로 거주할 것으로 예상할 수 있는 사유로서 보건복지부령으로 정하는 사유에 해당될 것(영주자격, 비전문취업·결혼이민·유학 또는 일반연수의 체류자격을 받은 경우)

④ 가입자 및 피부양자가 될 수 없는 국내체류 외국인 등

 ㉠ 불법체류 외국인이거나 강제퇴거명령서가 발부된 자

 ㉡ 국내체류 외국인 등이 외국의 법령, 외국의 보험 또는 사용자와의 계약 등에 따라 요양급여에 상당하는 의료보장을 받을 수 있어 사용자 또는 가입자가 가입 제외를 신청한 경우

⑤ 외국 정부가 사용자인 사업장의 근로자

정부는 외국 정부가 사용자인 사업장의 근로자의 건강보험에 관하여는 외국 정부와 한 합의에 따라 이를 따로 정할 수 있음

PART 06

2. 가입자의 종류 → 직장가입자와 지역가입자

 (1) 직장가입자

  ① 모든 사업장의 근로자 및 사용자와 공무원 및 교직원

  ② 직장가입 대상에서 제외되는 사람

   ㉠ 고용기간이 1개월 미만인 일용근로자

   ㉡ 현역병(지원에 의하지 아니하고 임용된 하사를 포함한다), 전환복무된 사람 및 군간부후보생

   ㉢ 선거에 당선되어 취임하는 공무원으로서 매월 보수 또는 보수에 준하는 급료를 받지 아니하는 사람

   ㉣ 비상근 근로자 또는 1개월 동안의 소정근로시간이 60시간 미만인 단시간근로자

   ㉤ 비상근 교직원 또는 1개월 동안의 소정근로시간이 60시간 미만인 시간제공무원 및 교직원

   ㉥ 소재지가 일정하지 아니한 사업장의 근로자 및 사용자

   ㉦ 근로자가 없거나 비상근 근로자 또는 1개월 동안의 소정근로시간이 60시간 미만인 단시간근로자만을 고용하고 있는 사업장의 사업주

 (2) 지역가입자

  직장가입자와 그 피부양자를 제외한 가입자

3. 피부양자

(1) 피부양자는 다음의 어느 하나에 해당하는 사람 중 직장가입자에게 주로 생계를 의존하는 사람으로서 피부양자 인정 기준(소득 및 재산이 보건복지부령으로 정하는 기준 이하)에 해당하는 사람을 의미
   ① 직장가입자의 배우자
   ② 직장가입자의 직계존속(배우자의 직계존속을 포함한다)
   ③ 직장가입자의 직계비속(배우자의 직계비속을 포함한다)과 그 배우자
   ④ 직장가입자의 형제·자매

(2) 피부양자의 자격의 취득
   ① 신생아의 경우 : 출생한 날
   ② 직장가입자의 자격 취득일 또는 가입자의 자격 변동일부터 90일 이내에 피부양자의 자격 취득신고를 한 경우 : 직장가입자의 자격 취득일 또는 해당 가입자의 자격 변동일
   ③ 직장가입자의 자격 취득일 또는 가입자의 자격 변동일부터 90일 넘겨 피부양자의 자격취득신고를 한 경우 : 공단에 피부양자 자격신고서를 제출한 날. 다만, 천재지변, 질병, 사고 등 공단이 정하는 본인의 책임이 없는 부득이한 사유로 90일을 넘겨 피부양자 자격취득 신고를 한 경우에는 직장가입자의 자격 취득일 또는 가입자의 자격 변동일로 함

(3) 피부양자 자격의 상실
   ① 사망한 날의 다음 날
   ② 대한민국의 국적을 잃은 날의 다음 날
   ③ 국내에 거주하지 아니하게 된 날의 다음 날
   ④ 직장가입자가 자격을 상실한 날
   ⑤ 의료급여법에 따른 수급권자가 된 날
   ⑥ 국가유공자 등에 따른 유공자 등 의료보호대상자인 피부양자가 공단에 건강보험의 적용배제 신청을 한 날의 다음 날
   ⑦ 직장가입자 또는 다른 직장가입자의 피부양자 자격을 취득한 경우 : 그 자격을 취득한 날
   ⑧ 피부양자 자격을 취득한 사람이 본인의 신고에 따라 피부양자 자격 상실 신고를 한 경우에는 신고한 날의 다음 날
   ⑨ 피부양자 요건을 충족하지 아니하는 경우에는 공단이 그 요건을 충족하지 아니한다고 확인한 날의 다음 날
   ⑩ 사업소득 등의 발생 사실과 그 금액을 신고하거나 신고하지 않았으나 공단이 소득요건을 충족하지 않는다고 확인한 경우에는 그 사업소득 등이 발생한 날이 속하는 달의 다음 달 말일
   ⑪ 거짓이나 그 밖의 부정한 방법으로 소득월액의 조정 신청 또는 이 규칙에 따른 피부양자 자격 취득 신고를 하여 피부양자 자격을 취득한 것을 공단이 확인한 경우에는 그 자격을 취득한 날

Ⅳ 보험관계의 성립과 소멸

1. 사업장의 신고

(1) 신고대상

① 직장가입자가 되는 근로자·공무원 및 교직원을 사용하는 적용대상사업장이 된 경우

② 휴업·폐업 등 보건복지부령으로 정하는 사유가 발생한 경우

(2) 신고기한

사유에 해당하게 되거나 신고한 내용이 변경된 날부터 14일 이내

2. 자격의 취득

(1) 자격취득의 시기

① 가입자는 국내에 거주하게 된 날에 직장가입자 또는 지역가입자의 자격을 얻음

② 예외 : 해당된 날

ㄱ (의료급여법에 따라 의료급여를 받는) 수급권자이었던 사람은 그 대상자에서 제외된 날

ㄴ 직장가입자의 피부양자이었던 사람은 그 자격을 잃은 날

ㄷ 유공자 등 의료보호대상자이었던 사람은 그 대상자에서 제외된 날

ㄹ 보험자에게 건강보험의 적용을 신청한 유공자 등 의료보호대상자는 그 신청한 날

(2) 자격취득의 신고

① 신고의무자 : 직장가입자의 사용자 및 지역가입자의 세대주

② 신고기한 : 자격을 취득한 날부터 14일 이내에 보험자에게 신고

3. 자격변동

(1) 자격변동사유 및 변동시기

① 지역가입자가 적용대상사업장의 사용자로 되거나, 근로자, 공무원 또는 교직원으로 사용된 날

② 직장가입자가 다른 적용대상사업장의 사용자로 되거나 근로자 등으로 사용된 날

③ 직장가입자인 근로자 등이 그 사용관계가 끝난 날의 다음 날

④ 직장가입자인 사용자의 사업장에 휴업·폐업에 따른 사유가 발생한 날의 다음 날

⑤ 지역가입자가 다른 세대로 전입한 날

(2) 자격변동의 신고

① 신고의무자

ㄱ 자격변동사유 (1)의 ①, ②의 경우 : 사용자

ㄴ 자격변동사유 (1)의 ③, ④, ⑤의 경우 : 지역가입자의 세대주

② 신고기한 : 자격이 변동된 날부터 14일 이내 보험자에게 신고

(3) 자격변동의 통지

① 통지의무자

㉠ 보험급여를 받을 수 있는 자가 현역병, 전환복무된 사람 및 군간부후보생으로 된 때 :
국방부장관

㉡ 보험급여를 받을 수 있는 자가 교도소 그 밖에 이에 준하는 시설에 수용되어 있는 때
: 법무부장관

② 통지기한 : 자격이 변동한 날부터 1월 이내에 보험자에게 신고

(4) 자격 취득·변동 사항의 고지

공단은 국가기관 등으로부터 제공받은 자료를 통하여 가입자 자격의 취득 또는 변동 여부를
확인하는 경우에는 자격 취득 또는 변동 후 최초로 제79조에 따른 납부의무자에게 보험료 납
입 고지를 할 때 보건복지부령으로 정하는 바에 따라 자격 취득 또는 변동에 관한 사항을 알려
야 함

4. 자격상실

(1) 자격상실사유 및 상실시기

① 사망한 날의 다음 날

② 국적을 잃은 날의 다음 날

③ 국내에 거주하지 아니하게 된 날의 다음 날

④ 직장가입자의 피부양자가 된 날

⑤ 수급권자가 된 날

⑥ 건강보험을 적용받고 있던 사람이 유공자 등 의료보호대상자가 되어 건강보험의 적용배제
신청을 한 날

(2) 자격상실의 신고

① 신고의무자 : 직장가입자의 사용자와 지역가입자의 세대주

② 신고기한 : 자격을 상실한 날부터 14일 이내에 보험자에게 신고

5. 자격득실의 확인

(1) 가입자의 자격의 취득·변동 및 상실은 자격의 취득·변동 및 상실의 시기에 소급하여 효력
상실. 이 경우 보험자는 그 사실 확인 가능

(2) 가입자 또는 가입자이었던 자는 자격의 취득·변동 및 상실에 관한 확인 청구 가능

6. 건강보험증

(1) 국민건강보험공단은 가입자 또는 피부양자가 신청하는 경우 건강보험증을 발급하여야 함

(2) 가입자 또는 피부양자가 요양급여를 받을 때에는 건강보험증을 요양기관에 제출해야 함. 다만, 천재지변이나 그 밖의 부득이한 사유가 있으면 그러하지 ×

(3) 가입자 또는 피부양자는 주민등록증(모바일 주민등록증을 포함), 운전면허증, 여권, 그 밖에 보건복지부령으로 정하는 본인 여부를 확인할 수 있는 신분증명서로 요양기관이 그 자격을 확인할 수 있으면 건강보험증을 제출하지 아니할 수 있음

(4) 요양기관은 가입자 또는 피부양자에게 요양급여를 실시하는 경우 보건복지부령으로 정하는 바에 따라 건강보험증이나 신분증명서로 본인 여부 및 그 자격을 확인해야 함. 다만, 요양기관이 가입자 또는 피부양자의 본인 여부 및 그 자격을 확인하기 곤란한 경우로서 보건복지부령으로 정하는 정당한 사유가 있을 때에는 ×
→ 위반 시 100만원 이하의 과태료

(5) 가입자·피부양자는 그 자격을 잃은 후 자격을 증명하던 서류를 사용하여 보험급여를 받아서는 안 됨

(6) 누구든지 건강보험증이나 신분증명서를 다른 사람에게 양도(讓渡)하거나 대여하여 보험급여를 받게 하여서는 안 됨

(7) 누구든지 건강보험증이나 신분증명서를 양도 또는 대여를 받거나 그 밖에 이를 부정하게 사용하여 보험급여를 받아서는 안 됨

(8) 건강보험증의 신청 절차와 방법, 서식과 그 교부 및 사용 등에 필요한 사항은 보건복지부령으로 정한다.

PART
06

02 | 보험급여

Ⅰ 보험급여의 형태

1. 현물급여

(1) 현물급여의 의의

요양기관 등으로부터 가입자 또는 피부양자가 직접 제공받는 의료서비스 일체

(2) 현물급여의 특징

① 요양급여

② 건강검진이 현물급여로 행해짐

2. 현금급여

(1) 현금급여의 의의

가입자 및 피부양자의 신청에 따라 공단에서 현금으로 지급하는 것

(2) 현금급여의 특징

① 임신·출산 진료비

② 요양비(출산비 포함)

③ 본인부담액 상한제

④ 장애인 보조기기에 대한 보험급여 등

Ⅱ 요양급여

1. 요양급여의 내용

(1) 요양급여의 의의

가입자와 피부양자의 질병, 부상, 출산 등에 대하여 실시하는 급여로서 현물급여로 행해짐

(2) 요양급여의 종류

1. 진찰·검사

2. 약제(藥劑)·치료재료의 지급

3. 처치·수술 및 그 밖의 치료

4. 예방·재활

5. 입원

6. 간호

7. 이송(移送)

2. 요양급여의 대상 = 요양급여의 범위

(1) 약제는 제외한 요양급여

비급여대상으로 정한 것을 제외한 일체의 것

(2) 약제

요양급여대상으로 보건복지부장관이 결정하여 고시한 것

(3) 요양급여의 방법·절차·범위·상한 등의 기준은 보건복지부령으로 정한다.

(4) 비급여대상

보건복지부장관은 요양급여의 기준을 정할 때 업무나 일상생활에 지장이 없는 질환, 그 밖에 보건복지부령으로 정하는 사항은 요양급여대상에서 제외되는 비급여대상으로 정할 수 있다.

(5) 행위·치료재료 및 약제에 대한 요양급여대상 여부의 결정 및 조정

① 요양기관, 치료재료의 제조업자·수입업자 등 보건복지부령으로 정하는 자는 요양급여대상 또는 비급여대상으로 결정되지 아니한 요양급여에 관한 행위 및 치료재료에 대하여 요양급여대상 여부의 결정을 보건복지부장관에게 신청

② 「약사법」에 따른 약제의 제조업자·수입업자 등은 요양급여대상에 포함되지 아니한 약제에 대하여 보건복지부장관에게 요양급여대상 여부의 결정을 신청 가능

③ ① 및 ②에 따른 신청을 받은 보건복지부장관은 정당한 사유가 없으면 보건복지부령으로 정하는 기간 이내에 요양급여대상 또는 비급여대상의 여부를 결정하여 신청인에게 통보하여야 함

④ 보건복지부장관은 ① 및 ②에 따른 신청이 없는 경우에도 환자의 진료상 반드시 필요하다고 보건복지부령으로 정하는 경우에는 직권으로 행위·치료재료 및 약제의 요양급여대상의 여부를 결정 가능

⑤ 보건복지부장관은 제41조 제2항 제2호에 따라 요양급여대상으로 결정하여 고시한 약제에 대하여 보건복지부령으로 정하는 바에 따라 요양급여대상 여부, 범위, 요양급여비용 상한금액 등을 직권으로 조정 가능

⑥ ① 및 ②에 따른 요양급여대상 여부의 결정 신청의 시기, 절차, 방법 및 업무의 위탁 등에 필요한 사항, ③과 ④에 따른 요양급여대상 여부의 결정 절차 및 방법, ⑤에 따른 직권 조정 사유·절차 및 방법 등에 관한 사항은 보건복지부령으로 정함

3. 선별급여

(1) 요양급여를 결정함에 있어 경제성 또는 치료효과성 등이 불확실하여 그 검증을 위하여 추가적인 근거가 필요하거나, 경제성이 낮아도 가입자와 피부양자의 건강회복에 잠재적 이득이 있는 등 대통령령으로 정하는 경우에는 예비적인 요양급여인 선별급여로 지정하여 실시 가능

(2) 보건복지부장관은 대통령령으로 정하는 절차와 방법에 따라 (1)에 따른 선별급여(이하 "선별급여"라 한다)에 대하여 주기적으로 요양급여의 적합성을 평가하여 요양급여 여부를 다시 결정하고, 제41조 제3항에 따른 요양급여의 기준을 조정해야 함

4. 방문요양급여

가입자 또는 피부양자가 질병이나 부상으로 거동이 불편한 경우 등 보건복지부령으로 정하는 사유에 해당하는 경우에는 가입자 또는 피부양자를 직접 방문하여 제41조에 따른 요양급여를 실시 가능

5. 요양기관

(1) 의의

① 요양급여를 행하는 요양기관은 정부에서 요양기관을 지정하는 제도(허가주의 또는 지정주의)와 원칙적으로 모든 의료기관을 요양기관으로 하되, 적합하지 않은 의료기관을 제외하는 제도(금지주의 또는 취소주의)가 있음

② 우리나라는 1998년까지는 지정주의를 취하였으나 지정주의에 대한 헌법재판소의 위헌결정 이후 취소주의로 전환

(2) 요양기관의 종류

① 「의료법」에 따라 개설된 의료기관
② 「약사법」에 따라 등록된 약국
③ 「약사법」 제91조에 따라 설립된 한국희귀·필수의약품센터
④ 「지역보건법」에 따른 보건소·보건의료원 및 보건지소
⑤ 「농어촌 등 보건의료를 위한 특별조치법」에 따라 설치된 보건진료소

> ✏ 요양기관에서 제외되는 요양기관
> 1. 「의료법」에 따라 개설된 부속 의료기관
> 2. 「사회복지사업법」에 따른 사회복지시설에 수용된 사람의 진료를 주된 목적으로 개설된 의료기관
> 3. 본인일부부담금을 받지 아니하거나 경감하여 받는 등의 방법으로 가입자나 피부양자를 유인(誘引)하는 행위 또는 이와 관련하여 과잉 진료행위를 하거나 부당하게 많은 진료비를 요구하는 행위를 하여 다음 각 목의 어느 하나에 해당하는 업무정지 처분 등을 받은 의료기관
> 4. 업무정지 처분 절차가 진행 중이거나 업무정지 처분을 받은 요양기관의 개설자가 개설한 의료기관 또는 약국

(3) 전문요양기관

① 보건복지부장관은 효율적인 요양급여를 위하여 필요하면 보건복지부령으로 정하는 바에 따라 시설·장비·인력 및 진료과목 등 보건복지부령으로 정하는 기준에 해당하는 요양기관을 전문요양기관으로 인정할 수 있음

② 전문요양기관으로 인정된 요양기관 또는 상급종합병원에 대하여는 제41조 제3항에 따른 요양급여의 절차 및 요양급여비용을 다른 요양기관과 달리 가능

(4) 요양기관의 요양급부의무

요양기관은 정당한 이유 없이 요양급여 거부하지 ×

(5) 요양기관 현황에 대한 신고

① 요양기관은 요양급여비용을 최초로 청구하는 때에 요양기관의 시설·장비 및 인력 등에 대한 현황을 건강보험심사평가원(이하 "심사평가원"이라 한다)에 신고하여야 함
② 요양기관은 신고한 내용이 변경된 경우에는 그 변경된 날부터 15일 이내에 보건복지부령으로 정하는 바에 따라 심사평가원에 신고하여야 함

6. 요양비용의 일부부담

(1) 본인일부부담금

① 요양급여를 받는 자는 대통령령으로 정하는 바에 따라 비용의 일부를 본인이 부담한다. 이 경우 선별급여에 대해서는 다른 요양급여에 비하여 본인일부부담금을 상향 조정 가능
② 본인부담액은 요양기관의 청구에 의하여 가입자 또는 피부양자가 요양기관에 지불

(2) 본인부담액이 100분의 100인 경우

① 가입자 또는 피부양자가 요양급여의 절차에 따르지 아니하고 요양기관을 이용한 경우
② 병역법에 따른 현역병(지원에 의하지 아니하고 임용된 하사를 포함한다), 전환복무된 사람 또는 군간부후보생으로 군에 복무 중인 가입자 또는 피부양자 및 교도소 또는 그 밖에 이에 준하는 시설에 수용되어 있는 가입자 또는 피부양자가 요양기관을 이용한 경우
③ 가입자 또는 피부양자가 보험료 체납으로 급여제한을 받은 기간에 요양기관을 이용한 경우
④ 학교폭력 중 학생 간의 폭행에 기인한 사람이 요양기관을 이용한 경우
⑤ 보험재정에 상당한 부담을 초래한다고 인정되는 경우
⑥ 그 밖에 보건복지부령으로 정하는 경우

(3) 본인부담액의 상한제

본인이 연간 부담하는 본인일부부담금의 총액과 요양이나 출산의 비용으로 부담한 금액(요양이나 출산의 비용으로 부담한 금액이 보건복지부장관이 정하여 고시한 금액보다 큰 경우에는 그 고시한 금액)에서 요양비를 지급받은 금액을 제외한 금액의 합계액이 본인부담상한액을 초과한 경우에는 공단이 그 초과금액을 부담하여야 함. 이 경우 공단은 당사자에게 그 금액을 통보하고 이를 지급하여야 함

---

*25년 본인부담상한액

** 해당연도 본인부담상한액
= 전년도 본인부담상한액 × (1 + 전국소비자물가변동률(100분의 5를 상한으로 함))

---

*24년 본인부담상한액

소득분위	1구간	2구간	3구간	4구간	5구간	6구간	7구간
120일 초과 입원	138만원	174만원	235만원	388만원	557만원	669만원	1050만원
그 외 경우	87만원	108만원	167만원	313만원	428만원	514만원	808만원

7. 요양급여비용의 산정

(1) 요양급여비용계약의 체결

① 요양급여비용은 공단의 이사장과 대통령령으로 정하는 의약계를 대표하는 사람들의 계약으로 정함

② 계약은 그 직전 계약기간 만료일이 속하는 연도의 5월 31일까지 체결하여야 하며, 그 기한까지 계약이 체결되지 아니하는 경우 보건복지부장관이 그 직전 계약기간 만료일이 속하는 연도의 6월 30일까지 심의위원회의 의결을 거쳐 요양급여비용을 정함

(2) 계약기간 : 1년

(3) 계약의 효력

계약이 체결되면 그 계약은 공단과 각 요양기관 사이에 체결된 것으로 봄

(4) 약제·치료재료에 대한 요양급여비용

약제·치료재료에 대한 요양급여비용은 요양기관이 약제·치료재료 구입금액 등을 고려하여 대통령령으로 정하는 바에 따라 달리 산정 가능

8. 요양급여비용의 청구와 지급 등

(1) 청구 및 지급

① 요양기관은 공단에 요양급여비용의 지급을 청구 가능

② 요양급여비용을 청구하려는 요양기관은 심사평가원에 요양급여비용의 심사 청구를 하여야 하며, 건강보험심사평가원에 대한 요양급여비용의 심사 청구는 공단에 대한 요양급여비용의 청구로 봄

③ 건강보험심사평가원은 이를 심사한 후 지체 없이 그 내용을 공단과 요양기관에 통보하여야 하며, 통보받은 공단은 지체 없이 그 내용에 따라 요양급여비용을 지급해야 함

④ 공단은 요양급여비용을 요양기관에 지급하는 경우 해당 요양기관이 공단에 납부하여야 하는 보험료 또는 그 밖에 이 법에 따른 징수금을 체납한 때에는 요양급여비용에서 이를 공제하고 지급 가능

(2) 본인일부부담금의 환급 및 상계

① 병원에서 진료 후 납부한 본인일부부담금이 심사평가원에서 통보된 금액보다 더 많으면 요양기관에 지급할 금액에서 더 많이 낸 금액을 공제하여 해당 가입자에게 지급하여야 함

② 공단은 가입자에게 지급하여야 하는 금액을 그 가입자가 내야 하는 보험료와 그 밖에 이 법에 따른 징수금(이하 "보험료 등"이라 한다)과 상계(相計) 가능

③ 공단은 심사평가원이 제47조의4에 따라 요양급여의 적정성을 평가하여 공단에 통보하면 그 평가 결과에 따라 요양급여비용을 가산하거나 감액 조정하여 지급한다. 이 경우 평가 결과에 따라 요양급여비용을 가산하거나 감액하여 지급하는 기준은 보건복지부령으로 정한다.

(3) 요양급여비용의 지급 보류

공단은 요양급여비용의 지급을 청구한 요양기관이 「의료법」 제4조 제2항, 제33조 제2항·제8항 또는 「약사법」 제20조 제1항, 제21조 제1항을 위반하였거나, 「의료법」 제33조 제10항 또는 「약사법」 제6조 제3항·제4항을 위반하여 개설·운영되었다는 사실을 수사기관의 수사 결과로 확인한 경우에는 해당 요양기관이 청구한 요양급여비용의 지급을 보류 가능. 이 경우 요양급여비용 지급 보류 처분의 효력은 해당 요양기관이 그 처분 이후 청구하는 요양급여비용에 대해서도 미침

(4) 요양급여비용의 차등지급

지역별 의료자원의 불균형 및 의료서비스 격차의 해소 등을 위하여 지역별로 요양급여비용을 달리 정하여 지급 가능

(5) 요양급여의 적정성 평가

① 심사평가원은 요양급여에 대한 의료의 질을 향상시키기 위하여 요양급여의 적정성 평가를 실시 가능

② 심사평가원은 요양기관의 인력·시설·장비, 환자안전 등 요양급여와 관련된 사항을 포함하여 평가 가능

③ 심사평가원은 평가 결과를 평가대상 요양기관에 통보하여야 하며, 평가 결과에 따라 요양급여비용을 가산 또는 감산할 경우에는 그 결정사항이 포함된 평가 결과를 가감대상 요양기관 및 공단에 통보하여야 함

④ ①부터 ③까지에 따른 평가의 기준·범위·절차·방법 등에 필요한 사항은 보건복지부령으로 정함

(6) 대상 여부 확인

① 가입자나 피부양자는 본인일부부담금 외에 자신이 부담한 비용이 제41조 제4항에 따라 요양급여 대상에서 제외되는 비용인지 여부에 대하여 심사평가원에 확인을 요청 가능

② 요청을 받은 심사평가원은 그 결과를 요청한 사람에게 알려야 한다. 이 경우 확인을 요청한 비용이 요양급여 대상에 해당되는 비용으로 확인되면 그 내용을 공단 및 관련 요양기관에 알려야 한다.

③ 통보받은 요양기관은 받아야 할 금액보다 더 많이 징수한 금액(이하 "과다본인부담금"이라 한다)을 지체 없이 확인을 요청한 사람에게 지급하여야 한다. 다만, 공단은 해당 요양기관

이 과다본인부담금을 지급하지 아니하면 해당 요양기관에 지급할 요양급여비용에서 과다 본인부담금을 공제하여 확인을 요청한 사람에게 지급할 수 있다.

III 요양비

1. 의의

요양급여는 현물급여가 원칙이지만 예외적으로 그 요양급여에 상당하는 금액을 가입자나 피부양 자에게 요양비(현금급여)로 지급

2. 지급사유

(1) 요양기관이 아닌 장소에서 출산한 경우

(2) 긴급하거나 그 밖의 부득이한 사유로 요양기관과 비슷한 기능을 하는 수행하는 기관(준요양기 관)에서 질병·부상·출산 등에 대하여 요양을 받은 경우

> ✏ **긴급 그 밖의 부득이한 사유**
>
> 1. 요양기관을 이용할 수 없거나 요양기관이 없는 경우
> 2. 만성신부전증 환자가 의사의 요양비처방전(의사의 소견이나 처방기간 등을 적은 서류로서 보건복지부장 관이 정하여 고시하는 서류를 말한다. 이하 같다)에 따라 복막관류액 또는 자동복막투석에 사용되는 소 모성 재료를 요양기관 외의 의약품판매업소에서 구입·사용한 경우
> 3. 산소치료를 필요로 하는 환자가 의사의 산소치료 요양비처방전에 따라 보건복지부장관이 정하여 고시하 는 방법으로 산소치료를 받는 경우
> 4. 당뇨병 환자가 의사의 요양비처방전에 따라 혈당검사 또는 인슐린주사에 사용되는 소모성 재료나 당뇨 병 관리기기를 요양기관 외의 의료기기판매업소에서 구입·사용한 경우
> 5. 신경인성 방광환자가 의사의 요양비처방전에 따라 자가도뇨에 사용되는 소모성 재료를 요양기관 외의 의료기기판매업소에서 구입·사용한 경우
> 6. 보건복지부장관이 정하여 고시하는 질환이 있는 사람으로서 인공호흡기 또는 기침유발기를 필요로 하는 환자가 의사의 요양비처방전에 따라 인공호흡기 또는 기침유발기를 대여받아 사용하는 경우
> 7. 수면무호흡증 환자가 의사의 요양비처방전에 따라 양압기(수면 중 좁아진 기도에 지속적으로 공기를 불 어 넣어 기도를 확보해 주는 기구를 말한다)를 대여받아 사용하는 경우

3. 요양비의 종류

(1) 출산비

가입자 또는 피부양자가 요양기관이 아닌 장소(자택 등)나 이송 중에 출산(사산인 경우는 임신 16주 이상)한 경우에 지급

→ 외국에서 출산한 경우 등 급여의 정지에 해당하는 경우 지급 ✕

(2) 만성신부전증 요양비

만성신부전증 환자가 의사의 처방전에 의하여 복막관류액 및 자동복막투석 시 사용되는 소모 성 재료를 요양기관 이외의 의약품 판매업소에서 구입 사용한 경우

(3) 가정산소치료서비스

산소치료를 필요로 하는 환자가 의사의 산소치료처방전에 의하여 의료용 산소발생기로 산소치료서비스를 가정에서 제공받는 경우
*희귀난치성질환 외의 질환으로 6개월 이상 치료를 받고 있거나 6개월 이상 치료가 필요한 사람 또는 18세 미만 아동의 경우를 의미

4. 요양비의 지급

(1) 준요양기관은 보건복지부장관이 정하는 요양비 명세서나 요양 명세를 적은 영수증을 요양을 받은 사람에게 내주어야 하며, 요양을 받은 사람은 그 명세서나 영수증을 공단에 제출

(2) 공단은 지급청구가 요양비 지급사유에 해당하는지 여부 등을 지체 없이 확인 후 지급청구를 한 자에게 요양비 지급

(3) 준요양기관은 요양 받은 가입자나 피부양자의 위임이 있는 경우 공단에 요양비 지급을 직접 청구 가능. 이 경우 공단은 지급 청구된 내용의 적정성을 심사해 준요양기관에 요양비 지급 가능

Ⅳ 부가급여

1. 의의

(1) 일정한 보험사고에 대하여 법률로서 지급하도록 하고 있는 것을 법정급여라고 하고, 급여의 종류는 법률로 정해져 있으나 그 급여의 지급 여부가 대통령령에 위임되어 있는 것을 부가급여라 함

(2) 공단은 요양급여 외에 대통령령으로 정하는 바에 따라 임신·출산 진료비, 장제비, 상병수당, 그 밖의 급여를 실시할 수 있도록 하고 있음

2. 임신·출산 진료비

(1) 지원대상

① 임신·출산한 가입자 또는 피부양자

② 2세 미만인 가입자 또는 피부양자의 법정대리인(출산한 가입자 또는 피부양자가 사망한 경우에 한정)

(2) 이용권의 신청 및 발급

① 이용권을 발급받으려는 사람은 보건복지부령으로 정하는 발급 신청서에 지원 대상에 해당한다는 사실을 확인할 수 있는 증명서를 첨부해 공단에 제출

② 공단은 신청인이 지원 대상에 해당하는지 여부를 확인한 후 신청인에게 임신·출산 진료비 이용권을 발급

(3) 이용권의 사용범위

① 임신·출산한 가입자 또는 피부양자의 진료에 드는 비용

② 임신·출산한 가입자 또는 피부양자의 약제·치료재료의 구입에 드는 비용

③ 2세 미만 영유아의 진료에 드는 비용

④ 2세 미만 영유아에게 처방된 약제·치료재료의 구입에 드는 비용

(4) 이용권의 사용기간

① 임신·출산한 가입자 또는 피부양자 : 출산일(유산 및 사산의 경우 그 해당일)부터 2년이 되는 날

② 2세 미만 영유아의 법정대리인 : 2세 미만 영유아의 출생일부터 2년이 되는 날

(5) 이용권의 결제 상한액

① 하나의 태아를 임신·출산한 경우 : 100만원

② 둘 이상의 태아를 임신·출산한 경우 : 140만원

Ⅴ 보조기기 급여비

1. 장애인에 대한 특례

(1) 공단은 「장애인복지법」에 따라 등록한 장애인인 가입자 및 피부양자에게는 「장애인·노인 등을 위한 보조기기 지원 및 활용촉진에 관한 법률」 제3조 제2호에 따른 보조기기(이하 이 조에서 "보조기기"라 한다)에 대하여 보험급여를 할 수 있다.

(2) 장애인인 가입자 또는 피부양자에게 보조기기를 판매한 자는 가입자나 피부양자의 위임이 있는 경우 공단에 보험급여를 직접 청구할 수 있다. 이 경우 공단은 지급이 청구된 내용의 적정성을 심사하여 보조기기를 판매한 자에게 보조기기에 대한 보험급여를 지급할 수 있다.

2. 보조기기 급여신청 및 지급절차

(1) 보장기기에 대한 보험급여를 받고자 하는 자는 보장기기급여비지급청구서에 ① 전문과목의 전문의가 발행한 보장기기처방전 및 보조기기검수확인서, ② 요양기관 또는 보조기기 제조·판매자가 발행한 세금계산서를 첨부하여 ③ 공단에 제출하여야 한다. 보험급여를 받으려는 자가 보조기기급여비를 보조기기 제조 판매자에게 지급할 것을 신청하는 경우에는 해당 보조기기 제조·판매자가 「장애인복지법」에 따라 개설된 의지·보조기 제조·수리업자이거나 「의료기기법」에 따라 허가받은 수입·제조·판매업자임을 증명하는 서류를 첨부하여야 한다.

(2) 지팡이·목발 및 흰지팡이(시각장애인용 지팡이)에 대한 보험급여를 받고자 하거나 이미 휠체어에 대한 보험급여를 받은 자가 다시 휠체어에 대한 보험급여를 받고자 하는 경우에는 보조기기처방전을 첨부하지 아니한다.

(3) 전동휠체어나 전동스쿠터에 대한 보험급여를 받으려는 자는 지급청구를 하기 전에 보조기기급여신청서에 보조기기처방전을 첨부하여 공단에 제출하여야 하며, 공단은 제출받은 보조기기처방전에 기재된 장애인의 장애상태 등을 확인하여 지체 없이 급여대상 여부를 결정하고 그 결과를 신청인에게 통보하여야 한다.

(4) 공단은 지급청구를 받으면 장애인의 보조기기 구입 여부 등을 지체 없이 확인한 후 지급청구를 한 자 또는 보조기기의 제조·판매자에게 공단의 부담금액을 지급하여야 한다.

3. 장애인 보조기기에 대한 보험급여기준

(1) 보조기기는 재료의 재질·형태·기능 및 종류를 불문하고 동일 보조기기의 유형별로 내구연한 내에 1인당 1회에 한하여 보험급여를 한다.

(2) 진료담당의사가 훼손 및 마모 등으로 계속 장착하기 부적절하거나 기타 부득이한 사유로 교체하여야 할 필요가 있다고 판단하여 보조기기처방전을 발행한 경우에는 내구연한 내라도 보험급여를 할 수 있다.

(3) 보조기기 중 실리콘형 다리 의지는 절단 후 남아 있는 신체부분(stump)이 불안정하여 실리콘형 소켓이 필요하다는 진료담당의사의 의학적 소견이 있는 경우에 한한다.

(4) 뇌병변장애인에 대한 휠체어는 보행이 불가능하거나 현저하게 제한된 경우에 한한다.

Ⅵ 건강검진

1. 의의

(1) 공단은 가입자와 피부양자에 대하여 질병의 조기 발견과 그에 따른 요양급여를 하기 위하여 건강검진을 실시한다.

(2) 건강검진의 검진항목은 성별, 연령 등 특성 및 생애주기에 맞게 설계되어야 함

2. 건강검진의 종류 및 대상

(1) 일반건강검진

직장가입자, 세대주인 지역가입자, 20세 이상인 지역가입자 및 20세 이상인 피부양자

(2) 암검진

「암관리법」 제11조 제2항에 따른 암의 종류별 검진주기와 연령기준 등에 해당하는 사람

(3) 영유아건강검진

6세 미만의 가입자 및 피부양자

3. 건강검진의 회수

(1) 건강검진은 2년마다 1회 이상 실시하되 2년마다 1회 이상 실시하되, 사무직에 종사하지 않는 직장가입자에 대해서는 1년에 1회 실시한다.

(2) 다만, 암검진은 「암관리법 시행령」에서 정한 바에 따르며, 영유아건강검진은 영유아의 나이 등을 고려하여 보건복지부장관이 정하여 고시하는 바에 따라 검진주기와 검진횟수를 다르게 할 수 있다.

4. 건강검진 실시기관

건강검진은 「건강검진기본법」에 따라 지정된 건강검진기관(이하 "검진기관"이라 한다)에서 실시

5. 건강검진 실시통보

(1) 일반건강검진 및 암검진

① 직장가입자에게 실시하는 건강검진의 경우 : 해당 사용자에게 통보

② 직장가입자의 피부양자 및 지역가입자에게 실시하는 건강검진의 경우 : 검진을 받는 사람에게 통보

(2) 영유아건강검진

① 직장가입자의 피부양자인 영유아에게 실시하는 건강검진의 경우에는 그 직장가입자에게 통보

② 지역가입자인 영유아에게 실시하는 건강검진의 경우에는 해당 세대주에게 통보

③ 건강검진을 실시한 검진기관은 공단에 건강검진의 결과를 통보해야 하며, 공단은 이를 건강검진을 받은 사람에게 통보해야 한다. 다만, 검진기관이 건강검진을 받은 사람에게 직접 통보한 경우에는 공단은 그 통보를 생략할 수 있다.

6. 건강검진 결과의 통보

건강검진을 실시한 검진기관은 공단에 건강검진의 결과를 통보해야 하며, 공단은 이를 건강검진을 받은 사람에게 통보해야 함. 다만, 검진기관이 건강검진을 받은 사람에게 직접 통보한 경우 공단은 그 통보 생략 가능

Ⅶ 급여의 제한 및 정지

1. 급여의 제한

(1) 급여의 제한사유

① 고의 또는 중대한 과실로 인한 범죄행위에 그 원인이 있거나 고의로 사고를 일으킨 경우

② 고의 또는 중대한 과실로 공단이나 요양기관의 요양에 관한 지시에 따르지 아니한 경우

③ 고의 또는 중대한 과실로 제55조에 따른 문서와 그 밖의 물건의 제출을 거부하거나 질문 또는 진단을 기피한 경우

④ 업무 또는 공무로 생긴 질병·부상·재해로 다른 법령에 따른 보험급여나 보상(報償) 또는 보상(補償)을 받게 되는 경우

✒ **중대한 과실로 인한 범죄행위의 유형**

가. 무면허, 음주운전 등의 고의 또는 중대한 과실로 인한 도로교통법 위반사고

나. 강도, 절도, 방화, 실화로 인한 사고

다. 쌍방폭행에 의한 사고 등

✒ **고의로 인한 사고의 유형**

가. 음독·투신 등의 자살기도 행위에 의한 사고

나. 자해행위에 의한 사고

---

(2) 중복급여에 따른 지급제한

공단은 보험급여를 받을 수 있는 사람이 다른 법령에 따라 국가나 지방자치단체로부터 보험급여에 상당하는 급여를 받거나 보험급여에 상당하는 비용을 지급받게 되는 경우에는 그 한도에서 보험급여를 하지 아니한다.

2. 체납자에 대한 지급제한

(1) 보험료의 체납

① 보험료를 1개월 이상 체납한 경우 그 체납한 보험료를 완납할 때까지 그 가입자 및 피부양자에 대하여 보험급여를 실시하지 아니할 수 있다.

② 보험료의 체납기간에 관계없이 월별 보험료의 총체납횟수(이미 납부된 체납보험료는 총체납횟수에서 제외하며, 보험료의 체납기간은 고려하지 아니한다)가 6회 미만이거나 가입자 및 피부양자의 소득·재산 등이 대통령령으로 정하는 기준 미만인 경우에는 제한할 수 없다.

③ 사용자가 직장가입자의 보수월액보험료를 체납한 경우에는 그 체납에 대하여 직장가입자 본인에게 귀책사유가 있는 경우에 한하여 지급이 제한된다.

(2) 체납자에 대한 보험급여의 실시

① 가입자가 공단으로부터 분할납부 승인을 받고 그 승인된 보험료를 1회 이상 낸 경우에는 보험급여를 할 수 있다.

② 분할납부 승인을 받은 사람이 정당한 사유 없이 5회 이상 그 승인된 보험료를 내지 아니한 경우에는 보험급여를 하지 않는다.

(3) 보험급여로 인정되는 급여제한기간 중 실시된 보험급여

① 공단이 급여제한기간에 보험급여를 받은 사실이 있음을 가입자에게 통지한 날부터 2개월이 지난 날이 속한 달의 납부기한 이내에 체납된 보험료를 완납한 경우

② 공단이 급여제한기간에 보험급여를 받은 사실이 있음을 가입자에게 통지한 날부터 2개월이 지난 날이 속한 달의 납부기한 이내에 제82조에 따라 분할납부 승인을 받은 체납보험료를 1회 이상 낸 경우. 다만, 제82조에 따른 분할납부 승인을 받은 사람이 정당한 사유 없이 5회 이상 그 승인된 보험료를 내지 아니한 경우에는 그러하지 아니하다.

(4) 지급제한의 고지

① 보험급여를 제한하는 경우 문서로 그 내용과 사유를 가입자에게 알려야 함

② 보험료의 납입고지를 할 때에는 보험료체납에 따른 급여 제한의 내용을 안내해야 함

3. 급여의 (일시)정지

(1) 정지사유

① 국외에 체류하는 경우

② 현역병, 전환복무된 사람 및 군간부후보생에 해당하게 된 경우

③ 교도소, 그 밖에 이에 준하는 시설에 수용되어 있는 경우

(2) 정지되는 보험급여

① 그 기간에는 보험급여를 하지 아니함

② 현역병, 전환복무된 사람 및 군간부후보생에 해당하게 된 경우, 교도소, 그 밖에 이에 준하는 시설에 수용되어 있는 경우에는 요양급여는 실시

4. 급여의 확인

공단은 보험급여를 할 때 필요하다고 인정되면 보험급여를 받는 사람에게 문서와 그 밖의 물건을 제출하도록 요구하거나 관계인을 시켜 질문 또는 진단하게 할 수 있음

5. 요양비 등의 지급

공단은 지급의무가 있는 요양비 또는 부가급여 청구를 받으면 지체 없이 이를 지급해야 함

Ⅷ 부당이득의 징수 및 구상권

1. 부당이득의 징수

(1) 의의

공단은 속임수나 그 밖의 부당한 방법으로 보험급여를 받은 사람·준요양기관 및 보조기기 판매업자나 보험급여 비용을 받은 요양기관에 대하여 그 보험급여나 보험급여 비용에 상당하는 금액을 징수한다.

(2) 연대책임

① 의료면허 대여자 : 그 요양기관과 연대하여 징수금 납부

② 사용자나 요양기관

사용자나 가입자의 거짓 보고나 거짓 증명(제12조 제6항을 위반하여 건강보험증이나 신분증명서를 양도·대여하여 다른 사람이 보험급여를 받게 하는 것을 포함한다), 요양기관의 거짓 진단이나 거짓 확인(제12조 제4항을 위반하여 건강보험증이나 신분증명서로 가입자 또는 피부양자의 본인 여부 및 그 자격을 확인하지 아니한 것을 포함한다) 또는 준요양기관이나 보조기기를 판매한 자의 속임수 및 그 밖의 부당한 방법으로 보험급여가 실시된 경우 공단은 이들에게 보험급여를 받은 사람과 연대하여 제57조 제1항에 따른 징수금을 내게 할 수 있다.

③ 같은 세대에 속하는 가입자

공단은 속임수나 그 밖의 부당한 방법으로 보험급여를 받은 사람과 같은 세대에 속한 가입자(속임수나 그 밖의 부당한 방법으로 보험급여를 받은 사람이 피부양자인 경우에는 그 직장가입자를 말한다)에게 속임수나 그 밖의 부당한 방법으로 보험급여를 받은 사람과 연대하여 제57조 제1항에 따른 징수금을 내게 할 수 있다.

(3) 부당 요양급여비용의 환급

요양기관이 가입자나 피부양자로부터 속임수나 그 밖의 부당한 방법으로 요양급여비용을 받은 경우 공단은 해당 요양기관으로부터 이를 징수하여 가입자나 피부양자에게 지체 없이 지급

하여야 한다. 이 경우 공단은 가입자나 피부양자에게 지급하여야 하는 금액을 그 가입자 및 피부양자가 내야 하는 보험료 등과 상계 가능

(4) 부당이득 징수금 체납자의 인적사항 공개

① 공단은 징수금을 납부할 의무가 있는 요양기관 또는 요양기관을 개설한 자가 납입 고지 문서에 기재된 납부기한의 다음 날부터 1년이 경과한 징수금을 1억원 이상 체납한 경우 인적사항 등을 공개할 수 있다.

② 다만, 체납된 징수금과 관련하여 제87조에 따른 이의신청, 제88조에 따른 심판 청구가 제기되거나 행정소송이 계류 중인 경우 또는 그 밖에 체납된 금액의 일부 납부 등 대통령령으로 정하는 사유가 있는 경우에는 그러하지 아니하다.

③ 제1항에 따른 인적사항 등의 공개 여부를 심의하기 위하여 공단에 부당이득징수금체납정보공개심의위원회를 둔다.

④ 공단은 부당이득징수금체납정보공개심의위원회의 심의를 거친 인적사항 등의 공개대상자에게 공개대상자임을 서면으로 통지하여 소명의 기회를 부여하여야 하며, 통지일부터 6개월이 경과한 후 체납자의 납부이행 등을 고려하여 공개대상자를 선정한다.

⑤ 인적사항 등의 공개는 관보에 게재하거나 공단 인터넷 홈페이지에 게시하는 방법으로 한다.

⑥ ①부터 ④까지에서 규정한 사항 외에 인적사항 등의 공개 절차 및 부당이득징수금체납정보공개심의위원회의 구성·운영 등에 필요한 사항은 대통령령으로 정한다.

2. 구상권

(1) 공단은 제3자의 행위로 보험급여사유가 생겨 가입자 또는 피부양자에게 보험급여를 한 경우에는 그 급여에 들어간 비용 한도에서 그 제3자에게 손해배상을 청구할 권리를 얻는다.

(2) 보험급여를 받은 사람이 제3자로부터 이미 손해배상을 받은 경우에는 공단은 그 배상액 한도에서 보험급여를 하지 아니한다.

3. 수급권의 보호

(1) 보험급여를 받을 권리는 양도하거나 압류할 수 없다.

(2) 요양비 등 수급계좌에 입금된 요양비 등은 압류할 수 없다.

4. 현역병 등에 대한 요양급여비용의 지급

(1) 공단은 현역병, 전환복무된 사람, 군간부후보생 및 교도소 그 밖에 이에 준하는 시설에 수용되어 있는 사람이 요양기관에서 요양급여를 받은 경우 그에 따라 공단이 부담하는 요양급여비용과 요양비를 법무부장관·국방부장관·경찰청장·소방청장 또는 해양경찰청장으로부터 예탁받아 지급할 수 있다.

(2) 법무부장관·국방부장관·경찰청장·소방청장 또는 해양경찰청장은 예산상 불가피한 경우 외에는 연간 들어갈 것으로 예상되는 요양급여비용과 요양비를 공단이 지정하는 계좌에 예탁하여야 함

5. 요양급여비용의 정산

공단은 「산업재해보상보험법」 제10조에 따른 근로복지공단이 이 법에 따라 요양급여를 받을 수 있는 사람에게 「산업재해보상보험법」 제40조에 따른 요양급여를 지급한 후 그 지급결정이 취소되어 해당 요양급여의 비용을 청구하는 경우에는 그 요양급여가 이 법에 따라 실시할 수 있는 요양급여에 상당한 것으로 인정되면 그 요양급여에 해당하는 금액을 지급할 수 있다.

IX 건강보험심사평가원

1. 의의

요양급여비용을 심사하고 요양급여의 적정성을 평가하는 기관

2. 관장 업무

① 요양급여비용의 심사
② 요양급여의 적정성 평가
③ 심사기준 및 평가기준의 개발
④ ①부터 ③까지의 규정에 따른 업무와 관련된 조사연구 및 국제협력
⑤ 다른 법률에 따라 지급되는 급여비용의 심사 또는 의료의 적정성 평가에 관하여 위탁받은 업무
⑥ 그 밖에 이 법 또는 다른 법령에 따라 위탁받은 업무
⑦ 건강보험과 관련하여 보건복지부장관이 필요하다고 인정한 업무
⑧ 그 밖에 보험급여 비용의 심사와 보험급여의 적정성 평가와 관련하여 대통령령으로 정하는 업무

3. 임원

(1) 심사평가원에 임원으로서 원장, 이사 15명 및 감사 1명을 둔다. 이 경우 원장, 이사 중 4명 및 감사는 상임으로 한다.
(2) 원장은 임원추천위원회가 복수로 추천한 사람 중에서 보건복지부장관의 제청으로 대통령이 임명한다.
(3) 상임이사는 보건복지부령으로 정하는 추천 절차를 거쳐 원장이 임명한다.
(4) 비상임이사는 다음의 사람 중에서 10명과 대통령령으로 정하는 바에 따라 추천한 관계 공무원 1명을 보건복지부장관이 임명한다.
　① 공단이 추천하는 1명
　② 의약관계단체가 추천하는 5명
　③ 노동조합·사용자단체·소비자단체 및 농어업인단체가 추천하는 각 1명
(5) 원장의 임기는 3년, 이사(공무원인 이사는 제외한다)와 감사의 임기는 각각 2년으로 한다.

4. 진료심사평가위원회

(1) 심사평가원의 업무를 효율적으로 수행하기 위하여 심사평가원에 진료심사평가위원회(이하 "심사위원회"라 한다)를 둔다.

(2) 심사위원회는 위원장을 포함하여 90명 이내의 상근 심사위원과 1천명 이내의 비상근 심사위원으로 구성하며, 진료과목별 분과위원회를 둘 수 있다.

(3) (2)에 따른 상근 심사위원은 심사평가원의 원장이 보건복지부령으로 정하는 사람 중에서 임명한다.

(4) (2)에 따른 비상근 심사위원은 심사평가원의 원장이 보건복지부령으로 정하는 사람 중에서 위촉한다.

(5) 심사평가원의 원장은 심사위원이 다음의 어느 하나에 해당하면 그 심사위원을 해임 또는 해촉할 수 있다.

① 신체장애나 정신장애로 직무를 수행할 수 없다고 인정되는 경우
② 직무상 의무를 위반하거나 직무를 게을리한 경우
③ 고의나 중대한 과실로 심사평가원에 손실이 생기게 한 경우
④ 직무 여부와 관계없이 품위를 손상하는 행위를 한 경우

PART
06

03 | 보험료

Ⅰ 보험료의 산정

1. 월별 보험료액

(1) **직장가입자의 월별 보험료액**

① 보수월액보험료 = 보수월액 × 보험료율

② 보수 외 소득월액보험료 = 보수 외 소득월액 × 보험료율

(2) **지역가입자의 월별 보험료액**

지역가입자의 월별 보험료액은 소득과 재산에 따라 산정한 금액을 합산한 금액으로 한다. 이 경우 보험료액은 세대단위로 산정한다.

① 소득 : 지역가입자의 소득월액 × 보험료율

② 재산 : 재산보험료부과점수 × 재산보험료부과점수당 금액

(3) **월별보험료액의 상하한액**

① 월별 보험료액의 상한

㉠ 직장가입자의 보수월액 보험료 : 전전년도 평균 보수월액보험료의 30배에 해당하는 금액을 고려하여 보건복지부장관이 정하여 고시하는 금액

㉡ 직장가입자의 보수 외 소득월액보험료 및 지역가입자의 월별 보험료액 : 전전년도 평균 보수월액보험료의 15배에 해당하는 금액을 고려하여 보건복지부장관이 정하여 고시하는 금액

② 월별보험료액의 하한

㉠ 직장가입자의 보수월액보험료 : 전전년도 평균 보수월액보험료의 1천분의 50 이상 1천분의 85 미만의 범위에서 보건복지부장관이 정하여 고시하는 금액

㉡ 지역가입자의 월별 보험료액 : 직장가입자의 보수월액보험료의 하한의 100분의 90 이상 100분의 100 이하의 범위에서 보건복지부장관이 정하여 고시하는 금액

2. 직장가입자의 보수월액

(1) **산정**

직장가입자의 보수월액은 직장가입자가 지급받는 보수를 기준으로 하여 산정

(2) **보수에 포함되는 금품**

① 보수에 포함되는 금품

보수는 근로자 등이 근로의 제공으로 인하여 사용자·국가 또는 지방자치단체로부터 지급받는 금품으로서 근로의 제공으로 인하여 받은 봉급, 급료, 보수, 세비(歲費), 임금, 상여, 수당, 그 밖에 이와 유사한 성질의 금품

② 제외되는 금품

　㉠ 퇴직금

　㉡ 현상금, 번역료 및 원고료

　㉢ 「소득세법」에 따른 비과세근로소득. 다만, 「소득세법」 제12조 제3호 차목・파목 및 거목에 따라 비과세되는 소득은 제외

(3) 보수월액 산정을 위한 보수 등의 통보

사용자는 보수월액의 산정을 위하여 매년 3월 10일까지 전년도 직장가입자에게 지급한 보수의 총액과 직장가입자가 해당 사업장・국가・지방자치단체・사립학교 또는 그 학교경영기관에 종사한 기간 등 보수월액 산정에 필요한 사항을 공단에 통보하여야 한다. 이 경우 자료가 없는 직장가입자에 대해서는 통보를 생략할 수 있다.

(4) 보수월액의 결정

① 공단은 통보받은 보수의 총액을 전년도 중 직장가입자가 해당 사업장 등에 종사한 기간의 개월수로 나눈 금액을 매년 보수월액으로 결정

> 보수월액(월평균보수) = 전년도 보수총액 / 근무월수

② 직장가입자가 2 이상의 건강보험적용사업장에서 보수를 받고 있는 경우 : 각 사업장에서 받고 있는 보수 기준으로 각각 보수월액을 결정

(5) 휴직이나 그 밖의 사유로 보수의 전부 또는 일부 지급 ×

가입자의 보수월액보험료 → 해당 사유가 생기기 전 달의 보수월액을 기준으로 산정

(6) 보수 관련 자료 없거나 불명확한 경우

보건복지부장관이 정하여 고시하는 금액을 보수로 봄

(7) 직장가입자의 자격 취득・변동 시 보수월액

공단은 직장가입자의 자격을 취득하거나, 다른 직장가입자로 자격이 변동되거나, 지역가입자에서 직장가입자로 자격이 변동된 사람이 있을 때에는 다음 금액을 해당 직장가입자의 보수월액으로 결정

① 연・분기・월・주 또는 그 밖의 일정기간으로 보수가 정해지는 경우 : 그 보수액을 그 기간의 총 일수로 나눈 금액의 30배에 상당하는 금액

② 일・시간・생산량 또는 도급으로 보수가 정해지는 경우 : 직장가입자의 자격을 취득하거나 자격이 변동된 달의 전 1개월 동안에 그 사업장에서 해당 직장가입자와 같은 업무에 종사하고 같은 보수를 받는 사람의 보수액을 평균한 금액

③ ① 및 ②에 따라 보수월액을 산정하기 곤란한 경우 : 직장가입자의 자격을 취득하거나 자격이 변동된 달의 전 1개월 동안 같은 업무에 종사하고 있는 사람이 받는 보수액을 평균한 금액

(8) 보수가 지급되지 않은 사용자의 보수월액

① 확인된 금액 : 해당 연도 중 해당 사업장에서 발생한 수입으로서 객관적인 자료를 통하여 확인된 경우

② 신고 금액으로 하는 경우 : 수입을 확인할 수 있는 객관적인 자료가 없는 경우

③ 가장 높은 근로자의 보수월액 : 확인금액이나 신고금액이 그 사업장에서 가장 높은 보수월액의 적용을 받는 근로자의 보수월액보다 낮은 경우

④ 해당 사업장 근로자의 보수월액을 평균한 금액 : 확인된 금액 또는 신고 금액이 없거나, 수입을 확인할 수 있는 객관적인 자료가 없거나, 확인금액이 0원 이하인 경우

(9) 보수월액보험료의 정산에 따라 추가로 징수해야 할 추가징수금액 중 직장가입자가 부담하는 금액이 해당 직장가입자가 부담하는 보수월액보험료 이상인 경우

사용자의 신청에 따라 12회 이내의 범위에서 분할하여 납부하게 할 수 있다.

(10) 현물보수의 가액

보수의 전부 또는 일부가 현물로 지급되는 경우에는 그 지역의 시가를 기준으로 공단이 정하는 가액을 그에 해당하는 보수로 봄

3. 직장가입자 보수 외 소득월액

보수 외 소득월액은 보수월액의 산정에 포함된 보수를 제외한 직장가입자의 소득이 대통령령으로 정하는 금액(연 2,000만원)을 초과하는 경우 다음의 계산식에 따른 값을 보건복지부령으로 정하는 바에 따라 평가하여 산정

• (연간 보수 외 소득 − 대통령령으로 정하는 금액) × 1/12

4. 직장가입자의 보험료율

(1) 1천분의 80의 범위에서 심의위원회의 의결을 거쳐 대통령령으로 정한다.

(2) 국외에서 업무에 종사하고 있는 직장가입자에 대한 보험료율 : 직장가입자의 보험료율의 100분의 50

5. 지역가입자의 보험료율 및 재산보험료부과점수

(1) 지역가입자의 소득월액

지역가입자의 연간 소득을 12개월로 나눈 값을 보건복지부령으로 정하는 바에 따라 평가하여 산정

(2) 재산보험료부과점수의 산정

① 지역가입자의 재산을 기준으로 산정

② 산정방법과 산정기준을 정할 때 법령에 따라 재산권의 행사가 제한되는 재산에 대해서는 다른 재산과 달리 정할 수 있음

(3) 보험료율 및 재산보험료부과점수당 금액

심의위원회의 의결을 거쳐 대통령령으로 정함

(24년 보험료율 : 1만분의 709, 부과점수당 금액 208.4원)

Ⅱ 보험료의 면제 및 경감

1. 보험료의 면제(또는 소득월액 및 재산보험료부과점수 제외)

(1) 보험료 면제사유(부과점수 제외사유)

① 3개월(업무에 종사하기 위해 국외에 체류하는 경우라고 공단이 인정하는 경우에는 1개월) 이상 국외에 체류하는 경우

② 현역병(지원에 의하지 아니하고 임용된 하사를 포함한다.), 전환복무된 사람 및 군간부후 보생에 해당하게 된 경우

③ 교도소 그밖에 이에 준하는 시설에 수용되어 있는 경우

(2) 면제(또는 소득월액 및 재산보험료부과점수 예외) 내용

① 직장가입자가 보험료 면제사유에 해당하면 그 가입자의 보험료를 면제한다. 다만, 국외에 체류하는 직장가입자의 경우에는 국내에 거주하는 피부양자가 없을 때에만 보험료를 면제한다.

② 지역가입자가 보험료 면제사유에 해당하면 그 가입자의 소득월액 및 재산보험료부과점수를 제외한다.

(3) 면제(또는 소득월액 및 재산보험료부과점수 제외) 기간

① 보험료의 면제나 보험료의 산정에서 제외되는 소득월액 및 재산보험료부과점수에 대하여는 급여정지사유가 생긴 날이 속하는 달의 다음 달부터 사유가 없어진 날이 속하는 달까지 적용한다.

② 급여정지 사유가 매월 1일에 없어진 경우에는 그 달의 보험료를 면제하지 아니하거나 보험료의 산정에서 소득월액 및 재산보험료부과점수를 제외하지 아니한다.

2. 보험료의 경감

(1) 보험료의 일부 경감 대상

① 요양기관까지의 거리가 멀거나 대중교통으로 이동하는 시간이 오래 걸리는 지역으로서 보건복지부장관이 정하여 고시하는 섬·벽지 지역에 거주하는 가입자

② 농어촌지역에 거주하는 농업인, 어업인, 광업에 종사하는 사람, 사업소득이 연간 500만원 이하인 지역가입자

③ 요양기관의 이용이 제한되는 근무지의 특성을 고려하여 보건복지부장관이 인정하는 지역에 거주하는 직장가입자로서 보건복지부장관이 정하여 고시하는 사람

④ 65세 이상인 지역가입자

⑤ 「장애인복지법」에 따라 등록한 장애인인 지역가입자
⑥ 「국가유공자 등 예우 및 지원에 관한 법률」 제4조 제1항 제4호, 제6호, 제12호, 제15호 및 제17호에 따른 국가유공자인 지역가입자
⑦ 휴직기간이 1개월 이상인 직장가입자
⑧ 그밖에 생활이 어렵거나 천재지변 등의 사유로 보험료를 경감할 필요가 있다고 보건복지부장관이 정하여 고시하는 가입자

(2) 보험료를 감액하는 등 재산상의 이익 제공 대상
① 보험료의 납입 고지 또는 독촉을 전자문서로 받는 경우
② 보험료를 계좌 또는 신용카드 자동이체의 방법으로 내는 경우

Ⅲ 보험료의 징수 및 납부

1. 보험료 징수 기준
(1) 자격의 취득과 징수
① 보험료는 가입자의 자격을 취득한 날이 속하는 달의 다음 달부터 가입자의 자격을 잃은 날의 전날이 속하는 달까지 징수
② 다만, 가입자의 자격을 매월 1일에 취득한 경우 건강보험 적용 신청으로 가입자의 자격을 취득하는 경우에는 그 달부터 징수

(2) 자격의 변동과 징수
① 가입자의 자격이 변동된 경우에는 변동된 날이 속하는 달의 보험료는 변동되기 전의 자격을 기준으로 징수
② 다만, 가입자의 자격이 매월 1일에 변동된 경우에는 변동된 자격을 기준으로 징수

2. 보험료의 부담
(1) 직장가입자의 보수월액보험료
① 직장가입자가 근로자인 경우
직장가입자와 사업주가 각각 보험료액의 100분의 50씩 부담
② 직장가입자가 공무원인 경우
직장가입자와 그 공무원이 소속되어 있는 국가 또는 지방자치단체가 각각 보험료액의 100분의 50씩 부담
③ 직장가입자가 사립학교에 근무하는 교원인 경우
직장가입자가 100분의 50을, 교원이 소속되어 있는 사립학교를 설립·운영하는 자가 100분의 30을, 국가가 100분의 20을 각각 부담
(2) 직장가입자의 보수 외 소득월액 : 직장가입자가 (전액) 부담

(3) 지역가입자의 보험료

그 가입자가 속한 세대의 지역가입자 전원이 연대하여 부담

3. 보험료의 납부의무자

(1) 직장가입자

① 보수월액보험료 : 사용자가 납부(직장가입자가 부담하는 보험료는 직장가입자의 보수에서 공제하여 납부)

② 보수 외 소득월액보험료 : 직장가입자가 납부

(2) 지역가입자

① 그 가입자가 속한 세대의 지역가입자 전원이 연대하여 납부

② 소득 및 재산이 없는 미성년자와 소득 및 재산 등을 고려하여 대통령령으로 정하는 기준에 해당하는 미성년자는 납부의무를 부담하지 아니한다.

(3) 원천징수

사용자는 보수월액보험료 중 직장가입자가 부담하여야 하는 그 달의 보험료액을 그 보수에서 공제하여 납부하여야 한다. 이 경우 직장가입자에게 공제액을 알려야 한다.

4. 제2차 납부의무

(1) 법인의 재산으로 그 법인이 납부하여야 하는 보험료, 연체금 및 체납처분비를 충당하여도 부족한 경우

해당 법인에게 보험료의 납부의무가 부과된 날 현재의 무한책임사원 또는 과점주주가 그 부족한 금액에 대하여 제2차 납부의무를 진다. 다만, 과점주주의 경우에는 그 부족한 금액을 그 법인의 발행주식 총수(의결권이 없는 주식은 제외한다) 또는 출자총액으로 나눈 금액에 해당 과점주주가 실질적으로 권리를 행사하는 주식 수(의결권이 없는 주식은 제외한다) 또는 출자액을 곱하여 산출한 금액을 한도로 한다.

(2) 사업이 양도·양수된 경우

양도일 이전에 양도인에게 납부의무가 부과된 보험료, 연체금 및 체납처분비를 양도인의 재산으로 충당하여도 부족한 경우에는 사업의 양수인이 그 부족한 금액에 대하여 양수한 재산의 가액을 한도로 제2차 납부의무를 진다. 이 경우 양수인의 범위 및 양수한 재산의 가액은 대통령령으로 정한다.

5. 보험료 납부기한

(1) 보험료 납부의무가 있는 자는 가입자에 대한 그 달의 보험료를 그 다음 달 10일까지 납부하여야 한다.

(2) 직장가입자의 보수 외 소득월액보험료 및 지역가입자의 보험료는 보건복지부령으로 정하는 바에 따라 분기별로 납부할 수 있다.

→ 직장가입자의 보수월액보험료 ×

(3) 분기별로 납부하는 경우에는 그 분기가 끝나는 달의 다음 달 10일까지 납부

6. 가산금

사업장의 사용자가 직장가입자가 될 수 없는 자를 거짓으로 보험자에게 직장가입자로 신고한 경우 공단은 직장가입자로 신고한 사람이 직장가입자로 처리된 기간 동안 [지역가입자로 부담하여야 하는 보험료의 총액]에서 [직장가입자로 부과한 보험료의 총액]을 뺀 금액의 100분의 10에 상당하는 가산금을 그 사용자에게 부과하여 징수한다.

7. 납입고지 등 전자송달

(1) 고지내용 및 대상

① 공단은 보험료 등을 징수하려면 그 금액을 결정하여 납부의무자에게 징수하려는 보험료 등의 종류, 납부해야 하는 금액, 납부기한 및 장소를 적은 문서로 납입 고지를 하여야 한다.

② 직장가입자의 사용자가 2명 이상인 경우 또는 지역가입자의 세대가 2명 이상으로 구성된 경우 그중 1명에게 한 고지는 해당 사업장의 다른 사용자 또는 세대 구성원인 다른 지역가입자 모두에게 효력이 있는 것으로 본다.

(2) 전자송달

① 납부의무자의 신청이 있으면 전자문서로 납입고지 또는 독촉 고지 가능

② 전자문서가 정보통신망에 저장되거나 납부의무자가 지정한 전자우편주소에 입력된 때 납입 고지 또는 독촉이 그 납부의무자에게 도달된 것으로 봄

8. 실업자에 대한 특례

(1) 임의계속가입 신청

사용관계가 끝난 사람 중 직장가입자로서의 자격을 유지한 기간이 보건복지부령으로 정하는 기간(18개월) 동안 통산 1년 이상인 사람은 지역가입자가 된 이후 최초로 지역가입자 보험료를 고지받은 날부터 그 납부기한에서 2개월이 지나기 이전까지 공단에 직장가입자로서의 자격을 유지할 것을 신청할 수 있다. 다만 신청 후 최초로 내야 할 직장가입자 보험료를 그 납부기한부터 2개월이 지난 날까지 내지 아니한 경우에는 그 자격을 유지할 수 없다.

(2) 임의계속가입자 적용기간

사용관계가 끝난 날의 다음 날부터 기산하여 36개월까지의 기간 동안 직장가입자의 자격을 유지한다.

(3) 보수월액의 산정

12개월간의 보수월액을 평균한 금액으로 한다.

(4) 보험료 경감

보건복지부장관이 정하여 고시하는 바에 따라 그 일부를 경감할 수 있다.

(5) 보험료 부담

임의계속가입자가 전액을 부담한다.

Ⅳ 보험료의 연체 등

1. 연체금

(1) 보험료 및 보험급여 제한 기간 중 받은 보험급여에 대한 징수금에 대한 연체금

① 납부의무자가 납부기한까지 보험료 등을 내지 아니하면 그 납부기한이 지난 날부터 매 1일이 경과할 때마다 해당 체납금액의 1천500분의 1에 해당하는 금액. 이 경우 연체금은 해당 체납금액의 1천분의 20을 넘지 못한다.

② 납부의무자가 체납된 징수금을 내지 아니하면 납부기한 후 30일이 지난 날부터 매 1일이 경과할 때마다 해당 체납금액의 6천분의 1에 해당하는 금액을 가산하나 이 경우 연체금(30일분의 연체금을 포함)은 해당 체납금액의 1천분의 50을 넘지 못한다.

(2) 부당한 방법으로 받은 보험급여 및 보험급여 비용에 대한 연체금

① 납부의무자가 납부기한까지 징수금을 내지 아니하면 그 납부기한이 지난 날부터 매 1일이 경과할 때마다 해당 체납금액의 1천분의 1에 해당하는 금액을 가산하나, 이 경우 연체금은 해당 체납금액의 1천분의 30을 넘지 못한다.

② 납부의무자가 체납된 징수금을 내지 아니하면 납부기한 후 30일이 지난 날부터 매 1일이 경과할 때마다 해당 체납금액의 3천분의 1에 해당하는 금액을 가산하나 이 경우 연체금(30일분의 연체금을 포함)은 해당 체납금액의 1천분의 90을 넘지 못한다.

(3) 연체금 징수의 예외사유 – 연체금 징수하지 않을 수 있음

① 전쟁 또는 사변으로 인하여 체납한 경우
② 연체금의 금액이 공단의 정관으로 정하는 금액 이하인 경우
③ 사업장 또는 사립학교의 폐업·폐쇄 또는 폐교로 체납액을 징수할 수 없는 경우
④ 화재로 피해가 발생해 체납한 경우
⑤ 그 밖에 보건복지부장관이 연체금을 징수하기 곤란한 부득이한 사유가 있다고 인정하는 경우

2. 보험료 등의 독촉 및 체납처분

(1) 보험료의 독촉

① 공단은 보험료 등을 내야 하는 자가 보험료 등을 내지 아니하면 기한을 정하여 독촉 가능
② 이 경우 직장가입자의 사용자가 2명 이상인 경우 또는 지역가입자의 세대가 2명 이상으로 구성된 경우에는 그중 1명에게 한 독촉은 해당 사업장의 다른 사용자 또는 세대 구성원인 다른 지역가입자 모두에게 효력이 있는 것으로 본다.

(2) 독촉장의 발부

독촉할 때에는 10일 이상 15일 이내의 납부기한을 정하여 독촉장을 발부하여야 한다.

(3) 체납보험료의 분할납부

① 공단은 보험료를 3회 이상 체납한 자에 대하여 체납처분을 하기 전에 분할납부를 신청할 수 있음을 알리고, 보건복지부령으로 정하는 바에 따라 분할납부 신청의 절차·방법 등에 관한 사항을 안내하여야 한다.
② 공단은 보험료를 3회 이상 체납한 자가 신청하는 경우 보건복지부령으로 정하는 바에 따라 분할납부를 승인할 수 있다.
③ 공단은 분할납부 승인을 받은 자가 정당한 사유 없이 5회(①에 따라 승인받은 분할납부 횟수가 5회 미만인 경우에는 해당 분할납부 횟수를 말한다) 이상 그 승인된 보험료를 납부하지 아니하면 그 분할납부의 승인을 취소한다.
④ 분할납부의 승인과 취소에 관한 절차·방법·기준 등에 필요한 사항은 보건복지부령으로 정한다.

(4) 체납처분에 따른 보험료의 징수

공단은 독촉을 받은 자가 그 납부기한까지 보험료 등을 내지 아니하면 보건복지부장관의 승인을 받아 국세 체납처분의 예에 따라 이를 징수 가능

3. 고액·상습체납자의 인적사항 공개

(1) 인적사항 공개사항

① 공단은 이 법에 따른 납부기한의 다음 날부터 1년이 경과한 보험료, 연체금과 체납처분비(제84조에 따라 결손처분한 보험료, 연체금과 체납처분비로서 징수권 소멸시효가 완성되지 아니한 것을 포함한다)의 총액이 1천만원 이상인 체납자가 납부능력이 있음에도 불구하고 체납한 경우 그 인적사항·체납액 등(이하 이 조에서 "인적사항 등"이라 한다)을 공개할 수 있다.
② 다만, 체납된 보험료, 연체금과 체납처분비와 관련하여 이의신청, 심판청구가 제기되거나 행정소송이 계류 중인 경우 또는 그 밖에 체납된 금액의 일부 납부 등 대통령령으로 정하는 사유가 있는 경우에는 그러하지 아니하다.

(2) 공개대상자 선정절차

① 보험료정보공개심의위원회의 심의

공단에 설치된 심의위원회에서 체납자의 인적사항 등에 대한 공개 여부를 심의

② 공개대상자에게 소명기회 부여

공단은 보험료정보공개심의위원회의 심의를 거친 인적사항 등의 공개대상자에게 공개대상자임을 서면으로 통지하여 소명의 기회를 부여하여야 함

③ 공개대상자 선정

통지일부터 6개월이 경과한 후 체납액의 납부이행 등을 감안하여 공개대상자를 선정

④ 인적사항 등의 공개

관보에 게재하거나 공단 인터넷 홈페이지에 게시하는 방법에 따른다.

4. 결손처분

(1) 결손처분 사유

① 체납처분이 끝나고 체납액에 충당될 배분금액이 그 체납액에 미치지 못하는 경우

② 해당 권리에 대한 소멸시효가 완성된 경우

③ 체납자의 재산이 없거나 체납처분의 목적물인 총재산의 견적가격이 체납처분비에 충당하고 나면 남을 여지가 없음이 확인된 경우

④ 체납처분의 목적물인 총재산이 보험료 등보다 우선하는 국세, 지방세, 전세권·질권·저당권 또는 「동산·채권 등의 담보에 관한 법률」에 따른 담보권에 따라 담보된 채권 등의 변제에 충당하고 나면 남을 여지가 없음이 확인된 경우

⑤ 그 밖에 징수할 가능성이 없다고 재정운영위원회에서 의결한 경우

(2) 결손처분 절차

공단은 결손처분 사유가 있으면 재정운영위원회의 의결을 받아 보험료 등을 결손처분할 수 있다.

(3) 결손처분의 취소

공단은 (1)의 ③, ④, ⑤의 결손처분 사유로 결손처분을 한 후 압류할 수 있는 다른 재산이 있는 것을 발견한 때에는 지체 없이 그 처분을 취소하고 체납처분을 하여야 한다.

5. 보험료 등의 징수 순위

(1) 우선징수

보험료 등은 국세와 지방세를 제외한 다른 채권에 우선하여 징수

(2) 담보권으로 담보된 채권에 대한 예외

보험료 등의 납부기한 전에 전세권·질권·저당권 또는 「동산·채권 등의 담보에 관한 법률」에 따른 담보권의 설정을 등기 또는 등록한 사실이 증명되는 재산을 매각할 때에 그 매각대금 중에서 보험료 등을 징수하는 경우 그 전세권·질권·저당권 또는 「동산·채권 등의 담보에 관한 법률」에 따른 담보권으로 담보된 채권에 대하여는 우선하여 징수할 수 없다.

6. 보험료 등의 충당과 환급

(1) 환급금의 충당

① 공단은 납부의무자가 보험료 등·연체금 또는 체납처분비로 낸 금액 중 과오납부한 금액이 있으면 즉시 대통령령으로 정하는 바에 따라 그 과오납금을 보험료·연체금 또는 체납처분비에 우선 충당하여야 한다.

② 환급금의 충당순서

    ㉠ 보험료와 그에 따른 연체금을 과오납부한 경우

       체납처분비, 체납된 보험료와 그에 따른 연체금, 앞으로 내야 할 1개월분의 보험료(납부의무자가 동의한 경우만 해당) 순으로 충당한다.

    ㉡ 부당이득 징수금과 그에 따른 연체금을 과오납부한 경우

       체납처분비, 체납된 징수금과 그에 따른 연체금 순으로 충당

    ㉢ 가산금과 그에 따른 연체금을 과오납부한 경우

       체납처분비, 체납된 가산금과 그에 따른 연체금 순으로 충당

(2) 환급금의 환급

공단은 충당하고 남은 금액이 있는 경우 과오납금에 대통령령으로 정하는 이자를 가산하여 대통령령으로 정하는 바에 따라 납부의무자에게 환급

Ⅴ 벌칙

1. 벌칙

(1) 5년 이하의 징역 또는 5천만원 이하의 벌금

가입자 및 피부양자의 개인정보를 누설하거나 직무상 목적 외의 용도로 이용 또는 정당한 사유 없이 제3자에게 제공한 자

(2) 3년 이하의 징역 또는 3천만원 이하의 벌금

① 대행청구단체의 종사자로서 거짓이나 그 밖의 부정한 방법으로 요양급여비용을 청구한 자

② 업무를 수행하면서 알게 된 정보를 누설하거나 직무상 목적 외의 용도로 이용 또는 제3자에게 제공한 자

(3) 3년 이하의 징역 또는 1천만원 이하의 벌금

공동이용하는 전산정보자료를 목적 외의 용도로 이용하거나 활용한 자

(4) 2년 이하의 징역 또는 2천만원 이하의 벌금

거짓이나 그 밖의 부정한 방법으로 보험급여를 받거나 타인으로 하여금 보험급여를 받게 한 사람

(5) 1년 이하의 징역 또는 1천만원 이하의 벌금

① 선별급여 실시조건을 충족하지 못하거나 선별급여 실시가 제한되었음에도 선별급여를 제공한 요양기관의 개설자

② 대행청구단체가 아닌 자로 하여금 요양급여비용의 청구를 대행하게 한 자

③ 고용한 근로자가 직장가입자가 되는 것을 방해하거나 자신이 부담하는 부담금이 증가되는 것을 피할 목적으로 정당한 사유 없이 근로자의 승급 또는 임금 인상을 하지 아니하거나 해고나 그 밖의 불리한 조치를 한 경우

④ 업무정지기간 중에 요양급여를 실시한 요양기관의 개설자

(6) 1천만원 이하의 벌금

보건복지부장관의 명령을 위반하여 보고 또는 서류 제출을 하지 아니한 자, 거짓으로 보고하거나 거짓 서류를 제출한 자, 검사나 질문을 거부·방해 또는 기피한 자

(7) 5백만원 이하의 벌금

정당한 이유 없이 요양급여를 거부한 요양기관 또는 요양비 명세서나 요양 명세를 적은 영수증을 요양을 받은 사람에게 내주지 아니한 준요양기관

2. 과태료

(1) 500만원 이하의 과태료

① 적용대상사업장 신고를 하지 아니하거나 거짓으로 신고한 사용자

② 정당한 사유 없이 공단의 신고·서류제출을 하지 아니하거나 거짓으로 신고·서류제출을 한 자

③ 정당한 사유 없이 보건복지부장관의 명령을 위반하여 보고·서류제출을 하지 아니하거나 거짓으로 보고·서류제출을 한 자

④ 행정처분을 받은 사실 또는 행정처분절차가 진행 중인 사실을 지체 없이 알리지 아니한 자

⑤ 정당한 사유 없이 서류를 제출하지 아니하거나 거짓으로 제출한 자

(2) 100만원 이하의 과태료

① 정당한 사유 없이 건강보험증이나 신분증명서로 가입자 또는 피부양자의 본인 여부 및 그 자격을 확인하지 아니하고 요양급여를 실시한 자

② 서류를 보존하지 아니한 자(3년, 5년간 보존)

③ 공단과 심사평가원에 대한 보건복지부장관의 감독 명령을 위반한 자

④ 공단이나 심사평가원이 아닌 자는 국민건강보험공단, 건강보험심사평가원 또는 이와 유사한 명칭을 사용한 자

04 | 이의신청 및 심판청구 등

Ⅰ 이의신청 및 심판청구

1. 이의신청

(1) 공단의 처분에 대한 이의신청

가입자 및 피부양자의 자격, 보험료 등, 보험급여, 보험급여 비용에 관한 공단의 처분에 이의가 있는 자는 공단에 이의신청을 할 수 있다.

(2) 건강보험심사평가원의 처분에 대한 이의신청

요양급여비용 및 요양급여의 적정성 평가 등에 관한 심사평가원의 처분에 이의가 있는 공단, 요양기관 또는 그 밖의 자는 심사평가원에 이의신청을 할 수 있다.

(3) 이의신청기간

① 처분이 있음을 안 날부터 90일 이내에 문서(전자문서를 포함한다)로 하여야 하며 처분이 있은 날부터 180일을 지나면 제기하지 못한다. 다만, 정당한 사유로 그 기간에 이의신청을 할 수 없었음을 소명한 경우에는 그러하지 아니하다.

② 요양기관이 심사평가원의 요양급여의 대상 여부의 확인에 대하여 이의신청을 하려면 확인 결과를 통보받은 날부터 30일 이내에 하여야 한다.

(4) 이의신청위원회

① 이의신청을 효율적으로 처리하기 위하여 공단 및 심사평가원에 각각 이의신청위원회를 설치한다.

② 각각 위원장 1명을 포함한 25명의 위원으로 구성한다.

③ 공단에 설치하는 이의신청위원회의 위원장은 공단의 이사장이 지명하는 공단의 상임이사가 되고, 위원은 공단의 이사장이 임명하거나 위촉하는 다음의 사람으로 한다.

    ㉠ 공단의 임직원 1명

    ㉡ 사용자단체 및 근로자단체가 각각 4명씩 추천하는 8명

    ㉢ 시민단체, 소비자단체, 농어업인단체 및 자영업자단체가 각각 2명씩 추천하는 8명

    ㉣ 변호사, 사회보험 및 의료에 관한 학식과 경험이 풍부한 사람 7명

(5) 이의신청 결정의 통지

공단과 심사평가원은 이의신청에 대한 결정을 하였을 때에는 지체 없이 신청인에게 결정서의 정본(正本)을 보내고, 이해관계인에게는 그 사본을 보내야 한다.

(6) 이의신청 결정기간

① 공단과 심사평가원은 이의신청을 받은 날부터 60일 이내에 결정을 하여야 한다. 다만, 부득이한 사정이 있는 경우에는 30일의 범위에서 그 기간을 연장할 수 있다.

② 공단과 심사평가원은 ①의 단서에 따라 결정기간을 연장하려면 결정기간이 끝나기 7일 전까지 이의신청을 한 자에게 그 사실을 알려야 한다.

2. 심판청구

(1) 심판청구의 제기

공단 또는 심사평가원의 이의신청에 대한 결정에 불복하는 자는 건강보험분쟁조정위원회에 심판청구 가능

(2) 심판 청구 제기기간

심판청구는 결정이 있음을 안 날로부터 90일 이내에 문서로 이를 하여야 하며 결정이 있은 날부터 180일을 경과하면 이를 제기하지 못한다.

(3) 심판청구서의 제출

심판청구를 하려는 자는 대통령령으로 정하는 심판청구서를 처분을 한 공단 또는 심사평가원에 제출하거나 건강보험분쟁조정위원회에 제출하여야 한다.

(4) 심판청구 결정기간

분쟁조정위원회는 심판청구서가 제출된 날부터 60일 이내에 결정을 하여야 한다. 다만 부득이한 사정이 있는 경우에는 30일의 범위에서 그 기간을 연장할 수 있으며 결정기간을 연장하려면 결정기간이 끝나기 7일 전까지 청구인에게 이를 알려야 한다.

(5) 심판청구 결정의 통지

분쟁조정위원회의 위원장은 심판청구에 대하여 결정을 하였을 때에는 결정서에 서명 또는 기명날인 하여 지체 없이 청구인에게 결정서 정본을 보내고, 처분을 한 자 및 이해관계인에게는 사본을 보내야 함

(6) 건강보험분쟁조정위원회 : 보건복지부에 설치

① 구성

위원장을 포함하여 60명 이내의 위원(위원장을 제외한 위원 중 1명은 당연직위원)으로 구성하되, 공무원이 아닌 위원이 전체 위원의 과반수가 되도록 하여야 한다.

② 임명

위원장은 보건복지부장관의 제정으로 대통령이 임명하고, 위원은 보건복지부장관이 임명하거나 위촉한다.

③ 임기

3년. 다만, 공무원인 위원의 임기는 그 직위에 재임하는 기간으로 한다.

④ 회의

위원장, 당연직위원 및 위원장이 매 회의마다 지정하는 7명의 위원을 포함하여 총 9명으로 구성하되, 공무원이 아닌 위원이 과반수가 되도록 하여야 한다.

⑤ 의결

과반수의 출석과 출석위원 과반수의 찬성으로 의결한다.

⑥ 사무국

분쟁조정위원회를 실무적으로 지원하기 위하여 분쟁조정위원회에 사무국을 둔다.

(7) 분쟁조정위원회 위원의 제척·기피·회피

① 제척사유

㉠ 위원 또는 그 배우자나 배우자였던 사람이 해당 안건의 당사자가 되거나 그 안건의 당사자와 공동권리자 또는 공동의무자인 경우

㉡ 위원이 해당 안건의 당사자와 친족이거나 친족이었던 경우

㉢ 위원이 해당 안건에 대하여 증언·진술·자문·연구 또는 용역을 한 경우

㉣ 위원이나 위원이 속한 법인이 해당 안건의 당사자의 대리인이거나 대리인이었던 경우

㉤ 위원이 해당 안건의 원인이 된 처분이나 부작위에 관여하거나 관여하였던 경우

② 기피

당사자는 위원에게 공정한 심리·의결을 기대하기 어려운 사정이 있는 경우에는 분쟁조정위원회에 기피 신청을 할 수 있고, 분쟁조정위원회는 의결로 이를 결정한다. 이 경우 기피 신청의 대상인 위원은 그 의결에 참여하지 못한다.

③ 회피

심판청구를 심리·의결위원은 제척사유에 해당하는 경우에는 스스로 해당 안건의 심리·의결에서 회피하여야 한다.

3. 행정소송

(1) 행정소송을 제기할 수 있는 자

① 공단 또는 심사평가원의 처분에 이의가 있는 자

② 공단 또는 심사평가원에 의한 이의신청에 대한 결정에 불복하는 자

③ 건강보험분쟁조정위원회에 의한 심판청구에 대한 결정에 불복하는 자

(2) 제소기간

행정소송은 분쟁조정위원회의 재결 또는 공단의 처분이 있음을 안 날부터 90일 이내에 제기하여야 하며, 재결 또는 처분이 있은 날부터 1년을 경과하면 이를 제기하지 못한다.

4. 시효

(1) 소멸시효 : 3년

① 보험료, 연체금 및 가산금을 징수할 권리
② 보험료, 연체금 및 가산금으로 과오납부한 금액을 환급받을 권리
③ 보험급여를 받을 권리
④ 보험급여 비용을 받을 권리
⑤ 과다납부된 본인일부부담금을 돌려받을 권리
⑥ 근로복지공단의 권리

(2) 소멸시효의 중단사유

① 보험료의 고지 또는 독촉
② 보험급여 또는 보험급여 비용의 청구

(3) 시효의 정지

휴직 등의 사유가 종료될 때까지 보수월액보험료 납입고지가 유예된 경우에는 휴직자 등의 보수월액 보험료를 징수할 권리의 소멸시효는 휴직 등의 사유가 종료될 때까지 진행하지 아니한다.

(4) 민법의 준용

소멸시효기간, 시효 중단 및 시효 정지에 관하여 국민건강보험법에세 정한 사항 외에는 민법의 규정에 의한다.

5. 기간의 계산

이 법이나 이 법에 따른 명령에 규정된 기간의 계산에 관하여 이 법에서 정한 사항 외에는 민법의 기간에 관한 규정을 준용

▌▌ 감독행정 등

1. 근로자의 권익보호

건강보험가입 대상 근로자를 고용하는 모든 사업장의 사용자는 그가 고용한 근로자가 건강보험 직장가입자가 되는 것을 방해하거나 자신이 부담하는 부담금이 증가되는 것을 피할 목적으로 정당한 사유 없이 근로자의 승급 또는 임금 인상을 하지 아니하거나 해고나 그 밖의 불리한 조치를 할 수 없다.

2. 국민건강보험공단의 감독

(1) 사용자 및 가입자등에 대한 신고 및 서류제출 요구

① 공단은 사용자, 직장가입자 및 세대주에게 가입자의 거주지 변경 또는 보수·소득이나 그 밖에 건강보험사업을 위하여 필요한 사항을 신고하게 하거나 관계 서류를 제출하게 할 수 있음

② 공단은 신고한 사항이나 제출받은 자료에 대하여 사실 여부를 확인할 필요가 있으면 소속 직원이 해당 사항에 관하여 조사하게 할 수 있음

③ 공단은 신고한 보수 또는 소득 등에 축소 또는 탈루가 있다고 인정하는 경우에는 보건복지부 장관을 거쳐 소득의 축소 또는 탈루에 관한 사항을 문서로 국세청장에게 송부할 수 있음

④ 국세청장은 송부받은 사항에 대하여 「국세기본법」 등 관련 법률에 따른 세무조사를 하면 그 조사 결과 중 보수·소득에 관한 사항을 공단에 송부하여야 함

(2) 국가기관 등에 대한 자료제공의 요구

① 공단과 심사평가원은 국가, 지방자치단체, 요양기관, 보험회사 및 보험료율 산출 기관, 공공 기관, 그 밖의 공공단체 등에 대하여 건강보험사업을 위하여 필요한 자료를 제공하도록 요청 할 수 있음

② 공단은 국가·지방자치단체 그 밖의 공공기관 및 공공단체 등에 대하여 징수위탁근거법에 따라 위탁받은 업무를 수행하기 위하여 필요한 자료의 제공을 요청할 수 있음

3. 보건복지부장관의 감독

(1) 보고와 서류제출 명령

① 보건복지부장관은 사용자, 직장가입자 또는 세대주에게 가입자의 이동·보수·소득이나 그 밖에 필요한 사항에 관한 보고 또는 서류 제출을 명하거나, 소속 공무원이 관계인에게 질문하게 하거나 관계 서류를 검사하게 할 수 있다.

② 보건복지부장관은 요양기관에 대하여 요양·약제의 지급 등 보험급여에 관한 보고 또는 서류 제출을 명하거나, 소속 공무원이 관계인에게 질문하게 하거나 관계 서류를 검사하게 할 수 있음

③ 보건복지부장관은 보험급여를 받은 자에게 해당 보험급여의 내용에 관하여 보고하게 하거 나, 소속 공무원이 질문하게 할 수 있음

④ 보건복지부장관은 요양급여비용의 심사 청구를 대행하는 단체에 필요한 자료의 제출을 명 하거나, 소속 공무원이 대행청구에 관한 자료 등을 조사·확인하게 할 수 있음

(2) 업무정지처분

① 업무정지처분 사유

보건복지부장관은 요양기관이 다음에 해당하면 1년의 범위에서 기간을 정하여 업무정지를 명할 수 있다. 이 경우 보건복지부장관은 그 사실을 공단 및 심사평가원에 알려야 한다.

㉠ 속임수나 그 밖의 부당한 방법으로 보험자·가입자 및 피부양자에게 요양급여비용을 부 담하게 한 경우 → 과징금으로 갈음할 수 있음

㉡ 보험급여에 관한 보고 또는 서류제출 명령에 위반하거나 거짓 보고를 하거나 거짓 서류 를 제출하거나, 소속 공무원의 검사 또는 질문을 거부·방해 또는 기피한 경우

㉢ 정당한 사유 없이 요양기관이 요양급여대상 여부의 결정을 신청하지 아니하고 속임수나 그 밖의 부당한 방법으로 행위·치료재료를 가입자 또는 피부양자에게 실시 또는 사용 하고 비용을 부담시킨 경우 → 과징금으로 갈음할 수 있음

② 요양급여의 금지 : 업무정지처분을 받은 자는 해당 업무정지기간 중에는 요양급여 ×

③ 업무정지처분의 효과

　　업무정지처분의 효과는 그 처분이 확정된 요양기관을 양수한 자 또는 합병 후 존속하는 법인이나 합병으로 설립되는 법인에 승계되고, 업무정지처분의 절차가 진행 중인 때에는 양수인 또는 합병 후 존속하는 법인이나 합병으로 설립되는 법인에 대하여 그 절차를 계속 진행할 수 있다. 다만, 양수인 또는 합병 후 존속하는 법인이나 합병으로 설립되는 법인이 그 처분 또는 위반사실을 알지 못하였음을 증명하는 경우에는 그러하지 아니하다.

(3) 과징금의 부과 · 징수

① 요양기관이 업무정지처분 사유 ① 및 ③으로 업무정지처분을 하여야 하는 경우로서 그 업무정지처분이 해당 요양기관을 이용하는 사람에게 심한 불편을 주거나 보건복지부장관이 정하는 특별한 사유가 있다고 인정되면 업무정지처분을 갈음하여 속임수나 그 밖의 부당한 방법으로 부담하게 한 금액의 5배 이하의 금액을 과징금으로 부과 · 징수할 수 있다. 이 경우 12개월의 범위에서 분할납부를 하게 할 수 있다.

② 의약품 등의 판매질서의 위반에 따라 약제를 요양급여에서 적용 정지하는 경우에 요양급여의 적용 정지에 갈음하여 해당 약제에 대한 요양급여비용 총액의 일정한 비율을 넘지 않는 범위에서 과징금을 부과 · 징수할 수 있다. 이 경우 12개월의 범위에서 분할납부를 하게 할 수 있다.

　　㉠ 환자 진료에 불편을 초래하는 등 공공복리에 지장을 줄 것으로 예상되는 때 : 100분의 200

　　㉡ 국민건강에 심각한 위험을 초래할 것이 예상되는 등 특별한 사유가 있다고 인정되는 때 : 100분의 60

③ 과징금 부과 대상이 된 약제가 과징금이 부과된 날부터 5년 내에 다시 과징금 부과 대상이 되는 경우에는 다음에 따른 범위에서 과징금을 부과 · 징수할 수 있다.

　　㉠ 환자 진료에 불편을 초래하는 등 공공복리에 지장을 줄 것으로 예상되는 때 : 100분의 350

　　㉡ 국민건강에 심각한 위험을 초래할 것이 예상되는 등 특별한 사유가 있다고 인정되는 때 : 100분의 100

④ 해당 약제에 대한 요양급여비용 총액을 정할 때에는 그 약제의 과거 요양급여 실적 등을 고려하여 1년간의 요양급여 총액을 넘지 않는 범위에서 정하여야 한다.

⑤ 업무정지처분에 갈음하여 과징금을 납부하여야 할 자가 납부기한까지 이를 내지 아니하면 납부기한이 지난 후 15일 이내에 독촉장을 발급하여야 한다. 이 경우 납부기한은 독촉장을 발급하는 날부터 10일 이내로 하여야 한다.

⑥ 독촉장을 받고도 그 납부기한까지 과징금을 내지 아니하면 과징금 부과처분을 취소하고 업무정지처분을 하거나 국세 체납처분의 예에 따라 징수하여야 한다.

⑦ 약제의 요양급여 적용 정지에 갈음하여 과징금을 납부하여야 할 자가 납부기한까지 이를 내지 아니하면 국세 체납처분의 예에 따라 징수한다.

(4) 위반사실의 공표

보건복지부장관은 관련 서류의 위조·변조로 요양급여비용을 거짓으로 청구하여 행정처분을 받은 요양기관이 ① 거짓으로 청구한 금액이 1천 500만원 이상인 경우이거나, ② 요양급여비용 총액 중 거짓으로 청구한 금액의 비용이 100분의 20 이상인 경우에 해당하면 그 위반행위, 처분내용, 해당 요양기관의 명칭·주소 및 대표자 성명, 그 밖에 다른 요양기관과의 구별에 필요한 사항을 공표할 수 있다.

(5) 공단 등에 대한 감독

① 보건복지부장관은 공단과 심사평가원의 경영목표를 달성하기 위하여 공단의 업무와 심사평가원의 업무 등에 대하여 보고를 명하거나 그 사업이나 임무 또는 재산상황을 검사하는 등 감독을 할 수 있다.

② 보건복지부장관은 공단과 심사평가원에 대한 감독상 필요한 경우에는 정관이나 규정의 변경 또는 그 밖에 필요한 처분을 명할 수 있다.

4. 기타

(1) 비밀의 유지

공단, 심사평가원 및 대형청구단체에 종사하였던 사람 또는 종사하는 사람은 가입자 및 피부양자의 개인정보를 직무상 목적 외의 용도로 이용하거나 적당한 사유 없이 제3자에게 제공하는 행위를 하거나 업무를 수행하면서 알게 된 정보를 직무상 목적 외의 용도로 이용하거나 제3자에게 제공하는 행위를 하여서는 아니 된다.

(2) 포상금 및 장려금의 지급

① 공단은 속임수나 그 밖의 부당한 방법으로 보험급여 비용을 지급받은 요양기관을 신고한 사람이 대하여 포상금을 지급할 수 있다.

② 공단은 건강보험 재정을 효율적으로 운영하는 데에 이바지한 요양기관에 대하여 장려금을 지급할 수 있다.

(3) 소액 처리 및 끝수 처리

① 공단은 징수하여야 할 금액이나 반환하여야 할 금액이 1건당 2천원 미만인 경우에는 징수 또는 반환하지 아니한다.

② 보험료 등과 보험급여에 관한 비용을 계산할 때 끝수는 계산하지 아니한다.

(4) 보험재정에 대한 국고지원

① 국가는 매년 예산의 범위에서 해당 연도 보험료 예상 수입액의 100분의 14에 상당하는 금액을 국고에서 공단에 지원한다.

② 지원된 재원은 가입자 및 피부양자에 대한 보험급여, 건강보험사업에 대한 운영비, 보험료 경감에 대한 지원 사업에 사용한다.

(5) 보험재정에 대한 국민건강증진기금에서 지원

① 공단은 「국민건강증진법」에서 정하는 바에 따라 같은 법에 따른 국민건강증진기금에서 자금을 지원받을 수 있다.

② 지원된 재원은 건강검진 등 건강증진에 관한 사업, 가입자와 피부양자의 흡연으로 인한 질병에 대한 보험급여, 가입자와 피부양자 중 65세 이상 노인에 대한 보험급여 사업에 사용한다.

PART
06

박문각
공인노무사

류호진
정율 사회보험법

1차 | 기본서

제1판 인쇄 2025. 1. 10. | **제1판 발행** 2025. 1. 25. | **편저자** 류호진
발행인 박 용 | **발행처** (주)박문각출판 | **등록** 2015년 4월 29일 제2019-000137호
주소 06654 서울시 서초구 효령로 283 서경 B/D 4층 | **팩스** (02)584-2927
전화 교재 문의 (02)6466-7202

저자와의
협의하에
인지생략

정가 20,000원
ISBN 979-11-7262-360-9

MEMO